Martine Lizamba

Bien cuisiner les desserts

300 délices pour tous les gourmands

SOLAR
EDITIONS

Sommaire

Introduction

Le plus doux moment du repas, c'est sans conteste le dessert, indispensable note sucrée sans laquelle ce rituel de convivialité ne serait pas une totale réussite. Servi à un autre moment de la journée, un reste de dessert devient pure gourmandise : qui résiste, en passant par la cuisine, à une petite part de gâteau ?

Car il n'y a pas d'heure pour les douceurs. Partager des biscuits autour d'un thé, préparer un goûter d'enfants, offrir une part de tarte aux amis qui arrivent à l'improviste, sont des petits bonheurs irrésistibles.

Si les gâteaux restent les grands classiques en toute occasion, les desserts sont loin de se limiter aux pâtisseries. Pensez à la cuisine des fruits, souvent simple et rapide, aux multiples mousses et entremets qui, remis au goût du jour, sont plus légers et moins sucrés qu'autrefois, aux glaces onctueuses qui fondent sous la langue ou aux sorbets qui concentrent toute la saveur du fruit.

Mais, avant le plaisir de savourer, il y a celui de préparer... Les recettes proposées dans ce livre vous donneront des idées et vous prouveront, en outre, que réussir un dessert est à votre portée. Pour un plaisir total, du début à la fin !

Produits

Le secret d'un dessert savoureux ? De bons produits sélectionnés en fonction de leur utilisation.

Les farines

Elles sont le liant de toutes les préparations. Dans la majorité des cas, la plus adéquate est la farine de froment. Choisissez-la de préférence fluide et antigrumeaux. La Maïzena, ou farine de maïs, peut la remplacer, au moins partiellement, pour l'alléger. On l'utilise aussi pour épaissir les sauces. Encore plus fine, la farine de riz sert à préparer les pâtes à tempura.

Les sucres

Outre leurs propriétés édulcorantes, ils contribuent à la texture des préparations.

Le sucre en poudre, ou sucre semoule, est le plus courant car il fond très vite, ce qui n'est pas le cas du sucre cristallisé, utilisé de préférence pour les sirops.

Le sucre roux se dissout également moins bien, mais il donne aux préparations un goût subtil, légèrement caramélisé.

Le sucre glace, plus fin, est celui qui fond le plus vite. Il se prête mieux aux glaçages et peut aussi remplacer le sucre en poudre pour les pâtes qui ne doivent pas être trop travaillées.

Le miel peut également remplacer le sucre, au moins partiellement. On l'utilise aussi pour le parfum qu'il confère aux préparations. Il suffit de le chauffer un peu pour le liquéfier.

Sucre vanillé maison

Mettez dans un bocal 1 kg de sucre et 6 gousses de vanille. Laissez macérer pendant au moins huit jours : vous obtiendrez un sucre vanillé très parfumé.

Vous pourrez remettre plusieurs fois du sucre nature dans le bocal, au fur et à mesure de vos utilisations : les gousses conservent longtemps leur parfum.

Les œufs

Ils enrichissent les pâtes et donnent de l'onctuosité aux crèmes. Fouettés, les blancs se transforment en une mousse plus ou moins ferme, qui entre dans la composition de nombreux desserts. Séchés à four très doux, ils font des meringues. Les jaunes servent à de nombreuses liaisons de crèmes et d'entremets. Veillez surtout à la fraîcheur. L'éventail du commerce est large (on trouve des œufs de 45 à 75 g), mais les recettes se basent sur un poids moyen de 55 à 65 g.

Les produits laitiers

La crème : comme les blancs d'œuf, elle contient des bulles d'air qui se multiplient quand on la fouette. Elle devient alors mousseuse : c'est la fameuse et délectable crème Chantilly. La crème liquide, vendue en briquette, s'y prête la mieux, à condition de ne pas être allégée en matières grasses : elle monte alors nettement moins bien.
La crème fraîche entière épaisse : elle est plus onctueuse, mais aussi plus difficile à travailler. Servez-la de préférence en accompagnement de vos desserts.
Le lait : privilégiez le lait entier pour l'onctuosité qu'il donne aux préparations. Le lait UHT est plus stable à la chaleur : il tourne moins facilement.
Le beurre : c'est lui qui, avec l'œuf, transforme une simple pâte à pain en pâte à gâteaux. Il est précieux pour son incomparable saveur. Conservez-le au frais et bien emballé, car il absorbe toutes les odeurs. Choisissez-le toujours de première qualité. Le beurre fondu doit être refroidi à température ambiante avant d'être utilisé.

La gélatine

Particulièrement utile à la préparation de beaux desserts aux fruits, elle sert aussi à la confection des bavarois.
Préférez la gélatine en feuilles, plus facile à doser que celle en poudre et d'utilisation extrêmement simple.

- Faites tremper les feuilles de gélatine quelques minutes dans un bol d'eau froide pour les ramollir.
- Égouttez-les en les pressant entre vos doigts.
- Faites chauffer les feuilles de gélatine ramollies avec un peu de liquide et remuez jusqu'à ce qu'elles soient complètement dissoutes.

Comptez en moyenne 1 feuille de 2 g pour 10 cl de liquide, cette quantité pouvant varier selon les ingrédients et le type de dessert préparé.
Si vous préférez les gelées plus molles et si le dessert s'y prête, servez dans de jolis verres individuels.

Matériel

À l'exception de quelques ustensiles spécifiques, pâtisseries et autres desserts ne nécessitent aucun matériel qui ne soit déjà dans votre cuisine.

Un verre doseur et une balance : ils sont absolument indispensables, surtout en pâtisserie, pour mesurer et peser les ingrédients au plus juste.

Un thermomètre à four : très pratique pour évaluer précisément la température de votre four. Tous ne chauffent pas de la même façon et il est important de bien connaître le sien.

Un thermomètre à sucre : il est utile pour les différentes cuissons du sucre, du sirop au caramel.

Une série de bols ou saladiers : ayez-en de plusieurs tailles, de préférence résistant à la chaleur.

Des couteaux : dont un couteau économe, utile notamment pour toutes les préparations de fruits. Un long couteau-scie vous servira à couper les génoises dans l'épaisseur.

Un ou deux fouets : de tailles différentes, à utiliser quand le batteur n'est pas indispensable, pour une petite quantité de blancs en neige, par exemple.

Une spatule en plastique : pour bien racler les récipients, étaler une crème ou un nappage.

Une palette métallique : souple, pour étaler les crèmes et les nappages.

Un pinceau de cuisine : pour beurrer plus facilement les moules et dorer les pâtes.

Une grille : pour faire refroidir les gâteaux et les glacer.

Un rouleau à pâtisserie : lisse et cylindrique, pour étaler la pâte.

Une série d'emporte-pièces : de plusieurs tailles, pour découper joliment la pâte.

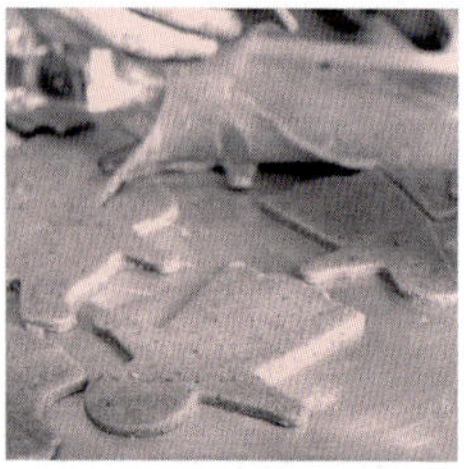

Une roulette crantée : pour terminer joliment une découpe.

Un couteau zesteur : pour prélever les zestes d'agrumes en fines lanières.

Une râpe : pour râper le chocolat ou les zestes d'agrumes.

Une poche à douille : lavable de préférence, en Nylon, et un assortiment de douilles, lisses ou cannelées.

Une plaque à pâtisserie : choisissez-la de bonne qualité, anti-adhésive de préférence. En avoir plusieurs vous permettra de préparer plusieurs tournées à la fois, de biscuits par exemple. Elle sert également de support aux cercles à pâtisserie.

Des moules de toutes sortes : ils doivent bien conduire et diffuser la chaleur, pour que les gâteaux cuisent plus uniformément. Verre ou métal trop mince sont à éviter. Préférez les moules en aluminium épais, avec revêtement antiadhésif.
Il est utile d'en avoir plusieurs, de différentes tailles, mais certains sont indispensables :
Un moule à cake, rectangulaire et profond.
Un moule à tarte à bords cannelés, à fond fixe ou amovible. Si vous n'en avez qu'un, choisissez-le de taille moyenne.
Un moule à manqué, rond et à bords droits, à fond amovible ou fixe.
Des plaques de moules, pour les petits gâteaux. On en trouve aujourd'hui de toutes les formes.

Batteur et robot électrique : ce sont bien sûr des auxiliaires précieux, pour mixer, broyer ou fouetter parfaitement.

Techniques de base

Nous vous proposons maintenant quelques tours de main de base indispensables pour réussir pâtisseries et autres desserts classiques. Mais, rassurez-vous, ils sont faciles à maîtriser.

Préparer un moule

Le démoulage d'un gâteau est un moment crucial ! Pour éviter toute mauvaise surprise, le moule doit impérativement être bien préparé.

- Si le moule est de forme irrégulière, enduisez-le largement de beurre fondu à l'aide d'un pinceau. Faites deux applications, en plaçant le moule 10 min au réfrigérateur entre les deux opérations.
  Saupoudrez ensuite l'intérieur du moule de farine. Faites-le tourner pour bien la répartir, puis retournez-le et tapotez le fond pour faire tomber l'excédent.
- Si le moule est de forme régulière, enduisez-le une seule fois de beurre fondu. Découpez un morceau de papier sulfurisé aux dimensions exactes du fond du moule, puis déposez-le au fond et beurrez-le au pinceau.
  Découpez ensuite une bande de papier sulfurisé un peu plus large que la hauteur du moule et de longueur au moins égale à son périmètre. Appliquez la bande sur les parois du moule et beurrez-la également.

Abaisser et découper la pâte

- Si la pâte a reposé au frais, sortez-la du réfrigérateur au moins un quart d'heure avant de la travailler pour qu'elle retrouve sa souplesse et soit plus malléable.
- Farinez légèrement le plan de travail et le rouleau à pâtisserie pour éviter que la pâte n'y adhère.
- Étalez la pâte au rouleau, en procédant délicatement pour ne pas la déchirer. L'abaisse doit toujours être d'un diamètre légèrement supérieur à celui du moule.
- Enroulez la pâte autour du rouleau et soulevez-la. Portez-la au-dessus du moule et déroulez-la délicatement.

Foncer un moule à tarte

Assouplissez la boule de pâte en l'écrasant une ou deux fois de la paume de la main.

1. Farinez légèrement le plan de travail et le rouleau à pâtisserie. Étalez la pâte en un disque d'épaisseur bien régulière.

2. Posez le moule sur l'abaisse, puis découpez un disque de pâte d'un diamètre supérieur de 6 cm à celui du moule.

3. Enduisez largement le fond et les bords du moule de beurre fondu à l'aide d'un pinceau.

4. Déposez l'abaisse dans le moule et faites-la adhérer du bout des doigts. Coupez l'excédent de pâte en passant le rouleau sur les bords du moule.

1

2

3

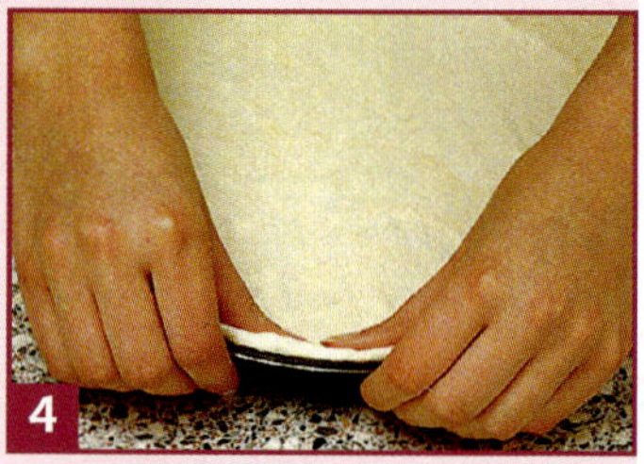
4

Cuire un fond de tarte à blanc

- Recouvrez le fond de pâte de papier sulfurisé.
- Garnissez-le de légumes secs ou de billes de cuisson pour éviter que la pâte ne se boursoufle.
- Faites-le cuire en suivant les indications de la recette.

Démouler un gâteau

Vérifiez la cuisson du gâteau en piquant une pointe de couteau à cœur : elle doit ressortir sèche. Puis laissez-le reposer un peu.

- Si le moule est juste beurré, sans papier sulfurisé, glissez une lame de couteau entre la pâte et les bords et faites-la tourner tout autour du gâteau.
- Si le moule est à charnière, ouvrez-le délicatement.
- S'il est à fond amovible, posez le moule sur un saladier retourné et faites glisser le tour du moule vers le bas.
- Si le moule est fixe, retournez-le délicatement sur le plat de service ou sur une grille.

Fourrer un gâteau

Une belle garniture et un glaçage soigné peuvent transformer une simple génoise en gâteau de fête. Pour que la génoise ne soit pas trop friable, préparez-la au moins quelques heures à l'avance, au mieux la veille. Une fois fourrée, en revanche, elle doit de préférence être servie le jour même.

- Posez la génoise sur le plan de travail et maintenez-la d'une main, sans trop appuyer.
- Coupez la génoise en deux ou trois disques, dans l'épaisseur, avec un très long couteau-scie.
- Glissez un carton sous le disque supérieur puis, éventuellement, celui du milieu, pour les soulever facilement. Réservez-les.
- Imbibez la base du gâteau de sirop ou d'alcool avec un pinceau.
- Laissez la base s'imprégner, puis étalez-y la garniture avec une spatule. Renouvelez l'opération sur le ou les autres disques, selon les indications de la recette.
- Reconstituez le gâteau et égalisez soigneusement le tour avant de le glacer et de le décorer.

Utiliser une poche à douille

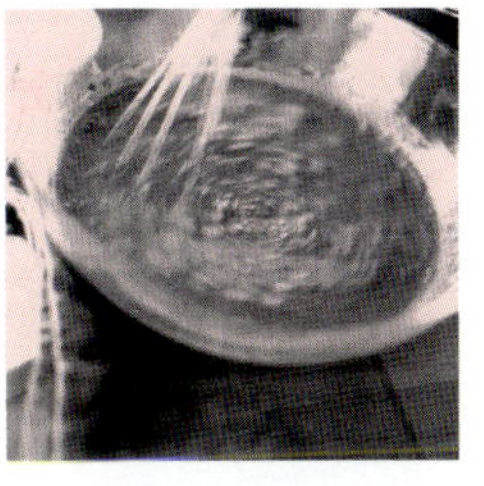

- Repliez le haut de la poche vers l'extérieur, puis glissez la douille à l'extrémité et enfoncez-la bien dans le trou.
- Maintenez la poche d'une main, sous le repli, et remplissez-la.
- Dépliez le haut de la poche et tordez la partie supérieure pour que son contenu ne s'en échappe pas.
- Appuyez doucement de haut en bas pour faire progresser le contenu à travers la douille.

Glaçages et nappages

Glaçage au chocolat

- Placez le gâteau sur une grille, au-dessus d'un plat.
- Badigeonnez d'abord toute la surface du gâteau de nappage abricot chaud.
- Versez ensuite le glaçage au chocolat, chaud également, à la louche, au centre du gâteau.
- Laissez couler le chocolat sur les côtés du gâteau et lissez rapidement avec une spatule chaude (trempée dans de l'eau bouillante, puis séchée). Laissez durcir.

Nappage à la gelée

Au pinceau

1. Chauffez légèrement la gelée pour la liquéfier. Trempez-y un pinceau.

2. Badigeonnez toute la surface du gâteau au pinceau. Laissez refroidir avant de renouveler éventuellement l'opération.

À la spatule (ou à la palette)

1. Versez la gelée liquéfiée directement de la casserole sur le gâteau.

2. Laissez couler sur les côtés du gâteau, puis lissez régulièrement avec une spatule (ou une palette).

Glaçage au fondant

Pour un gâteau de 26 cm

- 200 g de sucre glace
- 1 blanc d'œuf
- Quelques gouttes de jus de citron

1. Dans un saladier, mélangez le blanc d'œuf avec le jus de citron en fouettant.

2. Ajoutez progressivement le sucre glace à cette préparation, en fouettant vivement, et continuez à fouetter jusqu'à obtention d'une crème blanche brillante, épaisse mais encore fluide.

3. Versez-la sur le gâteau et étalez-la uniformément à l'aide d'une spatule.

Utiliser le chocolat

Faire fondre le chocolat

- Cassez le chocolat en morceaux dans un petit saladier résistant à la chaleur.
- Posez le saladier au-dessus d'une casserole d'eau frémissante, sans que son fond soit immergé.
- Remuez de temps en temps jusqu'à ce que le chocolat soit complètement fondu.

Feuilles en chocolat

- Choisissez des feuilles naturelles aux nervures bien apparentes. Lavez-les et séchez-les soigneusement.
- Tenez les feuilles par la tige puis, avec un pinceau, enduisez-les régulièrement, sur la face nervurée, d'une couche épaisse de chocolat fondu.
- Posez les feuilles chocolatées au fur et à mesure sur une plaque tapissée de papier sulfurisé et mettez-les au réfrigérateur le temps qu'elles durcissent.
- Détachez ensuite délicatement la feuille naturelle de celle en chocolat.

Rouleaux en chocolat

- Avec une spatule, étalez une bande de chocolat fondu sur une surface bien plane (planche acrylique ou dos d'une plaque à pâtisserie), sur 1,5 cm d'épaisseur environ. Laissez-le durcir.
- En ne partant pas de l'extrême bord, grattez la bande de chocolat avec une palette à enduire, métallique, inclinée à 30° par rapport au plan de travail, en exerçant une légère pression.
- Les bandelettes de chocolat ainsi formées s'enrouleront spontanément. Posez les rouleaux au fur et à mesure sur une plaque.

Copeaux en chocolat

- Tenez une grande tablette de chocolat d'une main. Elle doit être ni trop froide, pour que les copeaux ne se brisent pas, ni trop molle. Dans l'autre main, prenez un couteau économe.
- Prélevez des copeaux, en appuyant plus ou moins sur le chocolat selon l'épaisseur souhaitée : plus vous appuyerez fort, plus ils seront épais.

Utiliser les fruits

Prélever un zeste d'agrume

Choisissez toujours un agrume non traité. Brossez-le sous l'eau froide, puis essuyez-le avec soin. Prélevez de fines lanières à l'aide d'un zesteur ou frottez le fruit contre une râpe fine, sans entamer la peau blanche, amère. Placez une petite assiette sous la râpe pour recueillir le zeste.

Peler un agrume à vif

Pelez le fruit au couteau en supprimant toute l'écorce et la peau blanche, de manière à faire apparaître la chair.
Tenez le fruit pelé dans une main. De l'autre, incisez de part et d'autre d'un quartier avec un petit couteau, en allant jusqu'au cœur du fruit pour le détacher des cloisons de séparation. Continuez à inciser de part et d'autre de celles-ci pour séparer tous les quartiers, les uns après les autres.

Écorces d'agrumes confites

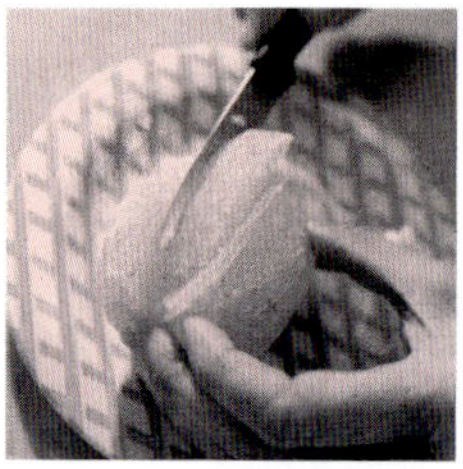

Si vous avez prévu de confectionner un dessert qui en contient, préparez-les vous-même, à l'avance. Vous pourrez également les servir telles quelles, en guise de friandises. Dans ce cas, roulez-les dans du sucre cristallisé avant de les faire sécher.

- Lavez et essuyez soigneusement les fruits (non traités).
- Prélevez l'écorce en veillant à ne pas entamer la peau blanche. S'il en reste un peu, retirez-la en la raclant avec la lame d'un couteau. Coupez le zeste en fines lanières.
- Plongez les écorces 2 min dans de l'eau bouillante. Égouttez-les. Renouvelez deux fois l'opération. Épongez-les bien.
- Mélangez 50 cl d'eau et 100 g de sucre dans une casserole.
- Portez à ébullition, puis plongez les écorces d'agrumes dans ce sirop et faites cuire 5 min à petits frémissements.
- Sortez les écorces à l'aide d'une écumoire et laissez-les sécher sur une grille. Conservez-les dans un récipient hermétique.

Tranches de fruits séchées

Les tranches de fruits, simplement séchées au four, permettent de réaliser de superbes… et délicieux décors croustillants pour les desserts. Pommes, poires, pêches, ananas, kiwis, mangues se prêtent fort bien à cette préparation.

Choisissez des fruits juste mûrs pour qu'ils ne soient pas trop juteux. N'épluchez que les ananas, les mangues et les kiwis.

- Préchauffez le four à 80 °C (th. 2/3).
- Préparez un sirop léger : comptez 100 g de sucre en poudre pour 50 cl d'eau et 1 filet de jus de citron. Portez-le à ébullition dans une petite casserole et laissez-le refroidir.
- Coupez les fruits en fines tranches de 2 à 3 mm d'épaisseur et évidez ceux qui doivent l'être à l'aide d'un emporte-pièce.
- Trempez les tranches au fur et à mesure dans le sirop, puis étalez-les sur une plaque tapissée de papier sulfurisé.
- Faites sécher pendant 2 h au four : les fruits doivent être fermes et se décoller facilement du papier sulfurisé.

Les tranches de fruits séchées se conservent plusieurs jours dans un récipient hermétique.

Fruits caramélisés

Cerises, grains de raisin, quartiers ou rondelles d'agrumes, physalis peuvent être enrobés d'une fine pellicule de caramel. Ils donneront une jolie touche à vos desserts ou feront de savoureuses friandises, croquantes à souhait.

- Préparez un caramel léger à base de sucre et d'eau (voir page 26).
- Prenez les fruits par la tige ou, s'il s'agit de quartiers et de rondelles, piquez-les sur une brochette.
- Trempez rapidement chaque fruit dans le caramel, puis laissez couler l'excédent.
- Posez les fruits caramélisés au fur et à mesure sur une plaque tapissée de papier sulfurisé et laissez durcir.

Recettes de base

Voici quelques précieuses recettes de base, indispensables pour confectionner la plupart des desserts présentés dans ce livre. Suivez bien les tours de main et les conseils donnés ci-après, ainsi que la liste des ingrédients indiquée dans chaque recette.

Pâte brisée

Pour un moule de 26 cm de diamètre
Préparation : 10 min
Repos : au moins 2 h

- 150 g de beurre mou
- 250 g de farine
- ½ c. à c. de sel fin
- 2 c. à s. de sucre en poudre (facultatif)
- 4 à 5 c. à s. d'eau très froide (ou de lait)

1. Mettez la farine dans un saladier. Ajoutez le sel, éventuellement le sucre, mélangez et ménagez un puits au centre.

2. Coupez le beurre en petits morceaux et mettez-le dans le puits. Amalgamez rapidement tous les ingrédients en effritant le mélange du bout des doigts.

3. Travaillez rapidement la pâte à la main, en ajoutant petit à petit juste assez d'eau (ou de lait) pour qu'elle soit souple, sans coller. Formez une boule, enveloppez-la de film alimentaire et laissez-la reposer au moins 2 h au réfrigérateur.

4. Posez la boule de pâte sur le plan de travail fariné, puis fraisez-la, c'est-à-dire aplatissez-la en l'écrasant avec la paume de la main.

5. Étalez la pâte au rouleau à pâtisserie légèrement fariné, sans trop appuyer.

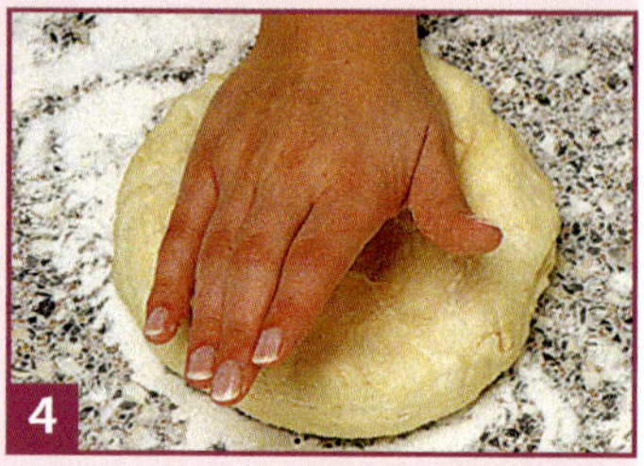

Conseils

- Pour que la pâte brisée ne durcisse pas, il ne faut pas trop la pétrir. Ne vous inquiétez pas s'il reste des petits morceaux de beurre entiers : ils seront écrasés quand vous étalerez la pâte.
- Ajoutez l'eau (ou le lait) cuillerée par cuillerée pour ne pas dépasser la quantité nécessaire : la pâte doit être souple, mais non collante.
- Il est important de respecter un temps de repos suffisamment long après la préparation de la pâte. Elle se raffermit alors en perdant son élasticité et se rétracte moins à la cuisson. L'idéal est de la préparer la veille.
- Le poids de la farine ne doit pas dépasser le double de celui du beurre. Mettez-en un peu de côté pour fariner le plan de travail plutôt que d'en ajouter à la pâte pour éviter qu'elle ne colle.

Pâte sablée

Pour un moule de 26 cm de diamètre, 8 tartelettes ou 12 sablés de 8 cm de diamètre
Préparation : 15 min
Repos : au moins 2 h

- 1 œuf
- 80 g de sucre en poudre
- 250 g de farine
- 180 g de beurre mou
- ¼ de c. à c. de sel fin

1. Battez l'œuf à la fourchette dans un saladier, puis ajoutez le sel et le sucre.
2. Fouettez vivement jusqu'à ce que le mélange blanchisse et devienne mousseux : il doit sensiblement doubler de volume.
3. Ajoutez la farine tamisée d'un coup. Mélangez rapidement à l'aide d'une spatule en bois. Puis frottez la pâte entre vos doigts, par petites quantités, jusqu'à obtention d'une consistance grossièrement sableuse.
4. Versez la préparation sur le plan de travail fariné. Coupez le beurre en petits morceaux et répartissez-le dessus, puis pétrissez le tout à la main pour bien incorporer le beurre à la pâte. Formez une boule, enveloppez-la de film alimentaire et laissez-la reposer pendant au moins 2 h au réfrigérateur.
5. Sur le plan de travail fariné, étalez la pâte au rouleau légèrement fariné.

VARIANTES

Pâte sablée au chocolat

Quand le mélange œuf-sucre est bien mousseux, incorporez-y 50 g de chocolat noir à 70 % de cacao, fondu et refroidi, sans cesser de fouetter. Ajoutez également 30 g de cacao en poudre à la farine.

Pâte sablée à la noisette

Ajoutez 80 g de poudre de noisettes ou d'amandes, en même temps que la farine.

Conseils

- Si la pâte est un peu trop sèche et difficile à amalgamer, ajoutez-y 1 cuillerée à soupe d'eau.
- Comme la pâte brisée, la pâte sablée ne doit pas être travaillée trop longtemps. Pour faciliter le mélange, utilisez du beurre très mou.
- La pâte sablée est assez fragile : laissez refroidir vos tartes avant de les démouler.

Pâte à crêpes

1

2

3

4

5

Pour environ 15 crêpes de 22 cm de diamètre
Préparation : 10 min
Repos : 2 h
Cuisson : 2 min par crêpe

- 250 g de farine
- 50 cl de lait
- 3 œufs
- 50 g de beurre fondu
- 2 c. à s. de sucre en poudre (facultatif)
- 1 c. à c. de sel fin

1. Mettez la farine dans un saladier et ménagez un puits au centre. Versez-y la moitié du lait et mélangez avec une spatule en bois, en ramenant petit à petit la farine des bords du saladier vers le centre.

2. Battez les œufs en omelette dans un bol. Versez-les progressivement sur la préparation précédente, en remuant sans cesse pour bien les incorporer au fur et à mesure. Ajoutez le beurre fondu, le sel et, éventuellement, le sucre. Continuez à remuer jusqu'à ce que le mélange soit parfaitement homogène.

3. Délayez la préparation avec le reste du lait, sans cesser de remuer, pour éviter la formation de grumeaux. Laissez la pâte reposer pendant 2 h au réfrigérateur.

4. Huilez une poêle antiadhésive et faites-la chauffer. Quand elle est bien chaude, versez-y 1 louchée de pâte. Inclinez la poêle en tous sens pour répartir uniformément la pâte et faites cuire 1 min environ à feu moyen à vif : les bords de la crêpe doivent commencer à dorer.

5. Retournez la crêpe avec une spatule et faites cuire l'autre côté 1 min environ également.

VARIANTES

Parfumer la pâte à crêpes

Selon la garniture choisie, ajoutez à la pâte 1 ou 2 cuillerées à soupe de rhum, le zeste râpé de 1 orange non traitée et quelques gouttes d'eau de fleur d'oranger, le zeste râpé de 1 citron non traité et le jus de ½ citron, ou bien des épices (vanille, cannelle, anis, etc.).

Conseils

- Plus la pâte repose longtemps, plus les crêpes sont fines. Si vous n'avez pas utilisé toute la pâte, conservez le reste au réfrigérateur : les crêpes que vous confectionnerez le lendemain seront bien plus légères encore.
- La finesse des crêpes dépend aussi de la consistance de la pâte : elle doit être parfaitement lisse et fluide, sans être trop liquide. Trempez la louche dans la pâte, puis passez le doigt sur le côté bombé : il doit y laisser une trace bien nette.
- Si la pâte est trop épaisse après repos, ajoutez-y un peu d'eau ou de lait (jusqu'à 10 cl) juste avant la cuisson. S'il reste des grumeaux, filtrez la pâte à travers une passoire fine.

Pâte à choux

Pour 10 gros choux
ou 20 petits
Préparation : 15 min
Cuisson : 20-25 min

- 25 cl d'eau
- 120 g de beurre
- 140 g de farine
- ½ c. à c. de sel fin
- 4 œufs

1. Préchauffez le four à 180 °C (th. 6). Faites bouillir l'eau dans une casserole avec le beurre et le sel.

2. Quand le beurre est fondu, ajoutez la farine en pluie, en une seule fois, en remuant vivement. Laissez cuire 1 à 2 min à feu doux, sans cesser de remuer, jusqu'à ce que la pâte forme une masse lisse et sèche, qui se décolle des parois.

3. Ôtez du feu, puis incorporez 1 œuf, en mélangeant avec vigueur.

4. Ajoutez les autres œufs, un par un, en veillant à ce que chacun soit parfaitement amalgamé avant de casser le suivant.

5. À l'aide de deux petites cuillères ou d'une poche à douille munie d'un embout lisse, déposez sur une plaque des petites boules de pâte suffisamment espacées pour leur permettre de gonfler. Enfournez pour 20 à 25 min, selon la taille des choux : ils doivent être gonflés et bien dorés.

1

2

3

4

Conseils

- Le volume des œufs doit être égal à celui du liquide.
- Si la pâte est trop épaisse, c'est qu'elle manque d'œuf. Dans ce cas, battez 1 œuf dans un bol et ajoutez-en progressivement, cuillerée par cuillerée, jusqu'à obtention de la consistance désirée.
- Pour que la pâte à choux ne se fendille pas, faites-la cuire dès qu'elle est prête.
- Si vous voulez que vos choux soient bien dorés, badigeonnez-les de jaune d'œuf (délayé dans un peu d'eau), au pinceau, avant de les enfourner.

5

Pâte à génoise

Pour un moule à manqué de 20 cm de diamètre
Préparation : 30 min
Cuisson : 20-30 min

- 4 œufs
- 120 g de sucre en poudre
- 120 g de farine
  + un peu pour le moule
- 60 g de beurre
  + un peu pour le moule

1. Cassez les œufs dans un saladier et ajoutez le sucre. Faites fondre le beurre dans une petite casserole et laissez-le refroidir.

2. Placez le saladier dans un bain-marie juste frémissant et commencez doucement à battre le mélange.

3. Fouettez vivement le mélange, en soulevant la masse de bas en haut pour bien l'aérer.

4. Fouettez ainsi pendant 10 à 15 min, jusqu'à ce que le mélange ait blanchi et triplé de volume.

5. Ôtez le saladier du bain-marie et continuez de fouetter jusqu'à complet refroidissement du mélange. Incorporez alors délicatement la farine, pour que le mélange ne retombe pas.

6. Ajoutez le beurre fondu refroidi, en laissant le dépôt au fond de la casserole, et mélangez rapidement.

7. Versez la pâte dans un moule beurré et fariné, en le remplissant aux deux tiers seulement. Enfournez aussitôt (voir Conseils pour le temps de cuisson).

Conseils

- Le fond du saladier ne doit pas toucher l'eau du bain-marie, qui elle ne doit jamais bouillir, au risque de voir les œufs coaguler.
- Saupoudrez petit à petit la farine à la surface de la préparation et incorporez-la au fur et à mesure, sans travailler la pâte.
- Le temps de cuisson dépend du moule choisi. Pour vérifier que la génoise est cuite, piquez-y une fine lame de couteau : elle doit ressortir sèche.
- Pour un gâteau fourré, préparez la génoise la veille : elle sera plus facile à couper.
- Dans un sachet congélation, la génoise se conserve jusqu'à trois jours au réfrigérateur et un mois au congélateur.

Meringue française

Pour 400 g de meringue
Préparation : 15 min
Cuisson : 2-3 h

- 4 blancs d'œuf
- 80 g de sucre en poudre
- 80 g de sucre glace
- Quelques gouttes de jus de citron

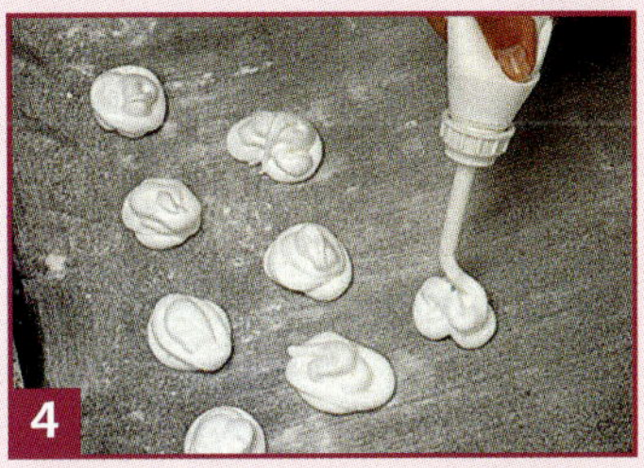

1. Préchauffez le four à 90 °C (th. 3). Mettez les blancs dans un grand saladier et ajoutez quelques gouttes de jus de citron. Fouettez d'abord à vitesse moyenne, pour qu'ils deviennent mousseux, puis plus rapidement, jusqu'à ce qu'ils aient doublé de volume.

2. Mélangez les sucres, puis incorporez-les aux blancs en neige, petit à petit, en fouettant jusqu'à ce qu'ils soient fermes et brillants et tiennent bien aux branches du fouet.

3. Avec une cuillère à soupe, remplissez délicatement une poche à douille à embout cannelé avec cette meringue.

4. Sur une plaque tapissée de papier sulfurisé, déposez des petites coques de meringue. Enfournez pour 2 à 3 h (voir Conseils).

VARIANTES

Meringue au café

Ajoutez 2 cuillerées à soupe d'extrait de café après avoir incorporé les sucres, puis fouettez encore quelques instants.

Meringue au chocolat

Ajoutez 4 cuillerées à soupe de cacao amer en poudre après avoir incorporé les sucres, puis fouettez encore quelques instants.

Conseils

- Les blancs en neige montent beaucoup mieux quand les œufs sont à température ambiante. Sortez-les du réfrigérateur au moins 2 h à l'avance.
- De la petite meringue individuelle au disque destiné à un vacherin, le temps de cuisson varie. Prévoyez de 2 à 3 h selon la taille des meringues.
- Surveillez attentivement la cuisson : la meringue doit juste sécher et rester blanche.
- Les meringues se conservent jusqu'à quinze jours dans une boîte métallique hermétique.

Crème pâtissière

Pour 65 cl de crème
Préparation : 10 min
Cuisson : 10 min environ

- 50 cl de lait
- 6 jaunes d'œuf
- 100 g de sucre en poudre
- 40 g de farine ou de Maïzena

1. Faites bouillir le lait dans une casserole à fond épais.
2. Fouettez vivement les jaunes d'œuf avec le sucre dans un saladier, jusqu'à ce que le mélange blanchisse. Puis incorporez-y rapidement la farine (ou la Maïzena).
3. Délayez le mélange avec le lait bouillant, en fouettant vivement jusqu'à obtention d'une crème bien lisse.
4. Reversez le tout dans la casserole. Portez doucement à ébullition, puis faites cuire 1 ou 2 min, sans cesser de fouetter.
5. Ôtez du feu et versez la crème dans un saladier très froid.

VARIANTES

Crème pâtissière vanillée

Faites bouillir le lait avec 1 gousse de vanille fendue en deux dans la longueur. Ôtez du feu et laissez infuser 15 min. Grattez ensuite la gousse au-dessus du lait pour recueillir les graines. Portez de nouveau le lait à ébullition avant de le verser sur les jaunes d'œuf.

Crème pâtissière au café

Ajoutez à la crème encore chaude 2 cuillerées à soupe de café lyophilisé ou 4 cuillerées à café d'extrait de café.

Crème pâtissière au chocolat

Cassez 160 g de chocolat noir à au moins 70 % de cacao en petits morceaux, puis incorporez-les à la crème bouillante. Remuez doucement jusqu'à complète dissolution et laissez refroidir.

Conseils

- Si la crème vous paraît trop fluide, prolongez la cuisson de 1 à 2 min, en fouettant sans cesse pour qu'elle n'attache pas au fond de la casserole.
- Pour éviter la formation d'une peau en surface, disgracieuse et désagréable en bouche, passez régulièrement sur la crème encore chaude un morceau de beurre piqué sur une fourchette, sans trop appuyer.
- Pour que la crème épaississe plus rapidement, remplacez deux des jaunes d'œuf par un œuf entier.

Crème anglaise

Pour environ 65 cl de crème
Préparation : 25 min
Infusion : 15-20 min
Cuisson : 10-15 min

- 50 cl de lait
- ½ gousse de vanille
- 6 jaunes d'œuf
- 60 g de sucre en poudre

1. Faites bouillir le lait dans une casserole à fond épais avec la demi-gousse de vanille fendue en deux dans la longueur. Ôtez du feu et laissez infuser 15 à 20 min.

2. Fouettez vivement les jaunes d'œuf avec le sucre dans un saladier, jusqu'à ce que le mélange blanchisse et devienne mousseux.

3. Ôtez la demi-gousse de vanille et grattez l'intérieur au-dessus de la casserole pour recueillir les graines. Portez de nouveau le lait à ébullition.

4. Incorporez le lait bouillant à la préparation précédente, sans cesser de remuer.

5. Reversez le mélange dans la casserole et faites épaissir à feu doux, en veillant à ne pas atteindre l'ébullition, sans cesser de remuer avec une cuillère ou une spatule en bois. Dès que la consistance souhaitée est atteinte, ôtez du feu et versez aussitôt la crème dans un récipient très froid pour arrêter la cuisson. Laissez la crème anglaise refroidir.

1

2

3

4

5

Conseils

- Surveillez attentivement la cuisson : la crème ne doit en aucun cas bouillir. Ôtez-la du feu dès qu'elle est assez épaisse : elle doit napper la cuillère et, quand vous passez un doigt dessus, il doit laisser une trace nette et persistante. Si vous disposez d'un thermomètre à sucre, la crème est prête quand il indique 82 °C.
- Attention, au-delà de 90 °C, la crème anglaise tourne : les jaunes d'œuf coagulent et font des grumeaux. Si tel est le cas, mixez-la aussitôt au robot pour lui redonner une consistance fluide.
- Pour que la crème épaississe plus vite, ajoutez au mélange de jaunes et sucre 1 cuillerée à café de Maïzena que vous délayerez dans 1 cuillerée à soupe d'eau.
- Remuez souvent la crème au cours de son refroidissement, pour éviter la formation d'une peau en surface.
- Plus elle contient de jaunes d'œuf, plus la crème anglaise est épaisse : on compte au moins 8 jaunes pour 1 litre de lait et l'on peut en mettre jusqu'à 16.

Crème Chantilly

Pour 500 g de crème
Préparation : 10 min environ
Réfrigération : au moins 2 h

- 50 cl de crème liquide entière
- 30 g de sucre glace
- 1 sachet de sucre vanillé

1. Versez la crème dans un saladier, couvrez de film alimentaire et placez celui-ci dans la partie la plus froide du réfrigérateur. Réservez ainsi au moins 2 h.

2. Sortez le saladier du réfrigérateur et mettez-le dans un autre, plus grand, rempli de glaçons.

3. Fouettez doucement, au fouet à main ou avec un batteur électrique, pendant 2 à 3 min.

4. Puis fouettez plus vivement, pour que le volume de la crème augmente et qu'elle devienne bien mousseuse. Ajoutez les sucres, cuillerée par cuillerée, quand elle commence à monter.

5. Continuez à fouetter en surveillant bien la consistance de la crème pour qu'elle ne se transforme pas en beurre : arrêtez de battre quand elle a doublé de volume et adhère aux branches du fouet. Couvrez de film alimentaire et placez au réfrigérateur jusqu'au moment de servir.

VARIANTES

Chantilly à la vanille

Ajoutez les graines de 2 gousses de vanille – fendues en deux dans la longueur et grattées avec la lame d'un couteau – à la crème montée.

Chantilly aux épices

Portez la crème à ébullition, faites-y infuser l'épice de votre choix (anis, cannelle, badiane...), puis laissez-la bien refroidir avant de la fouetter.

Conseils

- Si vous conserviez la crème au réfrigérateur, refroidissez seulement le saladier en le réservant une dizaine de minutes au congélateur.
- La crème liquide est idéale pour la chantilly. Mais, si vous n'avez que de la crème épaisse, délayez-la avec du lait très froid (comptez le tiers de son volume).
- Il vaut mieux garder la chantilly un peu souple que de trop la battre : elle tourne alors en beurre, perd son onctuosité et prend un aspect granuleux. Moins rapide, le fouet à main permet de mieux contrôler la transformation de la crème.
- Pour apprécier la fermeté de la crème Chantilly, retournez le récipient dans lequel vous l'avez montée : elle ne doit pas tomber.
- Vous pouvez fouetter la crème nature et ne la sucrer qu'une fois montée en chantilly. Vous pourrez ainsi en assaisonner une partie différemment.

Sauces au chocolat

1

2

3 4

Sauce au chocolat noir

Pour 50 cl de sauce
Préparation : 10 min
Cuisson : 5 min

- 200 g de chocolat noir à au moins 70 % de cacao
- 30 g de beurre
- 20 cl de lait
- 2 c. à s. de crème liquide
- 30 g de sucre en poudre

1. Cassez le chocolat en petits morceaux dans un saladier. Faites-le fondre très doucement au bain-marie, en remuant avec une spatule en bois. Puis laissez-le tiédir.

2. Coupez le beurre en petits morceaux. Ajoutez-le au chocolat fondu tiède et remuez doucement jusqu'à obtention d'une crème lisse et onctueuse.

3. Faites bouillir le lait et la crème dans une casserole. Ôtez du feu, ajoutez le sucre et fouettez vivement jusqu'à dissolution de ce dernier. Portez de nouveau à ébullition.

4. Versez le lait sucré bouillant sur la préparation précédente, sans cesser de fouetter, jusqu'à ce que le mélange soit lisse et homogène. Servez la sauce chaude ou froide.

Conseils

- Pour fondre rapidement, le chocolat doit être cassé en tout petits morceaux réguliers ou, mieux encore, râpé.
- Cette sauce peut être réchauffée au four à micro-ondes, à faible puissance, ou au bain-marie, à peine frémissant.

VARIANTES

Sauce au chocolat blanc

Remplacez le chocolat noir par un chocolat blanc de bonne qualité. Faites-le fondre également au bain-marie, en remuant avec une spatule en bois. Faites bouillir 15 cl de lait et 15 cl de crème dans une petite casserole. Versez le mélange sur le chocolat fondu, en fouettant. Faites bouillir quelques secondes, versez dans une saucière chaude et servez aussitôt.

Sauce au chocolat noir et à l'orange

Dans une petite casserole, mélangez 2 cuillerées à soupe de sucre en poudre avec le jus et le zeste finement râpé de 2 oranges non traitées, jusqu'à dissolution du sucre. Faites frémir à feu très doux jusqu'à obtention d'un sirop épais.

Ajoutez-le à la sauce au chocolat noir chaude, en remuant délicatement avec une spatule.

Sauce légère au chocolat noir

Versez 20 cl d'eau bouillante dans un saladier placé au-dessus d'un bain-marie. Ajoutez 200 g de chocolat noir, râpé ou finement concassé, et faites fondre à feu doux, en remuant jusqu'à obtention d'une crème lisse. Incorporez 20 g de beurre coupé en petits morceaux, en fouettant vivement. Sucrez légèrement, versez dans une saucière chaude et servez.

Caramel liquide

Pour napper un dessert de 8 personnes environ
Préparation et cuisson : 15 min

- 200 g de sucre en poudre
- ½ c. à c. de jus de citron
- 8 c. à s. d'eau

1. Mélangez la moitié de l'eau et le sucre dans une casserole à fond épais. Ajoutez le jus de citron et chauffez à feu très doux en remuant sans cesse avec une spatule en bois, jusqu'à ce que le sucre soit complètement dissous. Pour éviter que le sucre ne cristallise sur les parois de la casserole, badigeonnez-les régulièrement avec un pinceau trempé dans de l'eau.

2. Mélangez jusqu'à consistance sirupeuse. Quand le sirop est bien clair, arrêtez de remuer et portez à ébullition à feu vif. Le caramel va foncer au fur et à mesure que l'eau va s'évaporer. Pour bien répartir la chaleur, prenez la casserole par le manche et remuez-la d'avant en arrière.

3. Lorsque le caramel a atteint la couleur désirée, versez le reste de l'eau en une seule fois, en prenant garde aux éventuelles projections. Remuez doucement pour bien incorporer l'eau et ajoutez-en éventuellement un peu si le mélange n'est pas assez fluide : le caramel doit être très liquide pour ne pas durcir en refroidissant.

Conseils

- Veillez à faire complètement fondre le sucre avant de porter le sirop à ébullition et procédez toujours à feu très doux.
- Dès que le sirop commence à bouillir, ne remuez plus avec la spatule car, sinon, le caramel s'agglomérerait.
- Le jus de citron empêche le caramel de durcir en refroidissant : ce dernier doit rester suffisamment souple pour vous permettre de napper un dessert.
- Pour arrêter immédiatement la cuisson du caramel, trempez la casserole dans un récipient rempli d'eau glacée dès que vous la retirez du feu.

Coulis de framboises

Pour 50 cl de coulis
Préparation : 10 min

- 750 g de framboises
- 80 g de sucre en poudre
- Le jus de 1 citron (facultatif)
- 10 cl d'eau (environ)

1. Triez les framboises. Éliminez celles qui sont abîmées, puis essuyez délicatement les autres (évitez l'eau, ces fruits supportant mal d'être lavés). Mettez-les dans un récipient à bord haut avec le sucre et, éventuellement, le jus de citron.

2. Réduisez les framboises en purée avec un mixeur plongeur, d'abord par petites impulsions, puis en mixant continûment pendant 2 à 3 min : vous devez obtenir une purée fine et parfaitement homogène.

3. Tamisez la purée obtenue au travers d'une passoire fine, en pressant bien avec une spatule afin de recueillir le plus de pulpe possible tout en éliminant les graines.

4. Ajoutez l'eau petit à petit, en mélangeant bien au fur et à mesure, jusqu'à ce que le coulis ait la consistance désirée.

VARIANTES

Presque tous les fruits, dès lors qu'ils sont suffisamment juteux, se prêtent à la réalisation d'un coulis. Tous les fruits rouges, bien sûr, mais aussi les poires, les melons, les abricots, les pêches ou les agrumes.
Lavez les fruits ou pelez-les selon le cas, dénoyautez-les si nécessaire, puis mixez-les 2 à 3 min avec le sucre et, éventuellement, le jus de citron.

Conseils

- La saveur d'un coulis dépend avant tout de la qualité des fruits employés. Ces derniers doivent être mûrs à point et parfaitement sains. Supprimez ceux qui présentent des taches ou des meurtrissures.
- Le moulin à légumes, équipé d'une grille fine, fait fonction à la fois de mixeur et de passoire. Ajoutez le sucre après avoir écrasé les fruits et mélangez jusqu'à ce qu'il soit entièrement dissous.
- Les fruits surgelés permettent de réaliser d'excellents coulis.

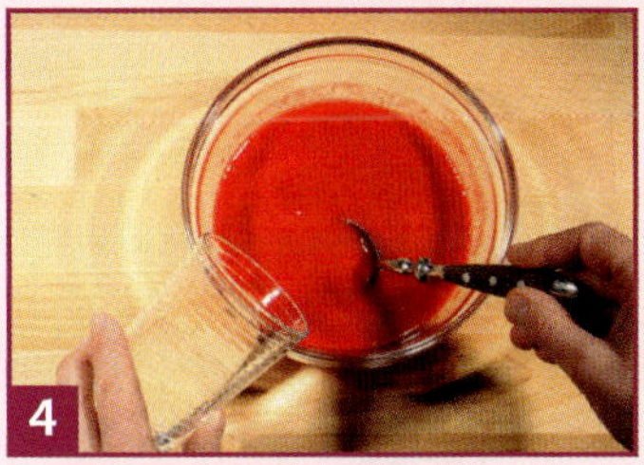

Vous pouvez aussi utiliser des fruits au sirop léger, juste égouttés : mixez-les seuls, sans ajouter de sucre. Selon votre goût et le fruit, citronnez un peu.
- Les coulis se conservent quelques jours au réfrigérateur dans un récipient hermétique. Ils supportent également très bien la congélation. Il suffit de les fouetter de temps en temps pendant leur décongélation pour qu'ils retrouvent toute leur homogénéité.

Glaçons parfumés

Préparez des coulis originaux : mangue-coriandre, pêche-badiane, framboise-basilic… Et congelez-les dans des bacs à glaçons. Vous pourrez ainsi les servir en portions, pour accompagner une glace, une salade de fruits frais ou une coupelle de fromage blanc.

Desserts et vins

Conserver le même vin, quelle que soit sa qualité, d'un bout à l'autre du repas est bien souvent une erreur de goût. Rien de pire, en effet, qu'un grand bordeaux ou un champagne brut servis avec un dessert au chocolat, leurs arômes étant incompatibles...

La douceur des desserts appelle des vins spécifiques, qui ne sont pas nécessairement très sucrés, contrairement aux idées reçues. Les vins de desserts étant aussi variés que les desserts eux-mêmes, il importe de les choisir avec discernement : ils mettront en valeur le point d'orgue de vos menus et contribueront à en faire un moment de fête.

Ces vins, généralement assez corpulents et riches en alcool, se servent en petites quantités, mais ils se conservent plusieurs jours après ouverture. On peut alors parfaitement les proposer en apéritif.

Prévoyez sans hésiter une belle bouteille pour clore un repas : elle constituera à elle seule un second dessert, en parallèle de celui que vous aurez préparé.

Avec les pâtisseries et les crèmes à la vanille ou aux amandes, avec les desserts au miel ou aux fruits confits :

- un blanc doux de Loire – vouvray, montlouis, bonnezeaux, coteaux-du-layon, quarts-de-chaume ;
- un bordeaux blanc doux – sauternes, sainte-croix-du-mont, cadillac, loupiac ;
- un blanc doux du Sud-Ouest – monbazillac, bergerac, saussignac.

Si le dessert est très sucré, essayez un tokay de Hongrie.

Tous ces vins sont à servir très frais, mais non glacés.

Avec les desserts aux fruits blancs, aux agrumes ou aux fruits exotiques :

- un blanc doux du Sud-Ouest – jurançon, pacherenc-du-vic-bilh, côtes-de-gascogne doux ;
- un muscat doux du Midi – muscat de Beaumes-de-Venise, de Frontignan, de Lunel ou de Rivesaltes.

Les desserts aux fruits rouges, quand ils sont peu sucrés, constituent une exception, car certains vins secs leur conviennent : champagne blanc de noirs, bourgogne rouge.

Avec les desserts aux fruits rouges plus sucrés :

- un cabernet d'Anjou, rosé moelleux au goût de fraise ;
- un rouge doux – banyuls ou maury « rimage » ou « vintage » ;
- un porto « ruby » ou « vintage », des vins rouge sombre, sans caractère oxydatif.

Avec les desserts au chocolat, au café ou aux noix, proposez un rouge doux, à caractère oxydatif cette fois : banyuls ou maury traditionnels, porto « tawny », des vins de couleur tuilée qui s'accordent à merveille avec les grands chocolats.

Gros gâteaux

La pâtisserie est une tradition qui a incontestablement perduré : pas de déjeuner de famille, de repas de fête, ni de grandes tablées, sans gâteau. Les classiques de la pâtisserie française ont toujours cours, mais considérablement allégés et simplifiés. S'y ajoutent aujourd'hui des gâteaux plus exotiques : à l'instar de la cuisine, la pâtisserie se mondialise, nous permettant de belles découvertes.

Cake aux prunes et au miel

Préparation : 20 min
Repos : 45 min
Cuisson : 1 h 50

Pour 6 à 8 personnes

350 g de prunes (reines-claudes ou quetsches)

2 gros œufs ou 3 petits (150 g)

130 g de beurre + un peu pour le moule

100 g de sucre glace

2 c. à s. de miel liquide

160 g de farine + un peu pour le moule

1 sachet de levure chimique

Préchauffez le four à 100 °C (th. 3-4). Rincez et séchez les prunes. Coupez-les en deux et dénoyautez-les. Disposez les oreillons obtenus sur une plaque antiadhésive et faites-les sécher 1 h au four. Laissez refroidir et recoupez chaque oreillon en deux.

Sortez les œufs du réfrigérateur 1 h à l'avance. Coupez le beurre en morceaux dans un saladier et laissez-le ramollir.

Travaillez le beurre mou avec le sucre glace à la cuillère en bois, puis incorporez les œufs un par un, en fouettant. Ajoutez le miel et mélangez bien.

Mélangez la farine et la levure dans un autre saladier. Ajoutez les demi-oreillons de prune, puis incorporez le tout à la préparation précédente. Laissez la pâte reposer 45 min au réfrigérateur.

Préchauffez le four à 210 °C (th. 7). Beurrez et farinez un moule à cake de 23 cm de long ou préparez un moule en silicone.

Mélangez de nouveau la pâte, puis versez-la dans le moule et enfournez pour 5 min. Baissez la température du four à 180 °C (th. 6) et poursuivez la cuisson 45 min. Couvrez avec du papier d'aluminium dès que la surface est bien colorée.

Vérifiez la cuisson du cake en y piquant la pointe d'un couteau : elle doit ressortir sèche. Laissez tiédir, puis démoulez sur une grille et faites refroidir.

Cake au chocolat et aux cerises

Préparation : 20 min
Repos : 45 min
Cuisson : 50 min

Pour 6 à 8 personnes

2 gros œufs ou 3 petits (150 g)

140 g de beurre
+ un peu pour le moule

250 g de cerises au sirop léger

170 g de sucre glace

40 g de chocolat noir
à 70 % de cacao

40 g de cacao en poudre

160 g de farine
+ un peu pour le moule

1 sachet de levure chimique

Sortez les œufs du réfrigérateur 1 h à l'avance. Coupez le beurre en morceaux dans un saladier et laissez-le ramollir.

Égouttez les cerises. Épongez-les sur du papier absorbant.

Cassez le chocolat en morceaux dans un bol et faites-le fondre au bain-marie à feu doux, en remuant avec une cuillère en bois jusqu'à obtention d'une crème bien lisse.

Travaillez le beurre mou avec le sucre glace à la cuillère en bois, puis incorporez les œufs un par un, en fouettant. Ajoutez le chocolat fondu et mélangez bien.

Mélangez la farine, le cacao et la levure dans un autre saladier. Ajoutez les cerises, puis incorporez le tout à la préparation précédente. Laissez la pâte reposer 45 min au réfrigérateur.

Préchauffez le four à 210 °C (th. 7). Beurrez et farinez un moule à cake de 22 cm de long ou préparez un moule en silicone.

Mélangez de nouveau la pâte, puis versez-la dans le moule et enfournez pour 5 min. Baissez la température du four à 180 °C (th. 6) et poursuivez la cuisson 45 min. Couvrez avec du papier d'aluminium dès que la surface est bien colorée.

Vérifiez la cuisson du cake en y piquant la pointe d'un couteau : elle doit ressortir sèche. Laissez tiédir, puis démoulez sur une grille et faites refroidir.

Cake citron-pignons

Préparation : 20 min
Cuisson : 45 min environ

Pour 6 à 8 personnes

2 gros œufs ou 3 petits (150 g)

130 g de beurre
+ un peu pour le moule

150 g de sucre glace

160 g de farine
+ un peu pour le moule

1 sachet de levure chimique

100 g de pignons de pin

Le zeste râpé et le jus
de 1 citron non traité

Sortez les œufs du réfrigérateur 1 h à l'avance. Coupez le beurre en morceaux dans un saladier et laissez-le ramollir.

Faites dorer les pignons à sec dans une poêle antiadhésive.

Préchauffez le four à 180 °C (th. 6). Beurrez et farinez un moule à cake de 23 cm de long ou préparez un moule en silicone.

Travaillez le beurre mou avec le sucre glace à la cuillère en bois, puis incorporez les œufs un par un, en fouettant. Ajoutez peu à peu la farine, en remuant jusqu'à homogénéité. Ajoutez les pignons, le zeste et le jus de citron.

Versez la pâte dans le moule et enfournez pour 45 min environ. Couvrez avec du papier d'aluminium dès que la surface est bien colorée.

Vérifiez la cuisson du cake en y piquant la pointe d'un couteau : elle doit ressortir sèche. Laissez tiédir, puis démoulez sur une grille et faites refroidir.

Cake coco-ananas

Préparation : 20 min
Repos : 30 min
Cuisson : 45 min

Pour 6 à 8 personnes

2 gros œufs ou 3 petits (150 g)

125 g de beurre
+ un peu pour le moule

2 ou 3 rondelles d'ananas au sirop

120 g de sucre glace

100 g de noix de coco râpée

10 cl de lait de coco

160 g de farine
+ un peu pour le moule

1 sachet de levure chimique

Sortez les œufs du réfrigérateur 1 h à l'avance. Coupez le beurre en morceaux dans un saladier et laissez-le ramollir. Égouttez les rondelles d'ananas et coupez-les en dés.

Travaillez le beurre mou avec le sucre glace à la cuillère en bois, puis incorporez les œufs un par un, en fouettant. Ajoutez la noix de coco râpée et le lait de coco.

Mélangez la farine et la levure dans un autre saladier. Ajoutez l'ananas, puis incorporez le tout à la préparation précédente. Laissez reposer 30 min au réfrigérateur.

Préchauffez le four à 180 °C (th. 6). Beurrez et farinez un moule à cake de 23 cm de long ou préparez un moule en silicone. Mélangez de nouveau la pâte et versez-la dans le moule. Enfournez pour 45 min. Couvrez avec du papier d'aluminium dès que la surface est bien colorée.

Vérifiez la cuisson du cake en y piquant la pointe d'un couteau : elle doit ressortir sèche. Laissez tiédir, puis démoulez sur une grille et faites refroidir.

Marbré chocolat-orange aux noix

Préparation : 20 min
Cuisson : 1 h 10 environ

Pour 6 à 8 personnes

125 g de beurre
+ un peu pour le moule

180 g de sucre glace

160 g de farine

100 g de cerneaux de noix

3 œufs

20 g de cacao en poudre

20 g de chocolat noir
à 70 % de cacao

5 cl de lait

½ sachet de levure chimique

1 c. à s. de zeste d'orange
non traitée finement râpé

1 c. à c. d'eau de fleur d'oranger

Concassez grossièrement les noix. Coupez le beurre en morceaux dans un saladier et laissez-le ramollir. Faites tiédir le lait dans une petite casserole et délayez-y le cacao. Cassez le chocolat en morceaux dans un bol et faites-le fondre au bain-marie à feu doux.

Travaillez le beurre mou avec le sucre glace à la cuillère en bois, jusqu'à obtention d'une consistance crémeuse. Puis incorporez alternativement les œufs, un par un, et la farine, par petites quantités. Ajoutez la levure et mélangez bien.

Préchauffez le four à 210 °C (th. 7). Beurrez un moule à cake de 18 cm de long ou préparez un moule en silicone.

Partagez la pâte en deux. Incorporez le cacao, le chocolat fondu et 50 g de noix concassées à une moitié de pâte, le zeste d'orange, l'eau de fleur d'oranger et le reste de noix à l'autre moitié de pâte. Remplissez le moule en alternant des couches de préparation au chocolat et de préparation à l'orange.

Enfournez et baissez aussitôt la température du four à 180 °C (th. 6). Faites cuire 1 h 10 environ : une pointe de couteau piquée au cœur du marbré doit ressortir sèche.

Laissez tiédir, puis démoulez sur une grille et faites refroidir.

Pain d'épice

Préparation : 15 min
Cuisson : 40-45 min

Pour 8 à 10 personnes

280 g de miel toutes fleurs

250 g de farine

1 œuf

10 cl de lait

½ sachet de levure chimique

¼ de c. à c. de bicarbonate de soude

1 c. à s. de zeste de citron non traité finement râpé

½ c. à c. d'anis vert moulu

½ c. à c. de cannelle en poudre

½ c. à c. de girofle en poudre

10 cl de lait mélangé à 2 c. à s. de sucre en poudre

Beurre pour le moule

Tamisez la farine avec la levure et le bicarbonate de soude dans un saladier.

Faites fondre le miel à feu doux dans une casserole. Incorporez-le au mélange précédent, en remuant jusqu'à homogénéité. Ajoutez l'anis, la cannelle, le girofle et le zeste de citron, puis pétrissez pendant 5 min. Incorporez enfin le lait et l'œuf, sans cesser de remuer.

Préchauffez le four à 180 °C (th. 6). Beurrez un moule à cake de 15 cm de long ou préparez un moule en silicone.

Versez la pâte dans le moule et enfournez pour 40 à 45 min. Vérifiez la cuisson du pain d'épice en y piquant la pointe d'un couteau : elle doit ressortir sèche.

Sortez le pain d'épice du four, badigeonnez-le de lait sucré au pinceau, puis remettez-le à l'entrée du four et laissez-le sécher 5 min.

Laissez tiédir, puis démoulez sur une grille et faites refroidir.

Biscuit japonais

Préparation : 15 min
Cuisson : 45 min environ

Pour 8 à 10 personnes

4 œufs + 2 jaunes

90 g de farine

7,5 cl de lait concentré

100 g de sucre en poudre

1 c. à s. de miel liquide

1 pincée de sel fin

Beurre pour le moule

Sucre glace pour servir

Préchauffez le four à 150 °C (th. 5). Beurrez un moule à manqué de 22 cm de diamètre ou préparez un moule en silicone.

Cassez les œufs en séparant les blancs des jaunes. Mettez tous les jaunes dans un saladier et battez-les avec le sucre en poudre jusqu'à ce que le mélange forme un ruban. Incorporez le miel, puis le lait concentré et, enfin, la farine.

Battez les blancs en neige ferme avec le sel. Incorporez-en 2 cuillerées à soupe à la préparation précédente en remuant vivement, puis incorporez délicatement le reste, en soulevant la pâte de bas en haut.

Versez la pâte dans le moule et enfournez pour 45 min environ : une pointe de couteau piquée au cœur du biscuit doit ressortir sèche.

Laissez le biscuit reposer 5 min, puis démoulez-le sur une grille et faites-le refroidir. Saupoudrez le biscuit japonais de sucre glace au moment de servir.

Gâteau de Savoie

Préparation : 15 min
Cuisson : 35-40 min

Pour 8 personnes

5 œufs, blancs et jaunes séparés

140 g de sucre glace

60 g de farine

60 g de Maïzena

2 ou 3 gouttes de jus de citron

Beurre pour le moule

Préchauffez le four à 180 °C (th. 6). Beurrez un moule à manqué de 23 cm de diamètre ou préparez un moule en silicone. Tapissez le fond du moule à manqué de papier sulfurisé et beurrez-le.

Mélangez la farine et la Maïzena dans un saladier.

Fouettez les jaunes d'œuf avec le sucre glace jusqu'à ce que la préparation blanchisse et soit bien mousseuse. Saupoudrez la farine et la Maïzena, et mélangez rapidement le tout, sans travailler la pâte.

Battez les blancs en neige ferme avec le jus de citron. Incorporez-les délicatement à la préparation précédente.

Versez la pâte dans le moule et enfournez pour 35 à 40 min : une pointe de couteau piquée au cœur du gâteau doit ressortir sèche.

Laissez tiédir et démoulez. Faites refroidir le gâteau, puis ôtez le papier sulfurisé.

Tropézienne

Préparation : 40 min
Repos : 2 h
Cuisson : 20-25 min

Pour 8 à 10 personnes

300 g de farine
+ un peu pour le plan de travail

80 g de beurre

15 g de levure de boulanger

10 cl de lait

1 œuf entier + 1 jaune
délayé dans 1 c. à s. de lait
pour la dorure

30 g de sucre en poudre

1 pincée de sel fin

Sucre en grains pour saupoudrer

Sucre glace pour servir

Pour la crème pâtissière au rhum :

40 cl de lait

4 jaunes d'œuf

40 g de farine

40 g de sucre en poudre

1 c. à s. de rhum brun

10 cl de crème liquide très froide

Coupez le beurre en morceaux et laissez-le ramollir. Faites tiédir le lait dans une petite casserole et délayez-y la levure.

Tamisez la farine dans un saladier et ménagez un puits au centre. Versez-y la levure délayée et cassez-y l'œuf. Malaxez pour bien mélanger le tout. Incorporez le beurre mou et pétrissez une dizaine de minutes, jusqu'à ce que la pâte soit élastique et n'adhère plus aux parois du saladier. Couvrez avec un linge et laissez lever 1 h à température ambiante.

Préparez la crème pâtissière (voir page 22). Incorporez-y le rhum et laissez-la refroidir.

Tapissez une plaque de papier sulfurisé. Sur le plan de travail fariné, étalez la pâte en un disque de 1,5 cm d'épaisseur environ. Posez-le sur la plaque, couvrez avec un linge humide et laissez lever encore 1 h.

Préchauffez le four à 180 °C (th. 6). Badigeonnez la pâte au pinceau avec le jaune d'œuf délayé et saupoudrez-la avec le sucre en grains. Enfournez pour 20 à 25 min. Laissez refroidir.

Fouettez la crème liquide en chantilly ferme, puis incorporez-la délicatement à la crème pâtissière refroidie.

Coupez le gâteau en deux dans l'épaisseur. Étalez la crème sur le disque inférieur et couvrez avec le disque supérieur. Saupoudrez de sucre glace au moment de servir.

Galette des rois

Préparation : 30 min
Cuisson : 45 min

Pour 8 personnes

600 g de pâte feuilletée prête à étaler

Farine pour le plan de travail

1 jaune délayé dans un peu d'eau pour la dorure

Sucre glace pour saupoudrer

Pour la crème pâtissière vanillée :

20 cl de lait

2 jaunes d'œuf

60 g de sucre en poudre

20 g de farine ou de Maïzena

1 gousse de vanille

Pour la garniture :

100 g de beurre

100 g de sucre en poudre

1 œuf

40 g de fécule ou de Maïzena

100 g d'amandes en poudre

1 c. à s. de rhum brun

Préparez la crème pâtissière vanillée (voir page 22) et laissez-la refroidir.

Coupez le beurre de la garniture en morceaux dans un saladier et laissez-le ramollir.

Travaillez le beurre mou à la spatule en bois jusqu'à obtention d'une consistance de pommade. Ajoutez le sucre petit à petit, l'œuf, puis la fécule (ou la Maïzena), la poudre d'amandes et le rhum. Incorporez enfin la crème pâtissière refroidie.

Préchauffez le four à 210 °C (th. 7). Tapissez une plaque de papier sulfurisé.

Partagez la pâte feuilletée en deux pâtons : l'un de 250 g environ et l'autre de 350 g environ. Sur le plan de travail fariné, étalez le plus petit en un disque de 26 cm de diamètre et 2 mm d'épaisseur environ. Posez-le sur la plaque et piquez la surface avec une fourchette. Étalez le second pâton en un disque de 28 cm de diamètre et 3 mm d'épaisseur environ.

Étalez la crème d'amandes sur le plus petit disque de pâte, en laissant un bord libre de 2 cm. Humidifiez le bord au pinceau.

Posez le plus grand disque de pâte sur la garniture. Soudez les bords en les pressant fortement et découpez régulièrement le pourtour à la roulette crantée. Dessinez des rosaces sur la galette avec la pointe d'un couteau, puis badigeonnez la surface avec le jaune d'œuf délayé au pinceau. Enfournez pour 45 min environ, en couvrant avec du papier d'aluminium dès que la surface est joliment dorée.

Sortez la galette du four et allumez le gril. Saupoudrez-la de sucre glace et glissez-la 2 min sous le gril pour glacer le dessus. Laissez tiédir.

Savarin à l'orange

Préparation : 50 min
Repos : 1 h environ
Réfrigération : 30 min
Cuisson : 20-25 min

Pour 8 personnes

Pour la pâte :

250 g de farine
+ un peu pour le moule

1 sachet de levure de boulanger

3 œufs

100 g de beurre fondu
+ un peu pour le moule

10 cl de lait

30 g de sucre en poudre

Le zeste de ½ orange non traitée finement râpé

1 pincée de sel fin

Pour la garniture :

4 grosses oranges

2 c. à s. de sucre en poudre

10 cl de Grand Marnier

20 cl de sirop de sucre

50 g de marmelade d'orange

Faites tiédir le lait dans une petite casserole et délayez-y la levure.

Mettez la farine dans un saladier et ménagez un puits au centre. Versez-y la levure délayée. Incorporez-y un peu de farine, puis couvrez avec un linge et laissez reposer 15 min à température ambiante.

Versez le beurre fondu sur la farine tout en mélangeant, puis incorporez le sucre et les œufs, un par un. Pétrissez une dizaine de minutes, jusqu'à ce que la pâte soit élastique et n'adhère plus aux parois du saladier. Incorporez le zeste d'orange, puis couvrez d'un linge et laissez lever 30 min à température ambiante.

Préchauffez le four à 210 °C (th. 7). Beurrez et farinez un moule à savarin de 22 cm de diamètre ou préparez un moule en silicone. Emplissez-le aux deux tiers de pâte et laissez encore lever 15 min environ, jusqu'à ce qu'elle atteigne le haut du moule. Enfournez pour 20 à 25 min.

Mélangez le sirop de sucre avec le Grand Marnier. Démoulez le savarin sur une grille posée au-dessus d'un plat. Arrosez-le plusieurs fois de sirop au Grand Marnier à l'aide d'une louche, pour bien l'en imbiber. Laissez refroidir et mettez 30 min au réfrigérateur.

Pelez les oranges à vif, en retirant bien toute l'écorce et la peau blanche. Séparez les quartiers et retirez la fine membrane qui les enveloppe au-dessus d'un saladier. Saupoudrez-les du sucre et mélangez bien. Réservez-les au réfrigérateur jusqu'au moment de servir.

Chauffez la marmelade d'orange dans une petite casserole pour la liquéfier et filtrez-la à travers une passoire fine. Badigeonnez-en le savarin au pinceau, puis placez-le de nouveau au réfrigérateur jusqu'au moment de servir.

Au moment de servir, disposez le savarin sur un plat et garnissez-le des quartiers d'orange.

Paris-Brest

Préparation : 45 min
Cuisson : 40-45 min

Pour 6 personnes

Sucre glace pour servir

Pour la crème pâtissière vanillée :

30 cl de lait

3 jaunes d'œuf

3 c. à s. de sucre en poudre

30 g de farine

1 gousse de vanille

Pour la couronne de pâte à choux :

25 cl d'eau

120 g de beurre

140 g de farine

½ c. à c. de sel fin

4 œufs

50 g d'amandes effilées

Pour la garniture :

80 g de pralin de noisettes

50 g de beurre

Préparez la crème pâtissière vanillée (voir page 22) et laissez-la refroidir.

Préchauffez le four à 180 °C (th. 6). Tapissez une plaque de papier sulfurisé et dessinez-y un cercle de 22 cm de diamètre.

Préparez la pâte à choux (voir page 19). Mettez-la dans une poche à douille munie d'un embout lisse de 1 cm de diamètre et déposez sur la plaque une couronne de pâte en suivant le cercle dessiné. Formez un deuxième cercle de pâte, à l'intérieur du premier et collé contre celui-ci, puis un troisième à cheval sur les deux autres. Parsemez le tout des amandes effilées et enfournez pour 40 à 45 min, jusqu'à ce que la pâte soit gonflée et bien dorée. Sortez du four et laissez refroidir.

Coupez le beurre de la garniture en morceaux et incorporez-le, ainsi que le pralin, à la crème pâtissière refroidie, en fouettant à vitesse lente au batteur électrique.

Coupez la couronne de pâte à choux en deux dans l'épaisseur. Mettez la crème dans une poche à douille munie d'un embout cannelé et garnissez-en la partie inférieure de la couronne en décrivant des rosaces. Replacez la partie supérieure et mettez au réfrigérateur jusqu'au moment de servir, saupoudré de sucre glace.

Saint-honoré

Préparation : 1 h
Repos : 1 h
Cuisson : 30 min

Pour 8 personnes

200 g de pâte feuilletée prête à étaler

Farine pour le plan de travail

20 cl de crème liquide très froide

Pour la crème pâtissière vanillée :

40 cl de lait

5 jaunes d'œuf

50 g de sucre en poudre

40 g de farine ou de Maïzena

1 gousse de vanille

Pour la pâte à choux :

25 cl d'eau

120 g de beurre

140 g de farine

½ c. à c. de sel fin

4 œufs

Pour le caramel :

400 g de sucre en poudre

20 cl d'eau

Le jus de 1 citron

Préparez la crème pâtissière vanillée (voir page 22) et laissez-la refroidir.

Tapissez une plaque de papier sulfurisé. Sur le plan de travail fariné, étalez la pâte feuilletée au rouleau en un disque de 24 cm de diamètre et 3 mm d'épaisseur environ. Posez-le sur la plaque, piquez la surface avec une fourchette et laissez reposer 1 h au réfrigérateur.

Préchauffez le four à 210 °C (th. 7). Préparez la pâte à choux (voir page 19). Mettez-la dans une poche à douille munie d'un embout lisse de 1 cm de diamètre et déposez une couronne sur le pourtour du disque de pâte feuilletée. Avec le reste de pâte, formez 16 à 20 petites boules de la taille d'une noix sur la plaque, à côté de la base du gâteau. Enfournez pour 15 min, puis baissez la température du four à 180 °C (th. 6) et poursuivez la cuisson 15 min. Les choux cuisant plus vite que la base, sortez-les du four au bout de 5 min. Laissez refroidir le tout.

Mettez 200 g de crème pâtissière dans une poche à douille munie d'un embout fin et fourrez-en les choux en les perçant d'un petit trou à la base.

Préparez le caramel (voir page 26) et trempez-y le dessus des choux, en les piquant un par un sur la pointe d'un couteau. Laissez durcir quelques minutes, puis trempez la base (si besoin, réchauffez légèrement le caramel) et collez les choux sur la couronne.

Fouettez la crème liquide en chantilly, puis incorporez-la délicatement au reste de crème pâtissière. Mettez le tout dans une poche à douille munie d'un embout cannelé et garnissez-en l'intérieur de la couronne. Placez le saint-honoré au réfrigérateur jusqu'au moment de servir.

Croquembouche

Préparation : 2 h
Cuisson : 20 min environ

Pour 10 à 12 personnes

Huile d'arachide pour le bol

Pour la crème pâtissière :

40 cl de lait

4 jaunes d'œuf

40 g de farine

80 g de sucre en poudre

Pour la pâte à choux :

25 cl d'eau

120 g de beurre

140 g de farine

½ c. à c. de sel fin

4 œufs

Pour le caramel :

400 g de sucre en poudre

20 cl d'eau

Le jus de 1 citron

Préparez la crème pâtissière (voir page 22) et laissez-la refroidir. Préchauffez le four à 180 °C (th. 6). Tapissez une plaque de papier sulfurisé.

Préparez la pâte à choux (voir page 19). Mettez-la dans une poche à douille munie d'un embout lisse de 1 cm de diamètre et déposez sur la plaque des petites boules de la taille d'une noix : espacez-les suffisamment pour qu'elles puissent gonfler sans se toucher à la cuisson. Enfournez pour 20 min environ, jusqu'à ce que les choux soient bien dorés. Mettez-les à refroidir sur une grille.

Mettez la crème pâtissière refroidie dans une poche à douille munie d'un embout fin et fourrez-en les choux en les perçant d'un petit trou à la base.

Préparez le caramel (voir page 26) et trempez-y le dessus des choux, en les piquant un par un sur la pointe d'un couteau. Laissez durcir quelques minutes.

Retournez un bol sur un disque cartonné et huilez sa surface au pinceau. Disposez une rangée de choux en couronne autour du bol, le dessus caramélisé vers l'extérieur, en trempant les côtés des choux au fur et à mesure dans le caramel pour les souder entre eux. Laissez durcir.

Retirez le bol et continuez à empiler les choux en décalant légèrement chaque nouvelle rangée de façon à former un cône. Réservez au frais jusqu'au moment de servir.

Fraisier au citron vert

Préparation : 45 min (la veille) + 20 min
Cuisson : 30 min
Réfrigération : 6 h

Pour 8 personnes

Pour la génoise au citron :

4 œufs

130 g de sucre en poudre

130 g de farine
+ un peu pour le moule

50 g de beurre
+ un peu pour le moule

Le zeste de 1 citron vert
non traité finement râpé

Pour la crème mousseline :

6 jaunes d'œuf

120 g de sucre en poudre

50 cl de lait

50 g de Maïzena

200 g de beurre

5 cl de jus de citron vert

Pour la garniture et le décor :

500 g de fraises

15 cl de sirop de sucre

5 cl de jus de citron vert

100 g de pâte d'amandes verte

50 g de gelée (citron, fraise, groseille...)

Préparez la génoise la veille (voir page 20) en y incorporant le zeste de citron vert. Faites-la cuire dans un moule à manqué beurré et fariné (ou un moule en silicone) de 20 cm de diamètre, 30 min au four préchauffé à 180 °C (th. 6).

Le lendemain, lavez et séchez les fraises, puis équeutez-les.

Préparez la crème mousseline. Mélangez les jaunes d'œuf avec le sucre et la Maïzena dans une casserole, puis délayez avec le lait. Portez à ébullition et, sans cesser de remuer, laissez cuire 2 à 3 min à petits frémissements. Retirez du feu et incorporez la moitié du beurre à la crème chaude. Laissez refroidir.

Travaillez le reste de beurre à la spatule dans un saladier, de façon à l'assouplir. Incorporez-le à la crème refroidie, ainsi que le jus de citron vert, en fouettant au batteur électrique. Mélangez le sirop de sucre et le jus de citron vert de la garniture.

Coupez la génoise en deux dans l'épaisseur. Posez le disque inférieur dans un cercle métallique de même diamètre et de 5 cm de haut. À l'aide d'un pinceau, imbibez-le de sirop citronné, puis étalez la moitié de la crème mousseline dessus. Disposez une rangée de fraises sur le pourtour, en les enfonçant légèrement dans la crème, répartissez les autres au centre (réservez-en quelques-unes pour le décor) et recouvrez-les du reste de crème. Imbibez le disque supérieur de sirop et posez-le sur la garniture.

Chauffez légèrement la gelée de votre choix dans une petite casserole pour la liquéfier et nappez-en toute la surface du gâteau au pinceau.

Étalez la pâte d'amandes au rouleau, aussi finement que possible. Découpez-y un disque de 20 cm de diamètre et posez-le sur le gâteau. Décorez des fraises réservées. Réfrigérez 6 h avant de servir.

Gâteau basque aux cerises noires

Préparation : 30 min
Repos : 15 min
Cuisson : 35-40 min

Pour 6 personnes

200 g de farine

100 g de beurre
+ un peu pour le moule

100 g de sucre en poudre

1 sachet de sucre vanillé

1 œuf entier + 2 jaunes
+ 1 jaune d'œuf délayé dans un peu d'eau pour la dorure

40 g d'amandes en poudre

¼ c. à c. de levure chimique

2 ou 3 gouttes d'extrait d'amande amère

1 c. à s. de rhum brun

200 g de confiture de cerises noires

Coupez le beurre en morceaux et laissez-le ramollir.

Mélangez la farine avec la levure et la poudre d'amandes dans un saladier. Dans un autre saladier, battez rapidement l'œuf entier et les deux jaunes avec le sucre en poudre et le sucre vanillé. Sans cesser de fouetter, ajoutez le mélange de farine, puis le beurre mou. Incorporez enfin l'extrait d'amande et le rhum. Laissez la pâte obtenue reposer 15 min.

Préchauffez le four à 180 °C (th. 6). Beurrez un moule à manqué de 20 cm de diamètre ou préparez un moule en silicone.

Étalez la moitié de la pâte du bout des doigts dans le fond du moule, puis recouvrez-la de la confiture de cerises, en laissant un bord libre de 1,5 cm. Surmontez du reste de pâte étalée du bout des doigts. Quadrillez la surface avec la pointe d'un couteau et dorez-la au jaune d'œuf délayé. Enfournez pour 35 à 40 min.

À la sortie du four, laissez le gâteau reposer 5 min avant de le démouler.

Variante :

Remplacez la confiture de cerises par la même quantité de crème pâtissière (voir page 22).

Colombier

Préparation : 40 min
Macération : 2-3 h
Cuisson : 20-25 min

Pour 8 personnes

125 g d'amandes en poudre

125 g de sucre glace

3 gros œufs entiers (180 à 190 g) + 1 petit blanc

75 g de beurre fondu + un peu pour le moule

40 g de Maïzena

300 g de melon confit coupé en dés ou, à défaut, d'écorces d'orange confites

100 g d'amandes effilées

5 cl (ou 4 c. à s.) de liqueur d'orange (Grand Marnier ou Cointreau)

Nappage abricot

Faites macérer les dés de melon confit 2 à 3 h dans la liqueur d'orange. Égouttez-les en conservant l'alcool de macération. Faites dorer les amandes effilées à sec dans une poêle antiadhésive. Réservez-les.

Préchauffez le four à 180 °C (th. 6). Beurrez un moule à manqué de 24 cm de diamètre ou préparez un moule en silicone. Tapissez le fond du moule à manqué de papier sulfurisé et beurrez-le.

Dans un saladier, mélangez la poudre d'amandes et le sucre glace, puis travaillez-les à la spatule avec le blanc d'œuf jusqu'à obtention d'une pâte lisse. Incorporez ensuite les œufs entiers, un par un, en fouettant à chaque fois pendant 3 ou 4 min pour que la préparation prenne du volume. Ajoutez la Maïzena, puis le beurre fondu, en mélangeant vivement. Incorporez enfin l'alcool de macération réservé.

Versez la pâte dans le moule et répartissez les dés de melon confit en surface. Enfournez pour 10 min, puis baissez la température du four à 180 °C (th. 6) et poursuivez la cuisson de 10 à 15 min : une pointe de couteau piquée au cœur du gâteau doit ressortir sèche. Laissez-le refroidir et démoulez-le délicatement sur une grille.

Chauffez légèrement le nappage abricot dans une petite casserole pour le liquéfier et nappez-en le dessus et les côtés du gâteau à l'aide d'une spatule métallique. Parsemez le dessus et les côtés du colombier avec les amandes effilées et mettez-le au réfrigérateur jusqu'au moment de servir.

Gâteau aux noisettes

Préparation : 20 min
Cuisson : 35-40 min

Pour 6 personnes

200 g de noisettes en poudre

50 g de noisettes concassées

60 g de farine

1 sachet de levure chimique

100 g de sucre en poudre

4 blancs d'œuf + 2 jaunes

100 g de beurre
+ un peu pour le moule

2 ou 3 gouttes de jus de citron

Faites fondre le beurre à feu doux dans une petite casserole et laissez-le tiédir.

Préchauffez le four à 180 °C (th. 6). Beurrez un moule à manqué de 22 cm de diamètre ou préparez un moule en silicone.

Dans un saladier, mélangez la poudre de noisettes avec la farine, la levure et le sucre jusqu'à homogénéité. Puis incorporez les jaunes d'œuf, le beurre fondu et les noisettes concassées.

Battez les blancs d'œuf en neige ferme avec le jus de citron. Incorporez-en 2 cuillerées à soupe à la préparation précédente en remuant vivement, puis incorporez délicatement le reste, en soulevant la pâte de bas en haut.

Versez la pâte dans le moule et enfournez pour 35 à 40 min. Démoulez sur une grille et laissez refroidir.

Pastilla aux amandes

Préparation : 45 min
Cuisson : 15-20 min

Pour 8 personnes

14 feuilles de brick

85 g de beurre
+ un peu pour le moule

Cannelle et sucre glace pour servir

Pour la farce :

500 g d'amandes mondées

250 g de sucre en poudre

¼ de c. à c. de cannelle en poudre

2 c. à s. de beurre fondu

2 c. à s. d'eau de fleur d'oranger

Faites dorer les amandes à feu moyen dans une poêle antiadhésive, puis mixez-les grossièrement. Mélangez la poudre obtenue avec le sucre, le beurre fondu, l'eau de fleur d'oranger et la cannelle.

Préchauffez le four à 180 °C (th. 6). Beurrez un moule à manqué de 26 cm de diamètre ou préparez un moule en silicone. Faites fondre le reste de beurre.

Enduisez 4 feuilles de brick de beurre fondu au pinceau et superposez-les dans le moule en les laissant dépasser. Couvrez d'un tiers de la garniture, puis de 3 feuilles de brick beurrées, d'un tiers de garniture, de 3 feuilles de brick beurrées et du reste de la garniture. Rabattez les bords des feuilles de brick sur la garniture. Couvrez des quatre dernières feuilles de brick beurrées et rentrez les bords dans le moule. Enfournez pour 15 à 20 min.

Démoulez la pastilla. Saupoudrez-la de sucre glace et de cannelle en formant des croisillons. Servez aussitôt.

Fondant à l'orange

Préparation : 30 min
Cuisson : 1 h 20 environ

Pour 6 personnes

4 oranges non traitées

50 g de Maïzena

100 g de sucre en poudre

100 g de cassonade

4 œufs

50 g de beurre mou
+ un peu pour le moule

15 cl de jus d'orange frais

½ c. à c. de jus de citron

Brossez les oranges sous l'eau courante, puis faites-les cuire 20 min dans une grande casserole d'eau bouillante. Égouttez-les, puis coupez-les en morceaux sur une planche en recueillant le jus. Mixez le tout en purée fine.

Dans une petite casserole, chauffez la cassonade à petits bouillons avec 3 cuillerées à soupe d'eau et quelques gouttes de jus de citron jusqu'à obtention d'un caramel blond. Laissez tiédir.

Préchauffez le four à 180 °C (th. 6). Beurrez un moule à manqué de 24 cm de diamètre ou préparez un moule en silicone.

Cassez les œufs dans deux saladiers en séparant les blancs des jaunes. Fouettez les jaunes avec le sucre en poudre jusqu'à ce que le mélange blanchisse. Ajoutez le beurre mou et continuez à fouetter jusqu'à homogénéité. Incorporez la Maïzena, puis la purée d'oranges, le jus d'orange et le caramel.

Battez les blancs en neige ferme avec le reste du jus de citron, puis incorporez-les délicatement à la préparation précédente, en soulevant la pâte de bas en haut. Versez-la dans le moule et enfournez pour 1 h environ.

Laissez refroidir, puis démoulez et mettez au réfrigérateur jusqu'au moment de servir.

Carré aux pommes et aux noix de pécan

Préparation : 20 min
Cuisson : 25-30 min

Pour 6 à 8 personnes

120 g de cerneaux de noix de pécan

300 g de pommes (granny-smith)

Le jus de 1 citron

130 g de farine

½ sachet de levure chimique

2 œufs

¼ de c. à c. de cannelle en poudre

¼ de c. à c. de sel fin

120 g de cassonade

Pour le glaçage :

120 g de beurre

300 g de sucre glace

1 c. à c. de cannelle en poudre

2 c. à s. de lait

Quelques gouttes d'extrait de vanille

Coupez le beurre du glaçage en morceaux dans un saladier et laissez-le ramollir.

Réservez quelques cerneaux de noix de pécan pour le décor et concassez grossièrement le reste. Lavez et pelez les pommes. Coupez-les en quatre et épépinez-les. Taillez-les en cubes et arrosez-les aussitôt du jus de citron pour éviter que la chair ne noircisse.

Préchauffez le four à 180 °C (th. 6). Beurrez un moule carré de 20 cm de côté ou préparez un moule en silicone.

Battez légèrement les œufs dans une jatte. Dans un saladier, mélangez la farine avec la cassonade, la levure, le sel et la cannelle. Sans cesser de remuer, ajoutez les œufs battus, puis les cubes de pomme et, enfin, les noix de pécan concassées.

Versez la pâte dans le moule et enfournez pour 25 à 30 min : une pointe de couteau piquée au cœur du gâteau doit ressortir sèche. Démoulez et laissez refroidir.

Préparez le glaçage. Travaillez le beurre mou avec le sucre glace à la spatule en bois jusqu'à obtention d'une consistance crémeuse. Ajoutez le lait, l'extrait de vanille et la cannelle. Mélangez bien. Étalez le glaçage sur le gâteau à l'aide d'une palette métallique, puis décorez des cerneaux de noix de pécan réservés.

Biscuit roulé aux fruits rouges

Préparation : 30 min
Cuisson : 10 min environ
Réfrigération : 1 h

Pour 6 à 8 personnes

300 g de fruits rouges au choix

100 g de gelée de groseille

2 feuilles de gélatine

Pour le biscuit :

4 œufs

100 g de sucre en poudre

100 g de fécule

20 g de beurre fondu

½ c. à c. de jus de citron

Beurre pour la plaque

Pour la crème pâtissière vanillée :

20 cl de lait

2 jaunes d'œuf

2 c. à s. de sucre en poudre

2 c. à s. de farine ou de Maïzena

½ gousse de vanille

Pour le décor :

Quelques grappes de groseilles

Préchauffez le four à 210 °C (th. 7). Tapissez une plaque de 40 × 30 cm environ de papier sulfurisé et beurrez-le.

Cassez les œufs dans deux saladiers en séparant les blancs des jaunes. Fouettez les jaunes avec le sucre jusqu'à ce que le mélange blanchisse et forme un ruban le long du fouet. Ajoutez le beurre fondu, puis la fécule. Battez les blancs en neige ferme avec le jus de citron, puis incorporez-les délicatement à la préparation précédente, en soulevant la pâte de bas en haut.

Versez la pâte sur la plaque et étalez-la uniformément à l'aide d'une spatule métallique. Enfournez pour 10 min environ : le biscuit doit être souple au toucher. Retournez-le délicatement sur un linge et ôtez aussitôt le papier sulfurisé. Couvrez d'un autre linge humide et laissez refroidir.

Préparez la crème pâtissière vanillée (voir page 22) et laissez-la refroidir. Mettez la gélatine à ramollir dans un bol d'eau froide, puis égouttez-la. Faites-la fondre à feu doux dans une petite casserole avec 1 cuillerée à soupe d'eau, en remuant. Incorporez-la à la crème pâtissière en fouettant.

Préparez les fruits rouges. Coupez les plus gros en dés.

Découvrez le biscuit refroidi et étalez la crème sur toute sa surface. Répartissez-y les fruits rouges. Roulez le biscuit fourré en vous aidant du linge, puis posez-le sur un plat long et réservez-le au réfrigérateur pendant 1 h.

Chauffez légèrement la gelée de groseille dans une petite casserole pour la liquéfier puis, à l'aide d'un pinceau, nappez-en le biscuit roulé. Décorez avec les groseilles et remettez au réfrigérateur jusqu'au moment de servir.

Moelleux au citron

Préparation : 30 min
Cuisson : 10 min environ

Pour 6 personnes

Pour le biscuit :

4 œufs

100 g de sucre en poudre

100 g de fécule

20 g de beurre fondu

Le zeste de 1 citron non traité finement râpé

½ c. à c. de jus de citron

Beurre pour la plaque

Pour la crème au citron :

25 cl de jus de citron

2 œufs entiers + 2 jaunes

120 g de sucre en poudre

80 g de beurre mou

Pour le glaçage :

200 g de sucre glace

1 blanc d'œuf extra-frais

1 c. à s. de jus de citron

Quelques gouttes de colorant alimentaire jaune (facultatif)

Préchauffez le four à 210 °C (th. 7). Tapissez une plaque de 40 × 20 cm environ de papier sulfurisé et beurrez-le.

Cassez les œufs dans deux saladiers en séparant les blancs des jaunes. Fouettez les jaunes avec le sucre et le zeste de citron jusqu'à ce que le mélange blanchisse. Ajoutez le beurre fondu, puis la fécule, sans trop travailler la pâte. Battez les blancs en neige ferme avec le jus de citron, puis incorporez-les délicatement à la préparation précédente, en soulevant la pâte de bas en haut.

Versez la pâte sur la plaque et étalez-la uniformément à l'aide d'une spatule métallique. Enfournez pour 10 min environ : le biscuit doit être souple au toucher. Retournez-le sur un linge humide et ôtez le papier sulfurisé. Couvrez d'un autre linge humide et laissez refroidir.

Préparez la crème au citron. Dans un saladier, fouettez les œufs et les jaunes avec le sucre jusqu'à ce que le mélange blanchisse. Incorporez lentement le jus de citron. Placez le saladier dans un bain-marie juste frémissant et faites épaissir cette crème, sans cesser de remuer, jusqu'à ce qu'elle nappe la cuillère. Ôtez du bain-marie pour arrêter la cuisson. Incorporez le beurre mou coupé en morceaux, en fouettant à vitesse moyenne. Laissez refroidir.

Découvrez le biscuit refroidi et coupez-le en deux carrés. Posez-en un sur une grille placée au-dessus d'un plat. Étalez la crème au citron dessus, puis surmontez de l'autre carré de biscuit. Retaillez les bords au couteau.

Préparez le glaçage (voir page 12) et étalez-le sur toute la surface du gâteau à l'aide d'une palette métallique. Laissez durcir et mettez au réfrigérateur jusqu'au moment de servir.

Chou fondant aux noix

Préparation : 25 min
Cuisson : 30-35 min

Pour 6 personnes

Beurre pour le moule

Sucre glace pour servir

Pour la crème anglaise au café :

50 cl de lait

½ gousse de vanille

6 jaunes d'œuf

60 g de sucre en poudre

2 c. à s. de café lyophilisé ou 4 c. à c. d'extrait de café

Pour la garniture :

250 g de cerneaux de noix

2 œufs

60 g de sucre en poudre

60 g de sucre roux

40 g de beurre fondu

10 cl de café très fort

5 cl de crème fraîche

Pour la pâte à choux :

12,5 cl d'eau

60 g de beurre

70 g de farine

½ c. à c. de sel fin

2 œufs

Préparez la crème anglaise (voir page 23) et ajoutez-y le café lyophilisé ou l'extrait de café. Laissez refroidir.

Préparez la garniture. Réservez quelques cerneaux de noix pour le décor. Concassez finement le reste de cerneaux sans pour autant les réduire en poudre.

Dans un saladier, fouettez les œufs avec le sucre en poudre et la crème. Toujours en fouettant, ajoutez le sucre roux, le café, le beurre fondu et les noix concassées. Lorsque le mélange est homogène, mettez-le au réfrigérateur le temps de préparer la pâte à choux.

Préchauffez le four à 210 °C (th. 7). Beurrez un moule à manqué de 20 cm de diamètre ou préparez un moule en silicone.

Préparez la pâte à choux (voir page 19). Répartissez-en la moitié dans le moule et étalez la garniture aux noix dessus, en laissant un bord libre de 1 cm. Recouvrez avec le reste de pâte à choux.

Enfournez pour 5 min, puis baissez la température du four à 180 °C (th. 6) et poursuivez la cuisson 25 à 30 min.

Laissez reposer une dizaine de minutes, saupoudrez de sucre glace et décorez des cerneaux de noix réservés. Servez tiède, accompagné de la crème anglaise au café.

Moka

Préparation : 45 min (la veille) + 20 min
Cuisson : 20-25 min

Pour 8 personnes

Pour la génoise au café :

3 œufs

100 g de sucre en poudre

50 g de farine
+ un peu pour le moule

50 g de Maïzena

20 g de beurre
+ un peu pour le moule

1 c. à c. de café lyophilisé

1 c. à c. d'eau chaude

Pour la crème pâtissière au café :

30 cl de lait

3 jaunes d'œuf

1 c. à s. de farine

1 c. à s. de sucre en poudre

1 c. à c. d'extrait de café

100 g de beurre

Pour le sirop au café :

10 cl d'eau

100 g de sucre en poudre

1 c. à s. de café lyophilisé

Pour le glaçage :

250 g de sucre glace

1 c. à s. de café lyophilisé

7 ou 8 c. à c. d'eau chaude

Préparez la génoise la veille (voir page 20) en y incorporant la Maïzena (en même temps que la farine) et le café dissous dans l'eau (en même temps que le beurre fondu). Faites-la cuire dans un moule à manqué beurré et fariné (ou un moule en silicone) de 24 cm de diamètre, 20 à 25 min au four préchauffé à 180 °C (th. 6).

Préparez la crème pâtissière (voir page 22) et ajoutez-y l'extrait de café, puis le beurre coupé en morceaux, en fouettant. Laissez refroidir.

Préparez le sirop au café. Faites bouillir l'eau et le sucre dans une casserole, puis incorporez le café lyophilisé et laissez refroidir.

Coupez la génoise en deux ou trois disques (selon votre dextérité). Imbibez tous les disques de sirop au café au pinceau, sur une seule face. Reconstituez le gâteau en alternant des disques de génoise et des couches de crème pâtissière au café. Terminez par un disque de génoise.

Préparez le glaçage (voir page 12) et nappez-en le dessus et les côtés du gâteau à l'aide d'une palette métallique. Laissez durcir. Réservez au réfrigérateur jusqu'au moment de servir.

Conseils

Pour couper bien régulièrement les disques de génoise, utilisez un couteau à longue lame finement dentelée.
Le biscuit sera moins friable si vous le préparez la veille.
Pour parfaire la décoration, parsemez votre moka de quelques grains de café en chocolat.

Strudel pommes-fruits secs

Préparation : 50 min
Repos : 1 h 10
Trempage : 1 h
Cuisson : 40-50 min

Pour 8 personnes

Farine pour le moule
et le plan de travail

Sucre glace pour servir

Pour la pâte :

180 g de farine

1 c. à s. d'huile neutre

1 jaune d'œuf

1 pincée de sel fin

10 cl d'eau

Pour la garniture :

100 g de pain d'épice

1 kg de pommes (golden
ou granny-smith)

100 g de sucre en poudre

50 g de cerneaux de noix

50 g de noisettes mondées

100 g de raisins secs

100 g d'abricots secs

Le jus de ½ citron

½ c. à c. de cannelle en poudre

80 g de beurre fondu

Préparez la pâte. Tamisez la farine dans un saladier, ajoutez le sel et ménagez un puits au centre. Versez-y l'huile, le jaune d'œuf et 1 cuillerée à soupe d'eau. Commencez à pétrir en ajoutant progressivement juste assez d'eau pour obtenir une pâte souple. Continuez à pétrir jusqu'à ce qu'elle soit élastique et n'adhère plus aux parois du saladier. Ramassez-la en boule, enveloppez-la dans un linge humide et laissez-la reposer 1 h au réfrigérateur.

Faites tremper les raisins et les abricots secs pendant 1 h dans une jatte d'eau bouillante. Égouttez-les, puis épongez-les sur du papier absorbant. Coupez les abricots en dés.

Mixez le pain d'épice au robot pour le réduire en chapelure grossière. Lavez et pelez les pommes. Coupez-les en quatre, épépinez-les et recoupez-les en dés. Arrosez-les du jus de citron pour éviter que la chair ne noircisse.

Étalez la pâte au rouleau sur le plan de travail fariné, puis glissez vos mains farinées sous la pâte, paumes vers le haut, et continuez de l'étirer en tous sens pour l'affiner au maximum. Retaillez les bords pour lui donner la forme d'un rectangle et posez-la sur un linge.

Préchauffez le four à 210 °C (th. 7). Tapissez une plaque de papier sulfurisé. Badigeonnez toute la surface de la pâte de beurre fondu au pinceau, puis étalez la chapelure de pain d'épice dessus, en laissant un bord libre de 3 cm. Répartissez les dés de pomme, les cerneaux de noix et les noisettes, les raisins secs et les dés d'abricot sur le pain d'épice. Mélangez le sucre et la cannelle et saupoudrez-en la garniture. En vous aidant du linge, soulevez le plus long côté du rectangle de pâte et enroulez-le autour de la garniture. Soudez bien le rouleau et rabattez-en les extrémités dessous.

Posez le strudel sur la plaque et enduisez-le du reste de beurre fondu. Enfournez pour 40 à 50 min, jusqu'à ce que la pâte soit dorée. Laissez le strudel reposer 10 min, puis saupoudrez-le de sucre glace et servez.

Gâteau d'Halloween

Préparation : 20 min
Cuisson : 1 h 10 environ
Réfrigération : 3 h

Pour 6 personnes

Pour la pâte sablée :

1 œuf

80 g de sucre en poudre

250 g de farine + un peu pour le plan de travail

180 g de beurre mou + un peu pour le cercle métallique

¼ de c. à c. de sel fin

Pour la garniture :

500 g de potiron

50 g de beurre

2 c. à s. de farine ou de Maïzena

4 œufs

70 g de sucre roux

20 cl de crème liquide

1 c. à s. d'eau de fleur d'oranger

½ c. à c. de cannelle en poudre

Pour le caramel :

100 g de sucre en poudre

Quelques gouttes de jus de citron

Préparez le caramel (voir page 26) et réservez-le.

Préparez la garniture. Épluchez le potiron, retirez-en le cœur et les graines. Coupez la chair en cubes et faites-les cuire 5 min à la vapeur. Épongez-les sur du papier absorbant.

Faites fondre le beurre dans une poêle et mettez-y les cubes de potiron à revenir 10 min environ à feu moyen, jusqu'à ce que toute leur eau de végétation soit évaporée et qu'ils s'écrasent facilement. Passez-les au moulin à légumes muni de la grille fine.

Préchauffez le four à 180 °C (th. 6). Préparez la pâte sablée (voir page 17). Beurrez un cercle métallique de 20 cm de diamètre et 5 cm de haut.

Sur le plan de travail fariné, étalez la pâte au rouleau en un disque de diamètre légèrement supérieur à celui du cercle et de 4 à 5 mm d'épaisseur. Garnissez-en le cercle et découpez l'excédent de pâte tout autour. Recouvrez le fond de papier sulfurisé, puis de légumes secs, et enfournez pour 15 min. Laissez refroidir, puis ôtez le papier et les légumes secs.

Mélangez la farine (ou la Maïzena) et le sucre roux dans un saladier. Ajoutez successivement les œufs et la crème en fouettant vivement, puis incorporez la purée de potiron, la cannelle et l'eau de fleur d'oranger. Versez cette préparation sur le fond de pâte et enfournez pour 40 min environ : la garniture doit être prise.

Laissez le gâteau tiédir un peu, puis retirez le cercle et réservez au réfrigérateur pendant au moins 3 h.

Servez très froid, nappé du caramel au dernier moment.

Bûche de Noël aux marrons

Préparation : 50 min
Cuisson : 10 min environ

Pour 8 personnes

Pour le biscuit :

4 œufs

100 g de sucre en poudre

100 g de fécule

20 g de beurre fondu
+ un peu pour la plaque

½ c. à c. de jus de citron

Pour la garniture :

700 g de crème de marrons

150 g de brisures
de marrons glacés

250 g de beurre mou

Pour le décor :

Quelques marrons glacés
coupés en morceaux

Préchauffez le four à 210 °C (th. 7). Tapissez une plaque de 40 × 30 cm environ de papier sulfurisé et beurrez-le.

Préparez le biscuit. Cassez les œufs dans deux saladiers en séparant les blancs des jaunes. Fouettez les jaunes avec le sucre au batteur électrique jusqu'à ce que le mélange blanchisse et forme un ruban le long du fouet. Ajoutez le beurre fondu, puis la fécule. Battez les blancs en neige ferme avec le jus de citron, puis incorporez-les délicatement à la préparation précédente, en soulevant la pâte de bas en haut.

Versez la pâte sur la plaque et étalez-la uniformément à l'aide d'une spatule métallique. Enfournez pour 10 min environ : le biscuit doit être souple au toucher. Retournez-le délicatement sur un linge et ôtez aussitôt le papier sulfurisé. Couvrez d'un autre linge humide et laissez refroidir.

Préparez la garniture. Coupez le beurre mou en morceaux dans un saladier, puis fouettez-le au batteur à vitesse lente pour l'assouplir encore et incorporez petit à petit la crème de marrons. Continuez à fouetter une dizaine de minutes, jusqu'à obtention d'une crème lisse et légère.

Découvrez le biscuit refroidi et étalez la crème aux marrons sur toute sa surface (réservez-en un peu pour le décor). Répartissez-y les brisures de marrons. Roulez le biscuit fourré en vous aidant du linge, puis posez-le sur un plat long.

Retaillez les extrémités de la bûche en biais, au couteau. Nappez-la avec le reste de crème aux marrons, en la lissant à la spatule métallique, puis striez-la avec une fourchette. Décorez avec des morceaux de marrons glacés et, éventuellement, des petits sujets de Noël. Placez au réfrigérateur jusqu'au moment de servir.

Gâteau au fromage frais

Préparation : 30 min
Repos : 30 min
Cuisson : 50-55 min

Pour 8 personnes

Pour la pâte :

220 g de biscuits (petits-beurre, sablés, spéculos)

100 g de beurre fondu

Pour la garniture :

600 g de fromage frais (Saint-Moret ou Kiri)

220 g de sucre en poudre

150 g de beurre mou

4 petits œufs ou 3 gros

Écrasez ou mixez grossièrement les biscuits. Mélangez-les avec le beurre fondu, en travaillant à la spatule en bois.

Préchauffez le four à 180 °C (th. 6). Beurrez un moule rond à tour amovible de 23 cm de diamètre.

Étalez la pâte biscuitée dans le fond du moule, en l'aplatissant avec les mains et en la faisant légèrement remonter sur les bords. Laissez reposer 30 min au réfrigérateur.

Dans un saladier, fouettez le fromage frais avec le sucre jusqu'à onctuosité. Sans cesser de battre, ajoutez les œufs un par un, puis le beurre coupé en morceaux.

Versez la préparation dans le moule, en en réservant un peu. Enfournez pour 40 à 45 min, jusqu'à ce que la garniture soit prise. Étalez le reste de crème sur le gâteau et remettez-le une dizaine de minutes au four.

Laissez reposer un peu le gâteau, puis démoulez-le sur une grille et laissez-le refroidir.

Fromager italien

Préparation : 20 min
Cuisson : 40-45 min

Pour 6 personnes

1 kg de ricotta

8 jaunes d'œuf + 4 blancs

50 g de sucre en poudre

4 c. à s. de Maïzena

Le zeste de 1 citron non traité râpé

100 g de chocolat noir à 70 % de cacao

120 g de fruits confits émincés

½ c. à c. de jus de citron

Beurre et farine pour le moule

Concassez finement le chocolat. Mélangez les dés de fruits confits avec 2 cuillerées à soupe de Maïzena.

Préchauffez le four à 210 °C (th. 7). Beurrez et farinez un moule à manqué de 24 cm de diamètre ou préparez un moule en silicone.

Dans un saladier, fouettez la ricotta avec le sucre jusqu'à obtention d'une crème onctueuse. Sans cesser de battre, ajoutez le reste de Maïzena et les jaunes d'œuf, un par un.

Battez les blancs en neige ferme avec le jus de citron, puis incorporez-les délicatement à la préparation précédente, en soulevant la pâte de bas en haut. Ajoutez les fruits confits, le chocolat concassé et le zeste de citron.

Versez la pâte dans le moule et enfournez pour 40 à 45 min : une pointe de couteau piquée au cœur du gâteau doit ressortir sèche. Servez tiède.

Gâteau roulé aux graines de pavot

Préparation : 40 min
Trempage et égouttage : 13 h
Repos : 4 h 40
Cuisson : 40 min environ

Pour 8 personnes

Pour le biscuit :

250 g de farine + un peu pour le plan de travail

70 g de sucre en poudre

1 œuf entier + 2 blancs

75 g de beurre mou

10 g de levure de boulanger

5 cl de lait

1 pincée de sel fin

Pour la garniture :

100 g de graines de pavot

80 g de sucre en poudre

2 c. à s. de miel liquide

20 g de raisins secs

Le zeste de 1 citron non traité finement râpé

¼ de c. à c. de cannelle en poudre

1 blanc d'œuf

1 c. à s. de rhum brun

La veille, mettez les graines de pavot dans une jatte et couvrez-les largement d'eau bouillante. Faites-les tremper pendant 1 h, puis égouttez-les toute une nuit (12 h) dans une passoire tapissée d'une étamine.

Le jour même, délayez la levure dans le lait tiédi. Laissez reposer pendant 10 min.

Mélangez la farine, le sucre et le sel dans un saladier et ménagez un puits au centre. Versez-y la levure délayée puis, en pétrissant doucement, ajoutez l'œuf entier et les blancs, un par un. Incorporez ensuite le beurre mou coupé en morceaux. Continuez à pétrir jusqu'à ce que la pâte soit souple et élastique. Couvrez-la avec un linge et laissez-la lever 4 h à température ambiante.

Préparez la garniture. Mixez les graines de pavot au robot. Ajoutez le sucre, le miel, le zeste de citron, le blanc d'œuf, la cannelle et le rhum. Mixez de nouveau jusqu'à homogénéité, puis incorporez les raisins secs.

Préchauffez le four à 180 °C (th. 6). Tapissez une plaque de papier sulfurisé.

Sur le plan de travail fariné, étalez la pâte au rouleau en un rectangle de 30 × 40 cm environ et de 1 cm d'épaisseur environ. Couvrez de la garniture, puis roulez délicatement le gâteau sur lui-même. Posez-le sur la plaque et laissez-le reposer 30 min.

Enfournez pour 40 min environ. Transférez le gâteau sur une grille et laissez-le refroidir.

Gâteau antillais à l'ananas

Préparation : 10 min
Cuisson : 50 min environ

Pour 6 à 8 personnes

7 rondelles d'ananas frais ou en conserve, au sirop léger

200 g de farine

2 gros œufs (de 120 g environ)

180 g de beurre mou
+ un peu pour le moule

160 g de sucre roux

Le zeste de ½ citron vert non traité finement râpé

1 c. à s. de lait

5 c. à s. de rhum brun

1 c. à s. de jus de citron vert

1 sachet de levure chimique

Préchauffez le four à 180 °C (th. 6). Beurrez un moule à manqué de 20 cm de diamètre ou préparez un moule en silicone.

Dans une petite casserole, faites fondre 60 g de beurre avec 60 g de sucre roux. Ajoutez 3 cuillerées à soupe de rhum et versez le tout dans le moule. Inclinez celui-ci dans tous les sens pour bien en recouvrir le fond.

Disposez les rondelles d'ananas dessus, en cercle, en les faisant légèrement chevaucher.

Mettez le reste de beurre et de sucre roux dans un saladier. Ajoutez les œufs légèrement battus et fouettez le tout jusqu'à homogénéité. Sans cesser de fouetter, ajoutez la farine, la levure, le zeste et le jus de citron vert, le reste de rhum et le lait.

Versez la pâte sur l'ananas et lissez la surface à la spatule. Enfournez pour 50 min environ, jusqu'à ce que le dessus du gâteau soit bien doré.

Laissez le gâteau reposer 5 min, puis démoulez-le délicatement sur une grille et laissez-le refroidir.

Tourment d'amour

Préparation : 45 min
Cuisson : 45-50 min

Pour 8 personnes

Pour la pâte sablée :

1 œuf

80 g de sucre en poudre

250 g de farine + un peu pour le plan de travail

180 g de beurre mou + un peu pour le moule

¼ de c. à c. de sel fin

Pour la garniture :

300 g de confiture de noix de coco

Sucre glace et noix de coco râpée pour le décor

Pour la crème pâtissière vanillée :

50 cl de lait

3 œufs

100 g de sucre roux

30 g de farine

1 gousse de vanille

Pour la pâte à génoise :

8 œufs

130 g de farine

220 g de sucre roux

1 c. à c. d'extrait de vanille

Quelques gouttes de jus de citron

Préparez la crème pâtissière vanillée (voir page 22) et laissez-la refroidir. Incorporez-y la confiture de noix de coco.

Préchauffez le four à 180 °C (th. 6). Préparez la pâte sablée (voir page 17). Beurrez un moule à manqué à charnière de 25 cm de diamètre ou préparez un moule en silicone.

Préparez la pâte à génoise (voir page 20). Cassez les œufs dans deux saladiers en séparant les blancs des jaunes. Fouettez les jaunes avec le sucre roux jusqu'à ce que le mélange blanchisse. Ajoutez la farine et l'extrait de vanille, sans trop travailler la pâte. Battez les blancs en neige ferme avec le jus de citron, puis incorporez-les délicatement à la préparation précédente, en soulevant la pâte de bas en haut.

Sur le plan de travail fariné, étalez la pâte sablée au rouleau en un disque de diamètre légèrement supérieur à celui du moule. Garnissez-en ce dernier, coupez l'excédent de pâte tout autour et piquez le fond avec une fourchette.

Étalez la crème pâtissière à la noix de coco sur le fond de pâte sablée, puis recouvrez de la pâte à génoise. Enfournez pour 40 à 45 min. Laissez refroidir.

Retirez le tour du moule, puis glissez délicatement le gâteau sur un plat de service. Saupoudrez de sucre glace et de noix de coco râpée au dernier moment.

Bûche choco-kumquat

Préparation : 30 min
Cuisson : 10 min environ
Réfrigération : 1 h

Pour 8 personnes

Pour le biscuit :

4 œufs

80 g de sucre en poudre

80 g de Maïzena

2 c. à s. de cacao en poudre

20 g de beurre fondu
+ un peu pour la plaque

1 pincée de sel fin

Pour la garniture :

300 g de kumquats frais

30 cl d'eau

200 g de sucre en poudre

Pour la ganache :

300 g de chocolat noir
à 70 % de cacao

30 cl de lait

2 c. à s. de sirop de glucose

20 g de beurre

Pour le décor :

Feuilles en chocolat (voir page 13)

2 ou 3 kumquats confits
coupés en rondelles

Préparez la garniture. Lavez les kumquats, puis coupez-les en quatre et épépinez-les. Faites bouillir l'eau avec le sucre et mettez-y les quartiers de kumquat à cuire 30 min à petits frémissements. Égouttez-les et mixez-les avec juste assez de leur sirop de cuisson pour obtenir une marmelade épaisse.

Préchauffez le four à 210 °C (th. 7). Tapissez une plaque de 40 × 30 cm environ de papier sulfurisé et beurrez-le.

Préparez le biscuit. Cassez les œufs dans deux saladiers en séparant les blancs des jaunes. Fouettez les jaunes avec le sucre jusqu'à ce que le mélange blanchisse. Ajoutez le beurre fondu, puis la Maïzena et le cacao, sans trop travailler la pâte. Battez les blancs en neige ferme avec le sel, puis incorporez-les délicatement à la préparation précédente, en soulevant la pâte de bas en haut.

Versez la pâte sur la plaque et étalez-la uniformément à l'aide d'une spatule métallique. Enfournez pour 10 min environ : le biscuit doit être souple au toucher. Retournez-le délicatement sur un linge et ôtez aussitôt le papier sulfurisé. Couvrez d'un autre linge humide et laissez refroidir.

Découvrez le biscuit refroidi et étalez la marmelade de kumquat sur toute sa surface. Roulez-le en vous aidant du linge, puis posez-le sur un plat long et réservez-le au réfrigérateur pendant 1 h.

Préparez la ganache. Cassez le chocolat en petits morceaux dans un saladier. Faites bouillir le lait dans une casserole et versez-le sur le chocolat. Attendez quelques instants, puis remuez doucement. Ajoutez le sirop de glucose et le beurre, en mélangeant jusqu'à obtention d'une crème lisse et brillante.

Posez la bûche sur une grille et nappez-la de la ganache tiède à l'aide d'une spatule métallique. Laissez durcir et remettez au frais. Décorez de feuilles en chocolat et de rondelles de kumquats confits.

Délice choco-menthe

Préparation : 45 min
Cuisson : 15-20 min
Infusion : 15 min

Pour 8 personnes

Pour le biscuit :

5 œufs

120 g de sucre en poudre

120 g de farine

50 g de cacao en poudre

Beurre pour le moule

Pour la garniture :

30 cl de lait

2 jaunes d'œuf

2 c. à s. de Maïzena

3 c. à s. de sucre en poudre

1 petit bouquet de menthe

2 c. à s. de liqueur ou d'alcool de menthe

2 gouttes de colorant alimentaire vert (facultatif)

7,5 cl de crème liquide très froide

Pour le glaçage :

150 g de chocolat noir à la menthe

2 c. à s. de lait

20 g de beurre

Pour le décor :

Feuilles en chocolat (voir page 13) et feuilles de menthe

Préchauffez le four à 210 °C (th. 7). Beurrez un moule à manqué de 24 cm de diamètre ou préparez un moule en silicone.

Préparez le biscuit. Mélangez la farine et le cacao dans un bol. Dans un saladier, fouettez les œufs avec le sucre au batteur électrique jusqu'à ce que le mélange double de volume et forme un ruban le long du fouet. Incorporez progressivement la farine cacaotée, en remuant avec une spatule en bois.

Versez la pâte dans le moule et enfournez pour 15 à 20 min. Laissez le biscuit tiédir un peu, puis démoulez-le sur une grille et laissez-le refroidir.

Préparez la garniture. Faites bouillir le lait, puis ôtez-le du feu, ajoutez le bouquet de menthe et laissez infuser 15 min à couvert.

Dans une autre casserole, mélangez les jaunes d'œuf avec la Maïzena et le sucre. Ajoutez petit à petit le lait mentholé, en le filtrant à travers une passoire pour retenir la menthe. Portez à frémissements à feu très doux, en remuant avec une cuillère en bois, et laissez cuire 2 à 3 min. Ôtez du feu, ajoutez la liqueur (ou l'alcool) de menthe et, éventuellement, le colorant alimentaire. Laissez refroidir.

Fouettez la crème liquide en chantilly ferme, puis incorporez-la délicatement à la crème à la menthe refroidie.

Coupez le biscuit en deux. Étalez la crème à la menthe sur le disque inférieur et couvrez avec le disque supérieur.

Préparez le glaçage. Faites fondre tous les ingrédients à feu doux dans une petite casserole, en remuant jusqu'à obtention d'une crème lisse et brillante. Nappez-en le dessus et les côtés du gâteau à l'aide d'une palette métallique. Laissez durcir. Décorez de feuilles en chocolat et de menthe.

Panforte

Préparation : 15 min
Cuisson : 35 min

Pour 8 personnes

80 g de noisettes mondées,
80 g d'amandes mondées

150 g de fruits confits émincés

30 g de noix de coco râpée

100 g de sucre en poudre

100 g de miel

40 g de farine
+ un peu pour la spatule

¼ de c. à c. de cannelle en poudre

Huile pour le moule

Sucre glace pour servir

Faites dorer les amandes et les noisettes à sec dans une poêle antiadhésive, puis concassez-les grossièrement.

Préchauffez le four à 150 °C (th. 5). Tapissez le fond d'un moule à manqué de 20 cm de diamètre de papier sulfurisé, puis huilez le tout, ou préparez un moule en silicone.

Dans un saladier, mélangez les amandes et les noisettes concassées avec les dés de fruits confits, la noix de coco râpée, la farine et la cannelle.

Chauffez le miel et le sucre à feu doux dans une casserole jusqu'à complète dissolution. Laissez frémir 2 min, puis incorporez le sirop obtenu à la préparation précédente.

Étalez la préparation dans le moule, lissez la surface avec une spatule farinée et enfournez pour 30 min.

Démoulez le panforte sur une grille, ôtez le papier sulfurisé et laissez-le refroidir. Saupoudrez-le de sucre glace au moment de servir.

Couronne choco-amandes

Préparation : 20 min
Cuisson : 45-50 min

Pour 8 personnes

200 g de chocolat noir
à 70 % de cacao

160 g de beurre
+ un peu pour le moule

120 g de sucre en poudre

100 g d'amandes en poudre

100 g d'amandes effilées

50 g de Maïzena

3 jaunes d'œuf + 5 blancs

1 pincée de sel fin

Cassez le chocolat en morceaux dans une jatte et faites-le fondre au bain-marie à feu doux. Remuez à la cuillère en bois jusqu'à obtention d'une crème lisse. Ôtez du feu et incorporez le beurre coupé en morceaux. Puis, en fouettant, incorporez successivement le sucre, les jaunes d'œuf un par un, la Maïzena et la poudre d'amandes.

Préchauffez le four à 210 °C (th. 7). Beurrez un moule à savarin de 26 cm de diamètre ou préparez un moule en silicone.

Battez les blancs en neige ferme avec le sel. Incorporez-en 3 cuillerées à soupe à la préparation précédente en remuant vivement, puis incorporez délicatement le reste.

Répartissez les amandes effilées dans le fond du moule, puis versez-y la pâte. Enfournez, puis baissez la température du four à 160 °C (th. 5-6) et laissez cuire 45 à 50 min.

Laissez reposer 5 min, puis démoulez. Servez tiède.

Cœur au chocolat et aux marrons

Préparation : 45 min (la veille) + 20 min
Cuisson : 25-30 min

Pour 6 à 8 personnes

Pour la génoise au chocolat :

4 petits œufs (de 50 g environ)

100 g de sucre en poudre

60 g de farine
+ un peu pour le moule

60 g de Maïzena

60 g de cacao en poudre

60 g de beurre
+ un peu pour le moule

Pour la garniture :

200 g de crème de marrons

10 cl de crème liquide très froide

2 feuilles de gélatine

2 c. à s. de sucre glace

Pour le glaçage :

150 g de chocolat noir

30 g de beurre

2 c. à s. de lait

Préparez la génoise la veille (voir page 20) en y incorporant la Maïzena et le cacao (en même temps que la farine). Faites-la cuire dans un moule en forme de cœur beurré et fariné (ou un moule en silicone), 25 à 30 min au four préchauffé à 180 °C (th. 6).

Préparez la garniture. Mettez la gélatine à ramollir dans un bol d'eau froide, puis égouttez-la. Faites-la fondre à feu doux dans une petite casserole avec 2 cuillerées à soupe d'eau, en remuant. Incorporez-la à la crème de marrons en fouettant vivement. Fouettez la crème liquide en chantilly ferme, en ajoutant le sucre glace quand elle commence à être bien prise. Incorporez-la délicatement à la préparation précédente.

Coupez le cœur de génoise en deux dans l'épaisseur. Étalez la crème sur la partie inférieure et couvrez avec la partie supérieure.

Préparez le glaçage. Faites fondre tous les ingrédients à feu doux dans une petite casserole, en remuant jusqu'à obtention d'une crème lisse et brillante. Nappez-en le dessus et les côtés du cœur à l'aide d'une palette métallique. Laissez durcir.

Marquise au chocolat

Préparation : 30 min
Réfrigération : 12 h

Pour 8 personnes

400 g de chocolat noir
à 70 % de cacao

4 œufs extra-frais

175 g de beurre

150 g de sucre en poudre

1 pincée de sel fin

Cacao en poudre et crème anglaise pour servir

Tapissez un moule à cake de 22 cm de long de film alimentaire en le laissant largement dépasser. Cassez les œufs en séparant les blancs des jaunes : mettez les blancs dans un saladier et les jaunes dans un bol. Coupez le beurre en morceaux dans un saladier et laissez-le ramollir.

Cassez le chocolat en petits morceaux dans une jatte et faites-le fondre au bain-marie à feu doux, en remuant jusqu'à obtention d'une crème lisse.

Fouettez le beurre mou avec le sucre au batteur électrique, à vitesse lente, jusqu'à ce que le mélange soit mousseux et onctueux. Sans cesser de fouetter, ajoutez progressivement les jaunes d'œuf, puis le chocolat fondu.

Battez les blancs en neige ferme avec le sel et incorporez-les délicatement à la préparation précédente, en soulevant la masse de bas en haut.

Versez la préparation dans le moule, lissez la surface à la spatule et rabattez hermétiquement le film alimentaire. Réservez 12 h au réfrigérateur.

Au moment de servir, retournez le moule sur un plat et retirez le film alimentaire. Saupoudrez légèrement la marquise de cacao, en le tamisant à travers une passoire fine. Servez avec une crème anglaise.

Conseil

Le moule à cake est le mieux adapté pour couper la marquise en tranches et la servir directement dans l'assiette, sur une crème anglaise ou un coulis d'orange ou de fruits rouges.

Carré choco-citron

Préparation : 30 min
Cuisson : 10 min environ

Pour 6 personnes

Pour le biscuit :

4 œufs

100 g de sucre en poudre

80 g de Maïzena

3 c. à s. de cacao en poudre

20 g de beurre fondu

1 pincée de sel fin

Pour la garniture :

2 feuilles de gélatine

15 cl de jus de citron

1 c. à s. de Maïzena

120 g de sucre en poudre

2 jaunes d'œuf

50 g de beurre

10 cl de crème liquide très froide

Pour le glaçage :

150 g de chocolat noir
à 70 % de cacao

2 c. à s. de lait

30 g de beurre

Préchauffez le four à 210 °C (th. 7). Tapissez une plaque de 20 × 40 cm environ de papier sulfurisé.

Préparez le biscuit. Cassez les œufs dans deux saladiers en séparant les blancs des jaunes. Fouettez les jaunes avec le sucre jusqu'à ce que le mélange blanchisse. Ajoutez le beurre fondu, puis la Maïzena, sans trop travailler la pâte. Battez les blancs en neige ferme avec le sel, puis incorporez-les délicatement à la préparation précédente, en soulevant la pâte de bas en haut.

Étalez la pâte sur le papier sulfurisé et enfournez pour 10 min environ. Retournez délicatement le biscuit sur un linge et ôtez le papier sulfurisé. Couvrez d'un autre linge légèrement humide et laissez refroidir.

Préparez la garniture. Mettez la gélatine à ramollir dans un bol d'eau froide. Dans une casserole, mélangez le jus de citron avec 100 g de sucre, la Maïzena et les jaunes d'œuf. Portez à frémissements à feu doux, en remuant avec une cuillère en bois, et laissez cuire 2 ou 3 min. Ôtez du feu et ajoutez le beurre en fouettant vivement. Égouttez la gélatine et incorporez-la. Laissez refroidir.

Fouettez la crème liquide en chantilly ferme, en ajoutant le reste de sucre quand elle commence à être bien prise, puis incorporez-la délicatement à la crème au citron refroidie. Découvrez le biscuit et coupez-le en deux carrés. Étalez la crème sur l'un des deux, puis couvrez avec le second. Posez le gâteau sur une grille.

Préparez le glaçage. Faites fondre tous les ingrédients à feu doux dans une petite casserole, en remuant jusqu'à obtention d'une crème lisse et brillante. Nappez-en toute la surface du gâteau à l'aide d'une spatule métallique. Laissez durcir, puis retaillez les côtés. Réservez au frais jusqu'au moment de servir.

Délice choco-noix

Préparation : 50 min
Cuisson : 10 min environ

Pour 8 personnes

Pour les biscuits :

140 g de chocolat noir à 70 % de cacao

4 œufs

230 g de beurre fondu + un peu pour les moules

200 g de sucre en poudre

120 g de farine

180 g de cerneaux de noix

Pour la crème pâtissière au chocolat :

20 cl de lait

2 jaunes d'œuf

1 c. à s. de farine

2 c. à s. de sucre en poudre

40 g de beurre

1 c. à s. de cacao en poudre

80 g de chocolat noir à 70 % de cacao

Pour le glaçage :

150 g de chocolat noir à 70 % de cacao

2 c. à s. de lait

30 g de beurre

Pour le décor :

8 cerneaux de noix

Préchauffez le four à 170 °C (th. 5-6). Beurrez deux moules à manqué de 20 cm de diamètre ou préparez deux moules en silicone. Tapissez le fond des moules à manqué de papier sulfurisé et beurrez-le.

Concassez grossièrement les cerneaux de noix. Cassez le chocolat en petits morceaux dans une jatte et faites-le fondre au bain-marie à feu doux. Remuez à la cuillère en bois jusqu'à obtention d'une crème lisse.

Dans un saladier, fouettez les œufs avec le sucre jusqu'à ce que le mélange blanchisse. Sans cesser de remuer, incorporez successivement le chocolat et le beurre fondus. Ajoutez la farine et les noix concassées.

Répartissez cette pâte dans les moules et enfournez pour 10 min environ. Laissez refroidir, puis démoulez les biscuits sur une grille et retirez le papier sulfurisé.

Préparez la crème pâtissière (voir page 22) et ajoutez-y le beurre coupé en morceaux, en fouettant, puis le chocolat râpé et le cacao. Laissez refroidir.

Posez l'un des biscuits aux noix sur un plat de service, étalez uniformément la crème dessus, puis couvrez du second biscuit.

Préparez le glaçage. Faites fondre tous les ingrédients à feu doux dans une petite casserole, en remuant jusqu'à obtention d'une crème lisse et brillante. Nappez-en le dessus et les côtés du gâteau à l'aide d'une spatule métallique. Laissez durcir et décorez des cerneaux de noix.

Forêt-noire

Préparation : 45 min (la veille) + 20 min
Cuisson : 20-25 min

Pour 8 personnes

Pour la génoise au chocolat :

4 œufs

60 g de farine
+ un peu pour le moule

60 g de Maïzena

30 g de cacao en poudre

30 g de beurre
+ un peu pour le moule

Pour la garniture :

150 g de griottes au sirop

30 cl de crème liquide très froide

2 c. à s. de sucre en poudre

10 cl de sirop de sucre

5 cl de kirsch

Pour le décor :

100 g de copeaux de chocolat noir à 70 % de cacao

Quelques griottes

Préparez la génoise la veille (voir page 20) en y incorporant la Maïzena et le cacao (en même temps que la farine). Faites-la cuire dans un moule à manqué beurré et fariné (ou un moule en silicone) de 23 cm de diamètre, 20 à 25 min au four préchauffé à 180 °C (th. 6).

Préparez la garniture. Égouttez soigneusement les griottes, puis mettez-les à éponger sur du papier absorbant. Mélangez le sirop de sucre et le kirsch dans un bol. Fouettez la crème liquide en chantilly ferme, en ajoutant le sucre quand elle commence à être bien prise.

Coupez la génoise en deux dans l'épaisseur. Posez le disque inférieur sur un plat de service, imbibez-le de sirop au kirsch à l'aide d'un pinceau et recouvrez-le largement de chantilly. Lissez la surface à la spatule, puis répartissez-y les griottes. Imbibez le disque supérieur de sirop et posez-le sur la garniture. Nappez le dessus et les côtés du gâteau du reste de chantilly, à la spatule métallique. Réservez au réfrigérateur jusqu'au moment de servir.

Servez décoré des copeaux de chocolat et des griottes.

Astuce

POUR UNE MEILLEURE TENUE DU GÂTEAU, AJOUTEZ À LA CHANTILLY 2 FEUILLES DE GÉLATINE QUE VOUS FEREZ FONDRE AVEC 1 CUILLERÉE À SOUPE D'EAU.

Sachertorte

Préparation : 40 min
Cuisson : 45 min environ

Pour 6 personnes

Pour le gâteau :

120 g de chocolat noir
à 70 % de cacao

100 g de sucre en poudre

100 g de beurre
+ un peu pour le moule

5 œufs

3 c. à s. de farine
+ un peu pour le moule

150 g de confiture d'abricot

1 pincée de sel fin

Pour le glaçage :

3 c. à s. de gelée d'abricot

200 g de chocolat noir
à 70 % de cacao

2 c. à s. d'eau

1 c. à s. d'huile neutre

Préchauffez le four à 180 °C (th. 6). Beurrez et farinez un moule à manqué de 22 cm de diamètre ou préparez un moule en silicone.

Cassez le chocolat en petits morceaux dans une jatte et faites-le fondre au bain-marie à feu doux. Remuez à la cuillère en bois jusqu'à obtention d'une crème lisse.

Cassez les œufs dans deux saladiers en séparant les blancs des jaunes. Fouettez les jaunes avec le sucre jusqu'à ce que le mélange blanchisse. Ajoutez le chocolat fondu, puis la farine. Battez les blancs en neige ferme avec le sel, puis incorporez-les délicatement à la préparation précédente, en soulevant la pâte de bas en haut.

Versez la pâte dans le moule et enfournez pour 45 min environ : une pointe de couteau piquée au cœur du gâteau doit ressortir sèche. Laissez reposer 10 min, puis démoulez le gâteau sur une grille et laissez-le refroidir.

Coupez le gâteau en deux dans l'épaisseur. Étalez la confiture d'abricot sur le disque inférieur et couvrez du disque supérieur. Reposez le gâteau sur la grille.

Préparez le glaçage (voir page 11). Chauffez légèrement la gelée dans une petite casserole et enduisez-en le dessus et les côtés du gâteau. Cassez le chocolat en morceaux dans une autre casserole et faites-le fondre avec l'eau à feu doux. Ajoutez l'huile et étalez rapidement le mélange sur le gâteau à la palette métallique, pour le masquer entièrement. Dessinez des cercles concentriques avec une fourchette, laissez durcir et placez au réfrigérateur jusqu'au moment de servir.

Charlotte au chocolat et aux macarons

Préparation : 30 min
Réfrigération : 12 h

Pour 6 personnes

500 g de macarons moelleux

150 g de chocolat noir
à 70 % de cacao

3 c. à s. d'eau

150 g de beurre mou

120 g de sucre en poudre

1 jaune d'œuf

10 cl de lait

10 cl de Cointreau
ou de Grand Marnier

Pour le glaçage :

120 g de chocolat noir
à 70 % de cacao

2 c. à s. d'huile végétale

Coupez le beurre en morceaux dans un saladier et laissez-le ramollir. Tapissez un moule à charlotte de 15 cm de diamètre de film alimentaire en le laissant largement dépasser.

Travaillez le beurre mou avec le sucre au batteur électrique jusqu'à ce le mélange blanchisse.

Dans un bol, délayez le jaune d'œuf dans le lait.

Cassez le chocolat en morceaux dans une jatte et faites-le fondre au bain-marie, à feu doux, avec l'eau. Ôtez du feu et incorporez le jaune d'œuf délayé. Laissez refroidir.

Incorporez la sauce au chocolat au mélange beurre-sucre, en fouettant jusqu'à obtention d'une crème légère et mousseuse.

Dans un bol, délayez l'alcool choisi dans la même quantité d'eau. Badigeonnez-en la face plate des macarons avec un pinceau. Tapissez le fond et les parois du moule avec les macarons, face bombée vers l'extérieur.

Garnissez de crème au chocolat, en alternant éventuellement avec une ou deux couches de macarons s'il en reste.

Rabattez hermétiquement le film alimentaire. Couvrez le moule d'une assiette, posez un poids dessus et réservez au réfrigérateur pendant 12 h.

Préparez le glaçage. Faites fondre le chocolat cassé en morceaux à feu doux dans une petite casserole. Ôtez du feu et incorporez l'huile. Laissez tiédir un peu.

Démoulez délicatement la charlotte sur une grille. Versez le glaçage très fluide dessus, puis laissez-le durcir. Faites ensuite glisser la charlotte sur un plat de service.

Charlotte au yaourt et aux fraises

Préparation : 30 min
Réfrigération : 3 h

Pour 6 personnes

18 biscuits à la cuillère

500 g de fraises

60 cl de yaourt brassé entier

15 cl de crème liquide très froide

10 cl de coulis de fraises du commerce

10 cl de sirop de sucre

50 g de sucre glace

3 feuilles de gélatine

Quelques gouttes de jus de citron

Pour le décor :

Quelques feuilles de menthe

Tapissez un moule à cake de 23 cm de long de film alimentaire en le laissant largement dépasser. Lavez les fraises, puis séchez-les et équeutez-les. Réservez-en 100 g pour le décor. Mettez les feuilles de gélatine à ramollir dans un bol d'eau froide.

Mélangez le sirop de sucre, le jus de citron et le coulis de fraises dans une assiette creuse. Complétez avec un peu d'eau si le mélange n'est pas assez fluide. Trempez-y rapidement les biscuits à la cuillère, un par un, et tapissez-en le fond et les parois du moule, face bombée vers l'extérieur. Placez au réfrigérateur le temps de poursuivre la recette.

Égouttez les feuilles de gélatine et faites-les fondre à feu doux dans une petite casserole avec 2 cuillerées à soupe de crème liquide, en remuant. Laissez refroidir, puis incorporez le tout au yaourt en fouettant vivement.

Fouettez le reste de crème liquide en chantilly ferme, en ajoutant le sucre glace quand elle commence à bien monter. Incorporez-la délicatement à la préparation précédente.

Quand la préparation commence à prendre, ajoutez les fraises entières et mélangez délicatement. Versez le tout dans le moule, rabattez hermétiquement le film alimentaire et réservez au réfrigérateur pendant au moins 3 h.

Démoulez la charlotte sur un plat de service et décorez avec les fraises réservées et les feuilles de menthe.

Charlotte aux mirabelles et aux épices

Préparation : 30 min
Cuisson : 5 min
Réfrigération : 4 h

Pour 6 personnes

30 langues-de-chat (environ)

1,5 kg de mirabelles

120 g de sucre en poudre

3 feuilles de gélatine

10 cl de sirop de sucre

10 cl de jus d'orange

1 gousse de cardamome

½ gousse de vanille

Tapissez un moule à charlotte de 20 cm de diamètre de film alimentaire en le laissant largement dépasser. Mettez les feuilles de gélatine à ramollir dans un bol d'eau froide. Lavez les mirabelles et séchez-les. Réservez-en 100 g pour le décor. Dénoyautez le reste de mirabelles en les fendant légèrement, afin de préserver leur forme.

Mélangez le sirop de sucre et le jus d'orange dans une assiette creuse. Trempez-y rapidement les langues-de-chat, une par une, et tapissez-en le fond et les parois du moule, face renflée vers l'extérieur. Placez au réfrigérateur le temps de poursuivre la recette.

Versez le reste du sirop à l'orange dans une casserole. Ajoutez le sucre et chauffez à feu doux en remuant jusqu'à ce qu'il soit dissous. Ajoutez les mirabelles, la gousse de cardamome et la demi-gousse de vanille. Faites cuire 5 min à petits frémissements.

Retirez le tiers des mirabelles de la casserole, en procédant délicatement avec une écumoire, et réservez-les. Ôtez la vanille et la cardamome, puis mixez le reste des fruits en purée.

Égouttez les feuilles de gélatine et incorporez-les à la purée de mirabelles chaude, en remuant jusqu'à complète dissolution. Laissez refroidir.

Quand la purée de mirabelles commence à épaissir, incorporez délicatement les fruits entiers réservés.

Versez la préparation dans le moule, rabattez hermétiquement le film alimentaire et réservez au réfrigérateur pendant au moins 4 h.

Démoulez la charlotte sur un plat de service et décorez avec les mirabelles réservées.

Charlotte aux fruits de la Passion

Préparation : 30 min
Réfrigération : 3 h

Pour 6 à 8 personnes

1,5 kg de fruits de la Passion

1 génoise de 400 g

40 cl de crème liquide très froide

150 g de sucre en poudre

120 g de sucre de canne

5 cl de rhum brun

6 feuilles de gélatine

Pour le nappage (voir page 12) :

100 g de gelée d'orange

Tapissez un moule rectangulaire de 23 × 12 cm de film alimentaire en le laissant largement dépasser. Dans un bol, délayez le rhum dans la même quantité d'eau.

Coupez la génoise en tranches fines. Tapissez-en le fond et les parois du moule : il doit vous en rester suffisamment pour réaliser une couche intermédiaire et une couche supérieure. À l'aide d'un pinceau, imbibez les tranches de génoise de rhum. Placez au réfrigérateur le temps de poursuivre la recette.

Mettez les feuilles de gélatine à ramollir dans un bol d'eau froide. Coupez les fruits de la Passion en deux, prélevez leur pulpe avec une petite cuillère et mettez-la au fur et à mesure dans le bol d'un robot. Mixez en purée, puis versez celle-ci dans une casserole. Ajoutez le sucre de canne et portez à ébullition en remuant. Ôtez du feu et filtrez le jus obtenu à travers une passoire fine, en pressant bien. Égouttez les feuilles de gélatine et incorporez-les au jus chaud, en remuant jusqu'à complète dissolution. Laissez refroidir.

Fouettez la crème liquide en chantilly ferme, en ajoutant le sucre en poudre quand elle commence à être bien prise. Incorporez-y délicatement le jus de fruits refroidi.

Versez la moitié de la préparation aux fruits de la Passion dans le moule, disposez une couche de tranches de génoise dessus, puis couvrez avec le reste de préparation. Recouvrez d'une nouvelle couche de génoise, rabattez hermétiquement le film alimentaire et réservez au réfrigérateur pendant 3 h.

Démoulez la charlotte sur une grille. Chauffez légèrement la gelée d'orange dans une petite casserole pour la liquéfier. Nappez-en toute la charlotte au pinceau.

Charlotte briochée pommes-noisettes

Préparation : 30 min
Cuisson : 30 min environ

Pour 6 personnes

1,4 kg de pommes (golden ou granny-smith)

6 ou 8 tranches de brioche ou de pain brioché

30 g de beurre

100 g de noisettes mondées

40 cl de sirop de sucre

Le jus de 1 citron

Pour le caramel :

200 g de sucre

20 cl d'eau

Concassez grossièrement les noisettes, puis faites-les griller à sec dans une poêle antiadhésive.

Versez le sirop de sucre et le jus de citron dans une casserole, puis portez à ébullition.

Lavez les pommes. Pelez-les, coupez-les en quatre et épépinez-les. Coupez-les en tranches épaisses et mettez-les au fur et à mesure dans le sirop. Faites-les cuire 5 min à tout petits frémissements, en veillant à ce qu'elles ne s'écrasent pas. Transvasez délicatement les tranches de pomme dans une passoire et laissez-les égoutter le temps de poursuivre la recette.

Préparez le caramel (voir page 26) et laissez-le refroidir.

Préchauffez le four à 200 °C (th. 6-7). Ôtez la croûte des tranches de brioche, puis faites-les griller au grille-pain et beurrez-les sur une face. Tapissez-en le fond et les parois d'un moule à charlotte de 20 cm de diamètre, en plaçant la face beurrée vers l'extérieur et en les faisant légèrement chevaucher.

Étalez une couche de tranches de pomme dans le fond du moule, parsemez de noisettes grillées et arrosez de 1 cuillerée à soupe de caramel. Ménagez ainsi plusieurs couches jusqu'à épuisement des ingrédients et enfournez pour 30 min environ.

Laissez refroidir la charlotte, puis démoulez-la. Nappez-la du reste de caramel juste avant de servir (faites-le légèrement réchauffer si nécessaire).

Charlotte poires-fruits rouges

Préparation : 40 min
Réfrigération : 3 h

Pour 6 à 8 personnes

3 poires moyennes (williams)

200 g de fruits rouges au choix (groseilles, framboises, cassis, mûres)

Le jus de ½ citron

200 g de sucre en poudre

3 feuilles de gélatine

14 biscuits à la cuillère

20 cl de crème liquide très froide

Pour la crème anglaise :

20 cl de lait

½ gousse de vanille

3 jaunes d'œuf

20 g de sucre en poudre

Pour le décor :

Quelques grappes de groseilles

Faites bouillir 50 cl d'eau avec le sucre et le jus de citron dans une casserole, en remuant jusqu'à obtention d'un sirop.

Lavez les poires. Pelez-les, coupez-les en quatre et épépinez-les. Coupez-les en tranches épaisses en les mettant au fur et à mesure dans le sirop. Faites cuire 5 min à petits frémissements. Transvasez délicatement les tranches de poire dans une passoire placée au-dessus d'un saladier et laissez-les égoutter le temps de poursuivre la recette. Conservez le sirop de cuisson et réservez quelques tranches pour le décor.

Préparez les fruits rouges.

Tapissez un moule à charlotte de 20 cm de diamètre de film alimentaire en le laissant largement dépasser. Trempez rapidement les biscuits à la cuillère dans le sirop de cuisson des poires, un par un, et tapissez-en le fond du moule, face bombée vers l'extérieur. Placez au réfrigérateur le temps de poursuivre la recette.

Mettez les feuilles de gélatine à ramollir dans un bol d'eau froide.

Préparez la crème anglaise (voir page 23). Égouttez les feuilles de gélatine et incorporez-les à la crème chaude, en remuant jusqu'à complète dissolution. Laissez refroidir.

Fouettez la crème liquide en chantilly ferme et incorporez-la délicatement à la préparation précédente.

Versez un peu de crème dans le moule, puis continuez de le remplir en alternant la crème, les tranches de poire et les fruits rouges. Terminez par une couche de crème. Rabattez hermétiquement le film alimentaire et réservez au moins 3 h au réfrigérateur.

Démoulez la charlotte sur un plat de service et décorez des grappes de groseilles.

Charlotte aux quetsches et au pain d'épice

Préparation : 40 min
Réfrigération : 6 h

Pour 6 personnes

700 g de quetsches

4 feuilles de gélatine

15 cl de jus d'orange

15 cl de vin rouge

250 g de sucre en poudre

2 clous de girofle

1 petit morceau de bâton de cannelle

200 g de pain d'épice

15 cl de crème liquide très froide

½ c. à c. de cannelle en poudre

Pour la crème anglaise :

25 cl de lait

½ gousse de vanille

3 jaunes d'œuf

60 g de sucre en poudre

Faites bouillir 200 g de sucre avec 50 cl d'eau dans une casserole, en remuant jusqu'à obtention d'un sirop.

Lavez les quetsches. Coupez-les en deux et retirez leur noyau. Mettez-les au fur et à mesure dans le sirop. Faites cuire 3 min à petits frémissements. Laissez refroidir, puis égouttez les oreillons de quetsche dans une passoire.

Mettez les feuilles de gélatine à ramollir dans un bol d'eau froide. Versez le jus d'orange, le vin rouge et le reste de sucre dans une casserole. Ajoutez le morceau de bâton de cannelle et le girofle. Portez à ébullition, puis couvrez et laissez frémir 15 min. Ôtez du feu.

Égouttez deux des feuilles de gélatine et incorporez-les au liquide chaud, en remuant jusqu'à complète dissolution. Ajoutez les oreillons de quetsche et laissez refroidir.

Préparez la crème anglaise (voir page 23). Faites-y fondre les deux autres feuilles de gélatine égouttées. Laissez refroidir, puis incorporez la cannelle.

Fouettez la crème liquide en chantilly ferme et incorporez-la délicatement à la préparation précédente.

Tapissez un moule à cake de 23 cm de long de film alimentaire en le laissant largement dépasser. Coupez le pain d'épice en tranches fines, puis tapissez-en le fond et les parois du moule.

Étalez la moitié des oreillons de quetsche en gelée dans le moule, recouvrez-les de crème anglaise à la cannelle, puis finissez de remplir le moule avec le reste des fruits en gelée. Terminez par une couche de tranches de pain d'épice. Rabattez hermétiquement le film alimentaire et réservez au réfrigérateur pendant au moins 6 h.

Démoulez la charlotte sur un plat et coupez-la en tranches.

Charlotte à la rhubarbe

Préparation : 30 min
Macération : 1 h
Cuisson : 30 min
Réfrigération : 3-12 h

Pour 6 à 8 personnes

32 biscuits roses de Reims

1,2 kg de rhubarbe en tronçons

150 g de sucre en poudre

Le jus de ½ citron

3 feuilles de gélatine

20 cl de sirop de sucre

Sucre glace pour servir (facultatif)

Dans un saladier, mélangez les tronçons de rhubarbe avec le sucre en poudre et le jus de citron. Laissez macérer 1 h au réfrigérateur.

Mettez la gélatine à ramollir dans un bol d'eau froide. Faites cuire la rhubarbe 30 min à feu doux dans une casserole. Mixez-la en purée. Égouttez la gélatine et incorporez-la à la purée chaude, en remuant jusqu'à complète dissolution. Laissez refroidir.

Tapissez un moule à charlotte de film alimentaire en le laissant largement dépasser. Dans une assiette creuse, délayez le sirop de sucre dans un peu d'eau. Trempez-y rapidement la moitié des biscuits, un par un, et tapissez-en le fond et les parois du moule. Placez au réfrigérateur.

Quand la purée de rhubarbe commence à prendre, versez-en un tiers dans le moule. Couvrez avec la moitié des biscuits restants trempés dans le sirop. Renouvelez l'opération avec un autre tiers de purée de rhubarbe et le reste de biscuits. Terminez par une couche de purée. Rabattez hermétiquement le film alimentaire et réservez au réfrigérateur de 3 à 12 h.

Démoulez la charlotte et servez-la éventuellement saupoudrée de sucre glace.

Astuce

Vous pouvez aussi utiliser des tronçons de rhubarbe surgelés. Suivez les indications portées sur l'emballage pour confectionner votre purée.

Petits fours & gâteaux individuels

Les petits fours secs, qui se conservent quelques jours, et les gâteaux individuels, à consommer le jour même, sont pleins de ressources. En jouant sur la taille des moules et le temps de cuisson, on peut les servir en mignardises avec le café, en bouchées sur un buffet ou en portions individuelles. Associés aux glaces ou aux entremets, ils servent également à composer de délicieuses assiettes sucrées.

Cookies aux noix de pécan

Préparation : 20 min
Repos : 1 h
Cuisson : 12 min

Pour 15 cookies environ

150 g de beurre

1 œuf

150 g de sucre roux

180 g de farine + un peu pour le plan de travail

50 g de cerneaux de noix de pécan

2 c. à s. de sirop d'érable

1 c. à c. de levure chimique

Coupez le beurre en morceaux dans un saladier et laissez-le ramollir. Concassez grossièrement les noix de pécan.

Incorporez le sucre et l'œuf au beurre mou, en travaillant le mélange jusqu'à obtention d'une crème lisse.

Incorporez peu à peu la farine et la levure. Ajoutez enfin les noix de pécan concassées.

Ramassez la pâte en boule, puis roulez-la sur le plan de travail fariné en lui donnant la forme d'un boudin bien régulier. Enveloppez-la de film alimentaire et laissez-la reposer 1 h au réfrigérateur.

Préchauffez le four à 180 °C (th. 6). Tapissez une plaque de papier sulfurisé.

Coupez le boudin de pâte en rondelles de 1 cm d'épaisseur, disposez-les sur la plaque et enfournez pour 12 min.

Sortez la plaque du four, puis soulevez délicatement les cookies à l'aide d'une spatule métallique et mettez-les à refroidir sur une grille.

Madeleines

Préparation : 20 min
Repos : 1 h
Cuisson : 15-20 min

Pour 20 madeleines environ

140 g de farine

120 g de beurre fondu + un peu pour les plaques

120 g de sucre en poudre

3 œufs

½ sachet de levure chimique

Le zeste de 1 citron non traité finement râpé

Dans un saladier, fouettez les œufs avec le sucre jusqu'à ce que le mélange blanchisse et soit bien mousseux.

Incorporez la farine, puis la levure et le beurre fondu, toujours en fouettant énergiquement. Ajoutez le zeste de citron. Laissez la pâte reposer 1 h au réfrigérateur.

Préchauffez le four à 180 °C (th. 6). Beurrez une plaque à madeleines ou préparez une plaque en silicone. Versez la pâte dans les alvéoles en les remplissant aux deux tiers et enfournez pour 15 à 20 min : les madeleines doivent être bien dorées.

Sortez la plaque du four et retournez-la sur une grille. Laissez refroidir les madeleines.

Muffins aux cerises

Préparation : 15 min
Repos : 15 min
Cuisson : 20 min environ

Pour 12 muffins

300 g de farine
+ un peu pour les moules

80 g de beurre fondu
+ un peu pour les moules

2 œufs

120 g de sucre en poudre

1 sachet de levure chimique

12 cl de lait

200 g de cerises noires dénoyautées

Dans un saladier, battez les œufs en omelette avec le lait.

Dans un autre saladier, mélangez la farine avec la levure et le sucre. Ménagez un puits au centre. Versez-y petit à petit les œufs battus, puis le beurre fondu, sans cesser de remuer : vous devez obtenir une pâte lisse et homogène. Couvrez et laissez reposer 15 min au réfrigérateur.

Préchauffez le four à 180 °C (th. 6). Beurrez et farinez des moules à muffins ou préparez une plaque en silicone.

Ajoutez les cerises à la pâte et mélangez délicatement pour bien les répartir. Remplissez les moules de pâte aux deux tiers et enfournez pour 20 min environ : les muffins doivent être bien gonflés et dorés.

Laissez refroidir les muffins, puis démoulez-les.

Muffins au chocolat

Préparation : 15 min
Cuisson : 20 min environ

Pour 12 muffins

200 g de farine
+ un peu pour les moules

125 g de beurre
+ un peu pour les moules

2 œufs

15 cl de lait

100 g de sucre en poudre

80 g de chocolat noir
à 70 % de cacao

1 sachet de levure chimique

3 c. à s. de cacao en poudre

Coupez le beurre en morceaux dans un saladier et laissez-le ramollir. Cassez le chocolat en carrés.

Travaillez le beurre mou avec une spatule en bois pour l'assouplir, puis ajoutez le sucre et fouettez jusqu'à ce que le mélange blanchisse et soit bien mousseux.

Battez les œufs en omelette dans un bol et incorporez-les au mélange précédent en fouettant.

Mélangez la farine, le cacao et la levure dans une jatte, puis ajoutez-les à la pâte, en alternance avec le lait.

Préchauffez le four à 180 °C (th. 6). Beurrez et farinez des moules à muffins ou préparez une plaque en silicone.

Remplissez les moules de pâte jusqu'à mi-hauteur, puis répartissez les carrés de chocolat dessus et recouvrez du reste de pâte. Enfournez pour 20 min environ : les muffins doivent être bien gonflés mais souples au toucher.

Laissez refroidir les muffins, puis démoulez-les.

Brownies choco-noix

Préparation : 15 min
Cuisson : 20 min environ

Pour 16 brownies

100 g de chocolat noir
à 70 % de cacao

2 œufs

100 g de beurre
+ un peu pour le moule

60 g de farine

80 g de sucre cristallisé

70 g de cerneaux de noix
grossièrement concassés

Cassez le chocolat en morceaux dans une jatte et faites-le fondre au bain-marie à feu doux, en remuant de temps en temps. Ajoutez petit à petit le beurre coupé en morceaux et continuez à remuer jusqu'à obtention d'une crème lisse et onctueuse. Ôtez du feu.

Dans un saladier, fouettez les œufs avec le sucre jusqu'à ce que le mélange forme un ruban le long du fouet.

Incorporez le chocolat fondu. Ajoutez la farine et les noix concassées, en alternant une cuillerée de chaque. Mélangez jusqu'à obtention d'une pâte homogène.

Préchauffez le four à 180 °C (th. 6). Beurrez un moule carré de 20 cm de côté et tapissez le fond de papier sulfurisé, ou préparez un moule en silicone.

Versez la pâte dans le moule et enfournez pour 20 min environ. Laissez refroidir, puis démoulez, retirez le papier sulfurisé et coupez le gâteau en carrés de 5 cm de côté.

Amarettis

Préparation : 10 min
Cuisson : 12-15 min

Pour 40 biscuits environ

200 g d'amandes en poudre

200 g de sucre glace

2 blancs d'œuf

½ c. à c. d'extrait
d'amande amère

Préchauffez le four à 180 °C (th. 6). Tapissez une plaque de papier sulfurisé.

Mettez tous les ingrédients dans le bol d'un robot et mixez pendant 2 min environ, jusqu'à obtention d'une pâte souple et homogène.

Mettez la pâte dans une poche à douille munie d'un embout lisse de 1 cm de diamètre et déposez sur la plaque des petits tas ronds de la taille d'une noix. Veillez à bien les espacer pour qu'ils puissent gonfler sans se toucher à la cuisson. Enfournez pour 12 à 15 min, sans ouvrir le four : les biscuits doivent être légèrement dorés.

Sortez la plaque du four, puis soulevez délicatement les amarettis à l'aide d'une spatule métallique et mettez-les à refroidir sur une grille.

Congolais à la pomme

Préparation : 20 min
Cuisson : 20 min environ

Pour 30 congolais environ

4 blancs d'œuf

250 g de sucre en poudre

350 g de noix de coco râpée

1 c. à s. de compote de pommes

Mettez les blancs d'œuf et le sucre dans un petit saladier, placez celui-ci dans un bain-marie juste frémissant et fouettez jusqu'à ce que le mélange soit mousseux et trop chaud pour être supportable au doigt (45 °C).

Préchauffez le four à 180 °C (th. 6). Tapissez une plaque de papier sulfurisé.

Ôtez le saladier du bain-marie et, sans cesser de fouetter, ajoutez la noix de coco et la compote. Fouettez encore 3 min, jusqu'à obtention d'une consistance bien ferme.

Disposez des petits tas de pâte sur la plaque avec une petite cuillère humide, en les espaçant légèrement. Donnez-leur une forme pyramidale avec vos doigts mouillés. Enfournez et faites cuire 20 min environ : les congolais doivent être juste dorés et moelleux à l'intérieur.

Macarons à la violette

Préparation : 15 min
Cuisson : 10-15 min

Pour 12 macarons environ

120 g d'amandes en poudre

2 blancs d'œuf

120 g de sucre glace

20 g de sucre en poudre

1 c. à c. de sirop de violette

50 g de violettes cristallisées

1 pincée de sel fin

Dans un saladier, mélangez la poudre d'amandes avec le sucre en poudre et la moitié du sucre glace.

Dans un autre saladier, battez les blancs d'œuf en neige avec le sel. Quand ils commencent à être bien pris, ajoutez petit à petit le reste de sucre glace et le sirop de violette. Fouettez jusqu'à ce qu'ils soient bien fermes.

Incorporez délicatement les blancs en neige au mélange d'amandes, en soulevant la pâte de bas en haut.

Préchauffez le four à 180 °C (th. 6). Tapissez une plaque de papier sulfurisé.

Mettez la pâte à macarons dans une poche à douille munie d'un embout lisse de 1 cm de diamètre et déposez sur la plaque des petits tas ronds, en les espaçant bien. Parsemez-les de violettes cristallisées et enfournez pour 10 à 15 min, selon leur taille, sans ouvrir le four.

Sortez la plaque du four, puis soulevez délicatement les macarons à l'aide d'une spatule métallique et mettez-les à refroidir sur une grille.

Tuiles aux amandes

Préparation : 15 min
Repos : 1 h
Cuisson : 4-6 min par fournée

Pour 40 tuiles environ

120 g d'amandes effilées

150 g de sucre en poudre

40 g de farine

3 blancs d'œuf

40 g de beurre fondu

2 ou 3 gouttes d'extrait d'amande amère (facultatif)

Dans un saladier, fouettez légèrement les blancs d'œuf avec le sucre pour les faire mousser puis, sans cesser de fouetter, ajoutez le beurre fondu, la farine, les amandes effilées et, éventuellement, l'extrait d'amande. Mélangez bien, couvrez et laissez reposer 1 h au réfrigérateur.

Préchauffez le four à 210 °C (th. 7). Tapissez une plaque de papier sulfurisé.

À l'aide de deux petites cuillères, disposez des petits tas de pâte sur la plaque, en les espaçant bien. Aplatissez-les avec le dos d'une cuillère humide pour leur donner une épaisseur de 2 à 3 mm. Enfournez par petites fournées, pour 4 à 6 min : les tuiles doivent commencer à dorer.

Sortez la plaque du four, puis soulevez aussitôt les tuiles avec une spatule et posez-les au fur et à mesure sur un rouleau à pâtisserie ou une bouteille pour qu'elles s'incurvent en refroidissant.

Financiers

Préparation : 10 min
Cuisson : 15-20 min

Pour 20 financiers environ

250 g de sucre glace

170 g de beurre

5 petits blancs d'œuf

140 g d'amandes en poudre

50 g de farine

Quelques gouttes d'extrait d'amande amère

Faites fondre le beurre dans une petite casserole. Ôtez du feu quand il commence à dorer et laissez-le tiédir.

Préchauffez le four à 180 °C (th. 6).

Dans un saladier, mélangez la poudre d'amandes, le sucre glace et la farine jusqu'à homogénéité.

Incorporez les blancs d'œuf un par un, en remuant vigoureusement entre chaque blanc. Ajoutez le beurre fondu et l'extrait d'amande.

Versez la pâte dans des moules à financiers ou une plaque à alvéoles antiadhésifs, en les remplissant aux deux tiers. Enfournez pour 15 à 20 min.

Gingerbreads

Préparation : 15 min
Repos : 12 h
Cuisson : 10 min environ

Pour 20 biscuits environ

2 tasses de miel

2 tasses de cassonade

2 tasses de beurre
+ un peu pour la plaque

1 tasse de crème liquide entière

8 tasses de farine + un peu pour la plaque et le plan de travail

2 c. à c. de gingembre en poudre

1 c. à c. de cannelle en poudre

1 c. à c. de bicarbonate de soude

Coupez le beurre en morceaux dans un saladier et laissez-le ramollir.

Ajoutez successivement au beurre mou le miel, la crème, la cassonade, la farine, le bicarbonate, le gingembre et la cannelle, en mélangeant bien entre chaque ajout avec une cuillère en bois. Puis travaillez la pâte avec les mains jusqu'à ce qu'elle soit souple et homogène. Ramassez-la en boule, enveloppez-la de film alimentaire et laissez-la reposer 12 h au réfrigérateur.

Le lendemain, préchauffez le four à 180 °C (th. 6). Beurrez et farinez légèrement une plaque.

Sur le plan de travail fariné, étalez la pâte au rouleau sur 5 à 6 mm d'épaisseur. Avec un emporte-pièce rond de 8 cm de diamètre, découpez-y 20 disques et disposez-les sur la plaque, en les espaçant légèrement.

Enfournez pour 10 min environ : les biscuits doivent dorer mais non brunir.

Croquants à l'orange

Préparation : 10 min
Cuisson : 12-15 min

Pour 20 biscuits environ

120 g de farine

120 g de beurre

1 œuf

40 g de sucre roux

1 sachet de levure chimique

20 g d'écorces d'orange confites

2 ou 3 gouttes d'eau
de fleur d'oranger

Coupez le beurre en morceaux dans un saladier et laissez-le ramollir.

Travaillez le beurre mou avec le sucre roux à la spatule, jusqu'à obtention d'une crème lisse.

Incorporez la farine, la levure, puis l'œuf. Ajoutez enfin les écorces d'orange confites et l'eau de fleur d'oranger. Mélangez bien.

Préchauffez le four à 180 °C (th. 6). Tapissez une plaque de papier sulfurisé.

Formez une vingtaine de boules de pâte de la taille d'une noix et disposez-les au fur et à mesure sur la plaque. Aplatissez-les légèrement avec le dos d'une cuillère humide et enfournez pour 12 à 15 min.

Laissez les biscuits reposer 1 min, puis mettez-les à refroidir sur une grille.

Cornes de gazelle

Préparation : 45 min
Cuisson : 10-15 min

Pour 30 à 40 biscuits

Huile pour les plaques

Pour la pâte :

300 g de farine + un peu pour le plan de travail

1 c. à s. de beurre fondu

10 cl d'eau de fleur d'oranger

1 pincée de sel fin

Pour la pâte d'amandes :

500 g d'amandes en poudre

250 g de sucre en poudre

¼ de c. à c. de cannelle en poudre

1 c. à s. de beurre fondu

2 c. à s. d'eau de fleur d'oranger

Préparez la pâte. Mélangez la farine et le sel dans un saladier et ménagez un puits au centre. Versez-y le beurre fondu et l'eau de fleur d'oranger, puis mélangez en ramenant la farine au fur et à mesure vers le centre. Pétrissez énergiquement pendant une dizaine de minutes, en ajoutant éventuellement un peu d'eau de façon à obtenir une pâte souple et élastique, mais qui ne colle pas aux doigts.

Préparez la pâte d'amandes. Dans un saladier, mélangez la poudre d'amandes avec la cannelle, le sucre et le beurre fondu, puis ajoutez peu à peu l'eau de fleur d'oranger en travaillant le mélange jusqu'à obtention d'une pâte lisse et compacte. Partagez-la en petites boules de la taille d'une noix, puis roulez-les en boudins légèrement effilés aux extrémités.

Partagez la pâte en morceaux de la taille d'une petite orange. Sur le plan de travail fariné, étalez-les un par un au rouleau en leur donnant la forme d'un long rectangle de 10 cm environ de largeur et aussi fin que possible (1 mm d'épaisseur environ).

Disposez quelques petits boudins aux amandes les uns à côté des autres le long d'un des grands côtés des rectangles, en les espaçant de 3 à 4 cm. Humectez régulièrement la pâte du bout des doigts, puis repliez l'autre grand côté des rectangles sur les boudins et appuyez de façon à bien les enfermer. Avec une roulette dentelée, découpez en demi-cercle autour de chaque petit tas de farce.

Préchauffez le four à 150 °C (th. 5). Recourbez légèrement les extrémités de chaque petit chausson pour leur donner la forme d'une corne et disposez-les sur deux plaques huilées. Enfournez pour 10 à 15 min : les cornes de gazelle doivent à peine dorer.

Écus à l'anis

Préparation : 20 min
Cuisson : 12-15 min

Pour 20 écus environ

2 blancs d'œuf

240 g de farine + un peu pour le plan de travail

220 g de sucre glace

¼ de c. à c. de levure chimique

15 g de grains d'anis

Fouettez les blancs d'œuf avec le sucre glace jusqu'à obtention d'un mélange mousseux et léger. Incorporez-y progressivement la farine, la levure et l'anis.

Préchauffez le four à 160 ° C (th. 5-6). Tapissez une plaque de papier sulfurisé.

Sur le plan de travail fariné, étalez la pâte au rouleau sur 5 mm d'épaisseur environ. Découpez-y une vingtaine de disques à l'aide d'un emporte-pièce rond de 3 cm de diamètre. Disposez-les sur la plaque et enfournez pour 12 à 15 min : les biscuits ne doivent pas dorer.

Mettez les écus à refroidir sur une grille dès la sortie du four.

Croquets aux amandes

Préparation : 25 min
Cuisson : 18 min environ

Pour 50 croquets environ

120 g de beurre

250 g d'amandes mondées

250 g de farine + un peu pour le plan de travail

1 c. à c. de levure chimique

2 œufs

120 g de sucre en poudre

¼ de c. à c. d'extrait d'amande amère

Coupez le beurre en morceaux et laissez-le ramollir. Faites légèrement dorer les amandes à sec dans une poêle antiadhésive. Concassez-les grossièrement.

Mélangez la farine, la levure et le sucre dans un saladier, puis ménagez un puits au centre. Ajoutez-y le beurre mou, puis les œufs un par un, en pétrissant au fur et à mesure. Incorporez l'extrait d'amande et les amandes concassées.

Préchauffez le four à 180 °C (th. 6). Tapissez une plaque de papier sulfurisé.

Sur le plan de travail fariné, façonnez des boudins de pâte plus ou moins gros selon la taille que vous désirez donner aux croquets. Aplatissez-les légèrement et disposez-les sur la plaque en les espaçant bien. Enfournez pour 10 min.

Sortez la plaque du four, transférez les boudins sur une planche et coupez-les en tranches, de biais. Disposez-les sur la plaque et remettez au four pour 7 à 8 min. Mettez les croquets à refroidir sur une grille.

Astuce

Vous pouvez aussi étaler la pâte en un grand rectangle de 2 cm d'épaisseur et le prédécouper en carrés ou en losanges avant cuisson, sans séparer totalement les biscuits. Vous les casserez ensuite facilement en suivant les marques.

Biscuits aux pignons

Préparation : 20 min
Cuisson : 12 min environ

Pour 20 biscuits environ

60 g d'amandes en poudre

80 g de pignons de pin
+ 1 poignée

200 g de sucre en poudre

2 blancs d'œuf

Mixez rapidement les pignons au robot pour les réduire en poudre fine.

Mélangez la poudre obtenue avec la poudre d'amandes et le sucre dans un saladier. Puis, en fouettant, incorporez les blancs d'œuf un par un.

Préchauffez le four à 150 °C (th. 5). Tapissez une plaque de papier sulfurisé.

À l'aide d'une cuillère à soupe, prélevez des petits tas de pâte et déposez-les sur la plaque, en les espaçant bien. Disposez 4 à 6 pignons sur chaque petit gâteau et enfournez pour 12 min environ, en surveillant attentivement la cuisson : les biscuits doivent être bien dorés.

Mettez les biscuits à refroidir sur une grille dès la sortie du four.

Palets aux raisins

Préparation : 20 min
Macération : 1 h
Cuisson : 10 min environ

Pour 30 palets environ

50 g de beurre

50 g de raisins secs

3 c. à s. de rhum brun

60 g de sucre glace

1 œuf

80 g de farine

Coupez le beurre en morceaux dans un saladier et laissez-le ramollir. Faites tiédir le rhum dans une petite casserole et mettez-y les raisins secs à macérer pendant 1 h.

Incorporez le sucre glace au beurre mou, en travaillant le mélange à la spatule jusqu'à obtention d'une crème lisse. Ajoutez l'œuf puis, successivement, la farine, les raisins et l'alcool de macération, sans cesser de remuer.

Préchauffez le four à 180 °C (th. 6). Tapissez une plaque de papier sulfurisé.

Mettez la pâte dans une poche à douille munie d'un embout lisse de 1 cm de diamètre (ou prélevez-la entre deux cuillères à café) et déposez sur la plaque des petits tas de la taille d'une noix. Veillez à les espacer de 2 ou 3 cm les uns des autres. Enfournez pour 10 min environ : le bord des biscuits doit commencer à dorer.

Soulevez délicatement les palets à l'aide d'une spatule métallique et mettez-les à refroidir, éventuellement sur une grille.

Sablés à la lavande et aux abricots

Préparation : 20 min
Repos : 1 h
Cuisson : 15-20 min par fournée

Pour 40 biscuits environ

180 g de beurre

100 g de sucre en poudre

230 g de farine

1 c. à s. de lavande séchée
ou 2 c. à s. de lavande fraîche

150 g d'abricots secs

Cassonade pour enrober

Coupez le beurre en morceaux dans un saladier et laissez-le ramollir. Recouvrez le fond d'une assiette de cassonade.

Mettez les abricots secs dans une petite casserole, couvrez-les d'eau et portez à ébullition. Laissez cuire 15 min à petits frémissements, puis égouttez-les et épongez-les sur du papier absorbant. Coupez-les en dés.

Travaillez le beurre mou à la spatule avec la lavande séchée jusqu'à obtention d'une consistance crémeuse. Incorporez ensuite successivement le sucre, la farine et les dés d'abricot. Pétrissez légèrement du bout des doigts jusqu'à ce que la pâte soit homogène. Ramassez-la en boule et partagez-la en deux.

Façonnez chaque pâton en un cylindre de 15 cm environ de long. Roulez-les dans la cassonade de façon à bien les enrober, puis enveloppez-les dans du film alimentaire et laissez reposer 1 h au réfrigérateur.

Préchauffez le four à 160 °C (th. 5-6). Tapissez une ou deux plaque(s) de papier sulfurisé (si nécessaire, procédez en deux fournées).

Coupez chaque rouleau en une vingtaine de rondelles et disposez-les sur la ou les plaque(s). Faites cuire 15 à 20 min, jusqu'à ce que le bord des biscuits commence à dorer. Soulevez les sablés à l'aide d'une spatule métallique et mettez-les à refroidir sur une grille.

Choux Chantilly variés

Préparation : 40 min
Cuisson : 20-25 min

Pour 12 gros choux

Pour la pâte à choux :

25 cl d'eau

120 g de beurre

140 g de farine

½ c. à c. de sel fin

4 œufs

Pour les garnitures :

50 cl de crème liquide très froide

4 c. à s. de sucre en poudre

2 c. à s. de cacao en poudre

200 g de framboises

5 cl de caramel liquide en flacon

Pour le glaçage au chocolat :

50 g de chocolat noir

20 g de beurre

20 g de sucre glace

Pour le glaçage framboise :

150 g de sucre glace

1 c. à s. de jus de framboise

Colorant alimentaire rouge

Pour le caramel :

200 g de sucre en poudre

1 c. à s. de jus de citron

Préchauffez le four à 180 °C (th. 6). Tapissez une plaque de papier sulfurisé.

Préparez la pâte à choux (voir page 19). Mettez-la dans une poche à douille munie d'un embout lisse de 1 cm de diamètre et déposez sur la plaque 12 boules de la taille d'une petite mandarine, en veillant à les espacer d'au moins 3 cm. Enfournez pour 20 à 25 min, jusqu'à ce que les choux soient bien gonflés et dorés. Sortez-les du four et mettez-les à refroidir sur une grille.

Découpez le dessus des choux et posez les chapeaux sur une grille, côté bombé vers le haut.

Préparez les trois types de glaçage. Préparez d'abord le caramel (voir page 26) et nappez-en 4 chapeaux au pinceau. Faites ensuite le glaçage au chocolat. Faites fondre le chocolat au bain-marie avec le beurre coupé en morceaux. Ôtez du feu, ajoutez le sucre glace et 1 cuillerée à soupe d'eau, puis laissez tiédir. Nappez-en 4 autres chapeaux au pinceau. Faites enfin le glaçage framboise. Mélangez le sucre glace avec le jus de framboise et quelques gouttes de colorant, puis nappez-en les 4 derniers chapeaux au pinceau.

Préparez les garnitures. Écrasez les framboises en purée fine. Fouettez la crème liquide en chantilly ferme, en ajoutant le sucre quand elle commence à être bien prise. Partagez-la en trois. Incorporez délicatement le cacao au premier tiers, la purée de framboises au deuxième et le caramel liquide au troisième.

Garnissez les choux avec les trois chantillys aromatisées, puis replacez les chapeaux correspondant à chaque parfum.

Éclairs au chocolat

Préparation : 40 min
Cuisson : 25 min environ

Pour 15 à 20 éclairs

Pour la crème pâtissière au chocolat :

30 cl de lait

3 jaunes d'œuf

60 g de sucre en poudre

25 g de farine

1 gousse de vanille

100 g de chocolat noir à 70 % de cacao

Pour la pâte à choux :

25 cl d'eau

120 g de beurre

140 g de farine

½ c. à c. de sel fin

4 œufs

Pour le glaçage :

150 g de chocolat noir à 70 % de cacao

2 c. à s. d'eau

1 c. à s. d'huile neutre

Préparez la crème pâtissière (voir page 22) et ajoutez-y le chocolat râpé, en remuant doucement jusqu'à ce qu'il soit complètement fondu. Laissez refroidir.

Préchauffez le four à 180 °C (th. 6). Tapissez une plaque de papier sulfurisé.

Préparez la pâte à choux (voir page 19). Mettez-la dans une poche à douille munie d'un embout lisse de 1 cm de diamètre et déposez sur la plaque des bâtonnets de 12 cm environ de long, en veillant à les espacer d'au moins 3 cm. Enfournez pour 25 min environ : les éclairs doivent être bien gonflés et dorés.

Sortez les éclairs du four et faites une petite incision de 2 à 3 cm sur le côté pour permettre à la vapeur de s'échapper. Laissez-les refroidir sur une grille.

Mettez la crème pâtissière au chocolat dans une poche à douille munie d'un embout fin et garnissez-en les éclairs par l'incision latérale.

Préparez le glaçage. Cassez le chocolat en morceaux dans une jatte et faites-le fondre avec l'eau au bain-marie à feu doux. Ôtez du feu, puis ajoutez l'huile, remuez doucement et laissez reposer 5 min.

Trempez le dessus de chaque éclair dans le chocolat fondu, puis laissez durcir.

Cannelés

Préparation : 20 min (la veille)
Repos : 24 h
Cuisson : 30-40 min

Pour 12 cannelés

25 cl de lait

20 g de beurre
+ un peu pour les moules

1 œuf entier + 1 jaune

50 g de farine

125 g de sucre en poudre

½ gousse de vanille

1 c. à s. de rhum brun

Faites bouillir le lait dans une petite casserole avec le beurre et la demi-gousse de vanille fendue en deux dans la longueur. Ôtez du feu, couvrez et laissez tiédir.

Dans un saladier, fouettez l'œuf et le jaune avec le sucre jusqu'à ce que le mélange blanchisse, puis incorporez rapidement la farine, sans trop travailler la préparation. Délayez avec le lait vanillé tiédi.

Filtrez le mélange à travers une passoire fine, puis incorporez-y le rhum. Couvrez de film alimentaire et laissez reposer 24 h au réfrigérateur.

Le lendemain, préchauffez le four à 210 °C (th. 7). Beurrez des moules à cannelés ou préparez une plaque à alvéoles en silicone. Remplissez-les de pâte jusqu'à 1 cm du bord et enfournez pour 30 à 40 min, selon la taille des moules : les cannelés doivent prendre une teinte brun foncé. Démoulez-les sur une grille et laissez-les refroidir.

Pavés choco-pistaches

Préparation : 15 min
Cuisson : 15-18 min

Pour 4 pavés

150 g de chocolat noir
à 70 % de cacao

120 g de beurre
+ un peu pour le moule

Farine pour le moule

3 œufs

30 g de sucre en poudre

2 c. à s. de fécule

3 c. à s. de pistaches mondées

Sucre glace et crème anglaise
pour servir

Cassez le chocolat en morceaux dans une jatte et faites-le fondre au bain-marie à feu doux, en remuant. Ajoutez petit à petit le beurre coupé en morceaux et remuez jusqu'à obtention d'une crème lisse. Ôtez du feu.

Préchauffez le four à 180 °C (th. 6). Beurrez et farinez un moule carré de 16 à 18 cm de côté.

Cassez les œufs en séparant les blancs des jaunes. Incorporez les jaunes à la crème au chocolat, un par un, puis ajoutez le sucre et la fécule. Battez les blancs en neige ferme et incorporez-les délicatement à la préparation précédente, en soulevant la pâte de bas en haut.

Versez la pâte dans le moule, lissez la surface et parsemez-la des pistaches. Enfournez pour 15 à 18 min.

Démoulez le gâteau sur une grille. Laissez-le refroidir, puis coupez-le en 4 pavés carrés. Servez-les saupoudrés de sucre glace et accompagnés de crème anglaise.

Mille-feuilles

Préparation : 30 min
Repos : 2 h
Cuisson : 1 h

Pour 10 mille-feuilles

600 g de pâte feuilletée
prête à étaler

Farine pour le plan de travail

10 cl de crème liquide très froide

1 c. à s. de sucre glace
+ un peu pour servir

Pour la crème pâtissière vanillée :

40 cl de lait

5 jaunes d'œuf

80 g de sucre en poudre

30 g de farine

1 gousse de vanille

Préparez la crème pâtissière vanillée (voir page 22) et laissez-la refroidir.

Partagez la pâte feuilletée en trois pâtons. Sur le plan de travail fariné, étalez chaque pâton au rouleau en un rectangle de 20 × 30 cm. Soulevez-les et faites-les retomber plusieurs fois sur le plan de travail pour éviter qu'ils ne se rétractent en cuisant. Pliez-les en deux et laissez-les reposer 2 h au réfrigérateur, couverts de film alimentaire.

Préchauffez le four à 210 °C (th. 7). Tapissez trois plaques de papier sulfurisé. Posez un rectangle de pâte sur une plaque, piquez la surface avec une fourchette et enfournez pour 20 min. Procédez de la même façon pour les deux autres rectangles.

Choisissez le plus beau des rectangles pour surmonter le mille-feuille, saupoudrez-le de sucre glace et remettez-le au four quelques minutes, juste pour caraméliser la surface. Laissez refroidir.

Fouettez la crème liquide en chantilly ferme, en ajoutant le sucre glace quand elle commence à être bien prise. Incorporez-la délicatement à la crème pâtissière.

Étalez la moitié de la crème sur un rectangle de pâte, couvrez du deuxième rectangle sans appuyer, puis recommencez en finissant par le rectangle caramélisé.

Lissez soigneusement la crème sur le pourtour du gâteau. Avec un long couteau, coupez-le en deux dans la longueur, puis recoupez-le dans la largeur en 10 rectangles individuels. Saupoudrez-les de sucre glace et servez sans attendre trop pour éviter que la crème ne ramollisse la pâte.

Mi-cuits au chocolat et aux épices

Préparation : 15 min
Cuisson : 12 min

Pour 6 mi-cuits

150 g de chocolat noir à 70 % de cacao + 12 carrés

4 œufs

80 g de sucre en poudre

90 g de beurre + un peu pour les moules

2 c. à s. de Maïzena

½ c. à c. d'un mélange de quatre épices (cannelle, gingembre, muscade, girofle)

Préchauffez le four à 210 °C (th. 7). Beurrez 6 ramequins à bords hauts.

Cassez le chocolat en morceaux dans une jatte et faites-le fondre au bain-marie à feu doux, en remuant de temps en temps. Ajoutez petit à petit le beurre coupé en morceaux et continuez à remuer jusqu'à obtention d'une crème lisse et onctueuse. Ôtez du feu.

Cassez les œufs en séparant les blancs des jaunes. Fouettez les jaunes avec le sucre jusqu'à ce que le mélange blanchisse, puis ajoutez la crème au chocolat, la Maïzena et les épices. Mélangez bien.

Battez les blancs en neige ferme et incorporez-les délicatement à la préparation précédente, en soulevant la pâte de bas en haut.

Répartissez la moitié de la pâte dans les moules, déposez 2 carrés de chocolat dans chacun, puis recouvrez du reste de pâte. Enfournez pour 12 min.

Sortez les mi-cuits du four, laissez-les reposer 10 min, puis démoulez-les délicatement. Servez aussitôt.

Astuce

Pour que vos petits gâteaux gonflent bien, beurrez une première fois les moules, mettez-les une dizaine de minutes au réfrigérateur et renouvelez l'opération.

Sablés au chocolat et aux framboises

Préparation : 20 min
Repos : 2 h
Cuisson : 12 min environ

Pour 6 gâteaux

Pour la garniture :

200 g de framboises fraîches

10 cl de crème liquide très froide

1 c. à s. de sucre glace

1 c. à s. de cacao en poudre (facultatif)

Pour les sablés :

150 g de farine
+ un peu pour le plan de travail

120 g de beurre

40 g de cacao en poudre

40 g de sucre glace

1 petit œuf (de 50 g environ)

Préparez la pâte à sablés. Coupez le beurre en morceaux dans un saladier et laissez-le ramollir. Mélangez le sucre glace et le cacao dans un bol.

Incorporez le sucre glace cacaoté au beurre mou, en travaillant le mélange à la spatule jusqu'à obtention d'une crème lisse. Ajoutez l'œuf en continuant à mélanger vivement, puis incorporez la farine, en deux ou trois fois, sans trop travailler la pâte. Ramassez la pâte en boule, enveloppez-la d'un film alimentaire et laissez-la reposer 2 h au réfrigérateur.

Pour pouvoir confectionner les sablés plus facilement, laissez la pâte s'assouplir un peu à température ambiante.

Préchauffez le four à 180 °C (th. 6). Tapissez une plaque de papier sulfurisé.

Sur le plan de travail fariné, étalez délicatement la pâte au rouleau sur 4 ou 5 mm d'épaisseur. Avec un emporte-pièce cannelé de 10 cm environ de diamètre, découpez-y 6 disques et disposez-les sur la plaque. Enfournez pour 12 min environ.

Sortez les sablés du four et laissez-les refroidir.

Préparez la garniture. Fouettez la crème liquide en chantilly ferme, en y incorporant le sucre glace et, éventuellement, le cacao quand elle commence à être bien prise. Recouvrez les sablés refroidis de crème Chantilly, puis répartissez les framboises dessus. Servez aussitôt.

Meringues déguisées au chocolat

Préparation : 20 min
Cuisson : 50 min environ

Pour 4 meringues déguisées

Pour la meringue :

3 blancs d'œuf

75 g de sucre en poudre

75 g de sucre glace

2 c. à s. de cacao en poudre

1 pincée de sel fin

Pour la garniture :

20 cl de crème liquide très froide

2 c. à s. de cacao en poudre

2 c. à s. de sucre en poudre

Pour le décor :

Quelques copeaux en chocolat (voir page 13)

Préchauffez le four à 120 °C (th. 4). Tapissez une plaque de papier sulfurisé et dessinez-y 8 cercles de 8 cm de diamètre.

Préparez la meringue (voir page 21). Battez les blancs d'œuf en neige ferme avec le sel. Quand ils commencent à être bien pris, incorporez alternativement le sucre glace et le cacao, cuillerée par cuillerée, sans cesser de fouetter.

Mettez la meringue dans une poche à douille munie d'un embout lisse de 5 mm de diamètre et remplissez les cercles dessinés sur le papier, en décrivant une spirale. Enfournez pour 50 min environ.

Sortez les meringues du four, soulevez-les délicatement avec une spatule et mettez-les à refroidir sur une grille.

Préparez la garniture. Fouettez la crème liquide en chantilly ferme, en ajoutant le sucre et le cacao quand elle commence à être bien prise.

Mettez la chantilly dans une poche à douille munie d'un embout lisse de 2 cm de diamètre et recouvrez 4 meringues de crème. Recouvrez des 4 autres meringues et décorez d'un peu de chantilly et de copeaux en chocolat. Servez aussitôt.

Babas au rhum

Préparation : 30 min
Repos : 30-40 min
Cuisson : 10-12 min

Pour 8 babas

125 g de farine
+ un peu pour les moules

6 g de levure de boulanger

2 œufs

50 g de beurre
+ un peu pour les moules

15 g de sucre en poudre

1 pincée de sel fin

Pour le sirop :

250 g de sucre en poudre

50 cl d'eau

1 gousse de vanille

5 cl de rhum brun

Délayez la levure dans 5 cl d'eau tiède. Coupez le beurre en morceaux dans un saladier et laissez-le ramollir.

Mettez la farine dans une jatte et ménagez un puits au centre. Ajoutez la levure délayée, 1 œuf, le sucre et le sel. Travaillez le tout à la spatule jusqu'à obtention d'une pâte souple et élastique. Ajoutez le second œuf, mélangez encore, puis incorporez le beurre et continuez à travailler la pâte jusqu'à ce qu'elle soit parfaitement homogène.

Préchauffez le four à 200 °C (th. 6-7). Beurrez et farinez 8 moules à babas.

Répartissez la pâte au fond des moules et laissez lever de 30 à 40 min à température ambiante : la pâte doit doubler de volume et les moules doivent être presque remplis. Enfournez pour 10 à 12 min : une pointe de couteau piquée dans un baba doit ressortir sèche.

Démoulez les babas sur une grille posée au-dessus d'un plat. Laissez-les refroidir.

Pendant ce temps, préparez le sirop. Dans une petite casserole, faites bouillir l'eau avec le sucre, le rhum et la gousse de vanille fendue en deux pendant 1 min.

Quand les babas sont refroidis, arrosez-les plusieurs fois de sirop à la louche, pour bien les imbiber.

Fondants aux marrons

Préparation : 10 min
Cuisson : 20-25 min

Pour 6 à 8 personnes

300 g de crème de marrons

80 g de beurre + un peu pour le moule et le papier sulfurisé

2 gros œufs (de 120 g environ)

4 c. à c. de fécule

Préchauffez le four à 150 °C (th. 5). Beurrez un moule carré de 20 cm de côté (ou un moule rectangulaire de même surface), puis tapissez-le de papier sulfurisé et beurrez-le, ou préparez un moule en silicone.

Mettez le beurre et la crème de marrons dans une petite casserole et faites chauffer à feu doux, sans cesser de remuer, jusqu'à obtention d'un mélange homogène. Ôtez du feu, puis incorporez les œufs et la fécule en fouettant vivement.

Versez la pâte dans le moule et lissez la surface à la spatule. Enfournez pour 20 à 25 min. Vérifiez la cuisson du gâteau avec la pointe d'un couteau : l'intérieur doit rester moelleux. Démoulez-le délicatement sur une grille et laissez-le refroidir.

Découpez le gâteau en petits carrés et présentez les fondants dans des caissettes en papier.

Conseil

Vous pouvez découper des parts plus grandes et les servir à l'assiette, accompagnées d'une jatte de crème anglaise vanillée.

Tartelettes moka

Préparation : 30 min
Cuisson : 40 min

Pour 6 tartelettes

Pour la pâte sablée :

1 œuf

80 g de sucre en poudre

250 g de farine + un peu pour le plan de travail

180 g de beurre mou + un peu pour les moules

¼ de c. à c. de sel fin

Pour la garniture :

30 cl de café très fort

110 g de beurre

3 œufs

60 g de sucre en poudre

Glace à la vanille pour servir

Coupez le beurre de la garniture en morceaux dans un saladier et laissez-le ramollir.

Préchauffez le four à 180 °C (th. 6). Préparez la pâte sablée (voir page 17). Beurrez 6 moules à tartelettes de 12 cm de diamètre.

Sur le plan de travail fariné, étalez la pâte au rouleau sur 2 à 3 mm d'épaisseur. Découpez-y 6 disques de diamètre légèrement supérieur à celui des moules. Garnissez-en les moules et découpez soigneusement l'excédent de pâte tout autour. Recouvrez les fonds de papier sulfurisé, puis de légumes secs. Faites cuire 10 min à blanc. Laissez refroidir, puis retirez le papier et les légumes secs.

Baissez la température du four à 90 °C (th. 3).

Préparez la garniture. Travaillez le beurre mou avec le sucre à la spatule jusqu'à obtention d'une consistance crémeuse, puis incorporez les œufs un par un, sans cesser de remuer. Ajoutez le café en mélangeant bien.

Placez le saladier dans un bain-marie juste frémissant et chauffez doucement le mélange, sans cesser de remuer, pour qu'il tiédisse et épaississe légèrement. Répartissez-le dans les fonds de tartelettes et enfournez de nouveau pour 30 min. Servez chaud, accompagné d'une boule de glace.

Petites Tatin à la mangue et au poivre vert

Préparation : 20 min
Cuisson : 20-25 min

Pour 4 tartelettes

Pour la pâte sablée :

1 œuf

80 g de sucre en poudre

250 g de farine + un peu pour le plan de travail

180 g de beurre mou

¼ de c. à c. de sel fin

Pour la garniture :

100 g de beurre

150 g de sucre en poudre

2 mangues moyennes

60 grains de poivre vert en saumure

Préparez la pâte sablée (voir page 17).

Faites fondre le beurre et le sucre à feu doux dans une petite casserole. Chauffez jusqu'à obtention d'un caramel bien blond. Répartissez-le dans 4 moules à tartelettes de 12 cm de diamètre : inclinez-les dans tous les sens pour bien en recouvrir le fond.

Pelez les mangues. Avec un long couteau, prélevez la chair de part et d'autre du noyau. Coupez les quatre demi-mangues obtenues en tranches sans les séparer complètement à une extrémité. Récupérez le reste de la chair autour des noyaux et taillez-la en dés.

Préchauffez le four à 210 °C (th. 7).

Sur le plan de travail fariné, étalez la pâte au rouleau sur 4 mm d'épaisseur environ. À l'aide d'un emporte-pièce rond de 12 cm de diamètre, découpez-y 4 disques. Réservez le reste de pâte pour une autre utilisation ou congelez-le.

Répartissez 15 grains de poivre vert dans chaque moule. Ajoutez une demi-mangue, face bombée dessous, et répartissez les dés de chair par-dessus. Recouvrez d'un disque de pâte et rentrez légèrement les bords entre les fruits et les parois du moule. Enfournez pour 20 à 25 min, jusqu'à ce que la pâte soit juste dorée.

Démoulez les tartelettes en les retournant sur des assiettes chaudes et servez aussitôt.

Tartelettes amandines à la framboise

Préparation : 30 min
Cuisson : 20 min environ

Pour 8 tartelettes

Pour la pâte brisée :

150 g de beurre mou
+ un peu pour les moules

250 g de farine + un peu
pour le plan de travail

½ c. à c. de sel fin

2 c. à s. de sucre en poudre
(facultatif)

4 à 5 c. à s. d'eau très froide

Pour la garniture :

200 g de confiture de framboise

50 g d'amandes effilées

Pour la crème pâtissière :

25 cl de lait

2 jaunes d'œuf

1 c. à s. de Maïzena

1 c. à s. de sucre en poudre

Pour la crème d'amandes :

130 g de beurre

150 g d'amandes en poudre

150 g de sucre glace

2 petits œufs

Faites légèrement griller les amandes effilées à sec dans une poêle antiadhésive. Réservez-les. Coupez le beurre de la crème d'amandes en morceaux et laissez-le ramollir.

Préparez la crème pâtissière (voir page 22) et laissez-la refroidir.

Préparez la crème d'amandes. Travaillez le beurre mou avec la poudre d'amandes et le sucre glace à la spatule, puis incorporez les œufs un par un. Ajoutez la crème pâtissière, cuillerée par cuillerée, et mélangez bien cette frangipane.

Préchauffez le four à 210 °C (th. 7). Préparez la pâte brisée (voir page 16). Beurrez 8 moules à tartelettes de 8 cm de diamètre ou préparez une plaque en silicone à 8 alvéoles.

Sur le plan de travail fariné, étalez la pâte au rouleau sur 2 à 3 mm d'épaisseur. Découpez-y 8 disques de diamètre légèrement supérieur à celui des moules. Garnissez-en les moules et découpez soigneusement l'excédent de pâte tout autour.

Étalez une couche de confiture sur les fonds de tartelettes. Recouvrez de frangipane et lissez la surface à la spatule. Enfournez pour 20 min environ.

Sortez les tartelettes du four et laissez-les tiédir un peu avant de les démouler. Parsemez-les des amandes effilées.

Tartelettes au chocolat et à l'abricot

Préparation : 30 min
Repos : 12 h (la veille) + 1 h
Cuisson : 15-20 min

Pour 8 tartelettes

Pour la pâte sablée :

1 œuf

80 g de sucre en poudre

250 g de farine + un peu pour le plan de travail

180 g de beurre mou + un peu pour les moules

¼ de c. à c. de sel fin

Pour la garniture :

200 g de chocolat noir à 70 % de cacao

12 cl de crème liquide

150 g de marmelade d'abricot

Préparez la pâte sablée la veille (voir page 17) et laissez-la reposer une nuit (12 h) au réfrigérateur pour qu'elle soit plus facile à étaler. Laissez-la s'assouplir un quart d'heure à température ambiante.

Beurrez 8 moules à tartelettes de 8 à 10 cm de diamètre.

Sur le plan de travail fariné, étalez la pâte au rouleau sur 3 à 4 mm d'épaisseur. Découpez-y 8 disques de diamètre légèrement supérieur à celui des moules. Garnissez-en les moules. Piquez les fonds avec une fourchette et laissez reposer 1 h au réfrigérateur.

Préchauffez le four à 180 °C (th. 6). Recouvrez les fonds de pâte de papier sulfurisé, puis de légumes secs. Faites cuire 10 min à blanc. Ôtez le papier et les légumes secs, puis réenfournez pour 5 à 10 min, jusqu'à ce que la pâte soit dorée. Sortez les fonds de tartelettes du four et laissez-les refroidir.

Étalez une couche de marmelade sur les fonds de tartelettes.

Cassez le chocolat en morceaux dans un saladier. Faites bouillir la crème dans une petite casserole et versez-la sur le chocolat. Attendez que celui-ci ramollisse un peu, puis remuez avec une spatule en bois jusqu'à obtention d'un mélange homogène. Remplissez-en les fonds de tartelettes et laissez durcir.

Triangles moelleux au citron

Préparation : 30 min
Cuisson : 40 min

Pour 8 triangles

Pour la pâte :

110 g de beurre
+ un peu pour le moule

140 g de farine

30 g de sucre en poudre

Pour la garniture :

6 œufs

100 g de sucre en poudre

Le jus et le zeste finement râpé de 1 citron non traité
+ le jus de 1 citron

30 g de Maïzena

½ c. à c. de levure chimique

Sucre cristallisé (facultatif) pour servir

Coupez le beurre en morceaux dans un saladier et laissez-le ramollir.

Incorporez la farine et le sucre au beurre mou, en amalgamant les ingrédients à la main.

Préchauffez le four à 180 °C (th. 6). Beurrez un moule carré de 20 cm de côté.

Sur le plan de travail fariné, étalez délicatement la pâte au rouleau en un carré de taille légèrement supérieur à celle du moule. Posez-la dans le fond et faites-la remonter de 2 ou 3 mm sur les bords. Faites cuire 15 min et laissez refroidir.

Baissez la température du four à 150 °C (th. 5).

Préparez la garniture. Dans un saladier, fouettez les œufs avec le sucre. Ajoutez le zeste et le jus de citron. Puis incorporez la Maïzena et la levure. Versez la pâte dans le moule et enfournez pour 25 min environ : la surface doit être légèrement dorée.

Laissez le gâteau reposer 5 min, puis démoulez-le sur une grille. Laissez-le refroidir et placez-le au réfrigérateur jusqu'au moment de servir.

Coupez le gâteau en quatre en suivant ses diagonales, puis recoupez chaque triangle en deux plus petits et supprimez la croûte. Servez éventuellement les moelleux saupoudrés de sucre cristallisé.

Petits gâteaux d'automne

Préparation : 20 min
Cuisson : 25-30 min

Pour 6 gâteaux

2 grosses poires

90 g de cerneaux de noix concassés + 6 cerneaux entiers pour le décor

150 g de beurre
+ un peu pour les moules

3 œufs

150 g de farine

120 g de sucre en poudre

Sucre glace

Coupez le beurre en morceaux dans un saladier et laissez-le ramollir.

Beurrez 6 moules ronds de 10 cm de diamètre.

Travaillez vivement le beurre mou à la spatule jusqu'à obtention d'une consistance crémeuse. Sans cesser de battre, incorporez le sucre, puis les œufs un par un. Ajoutez la farine et les noix concassées. Mélangez bien, puis répartissez cette pâte dans les moules.

Préchauffez le four à 180 °C (th. 6).

Lavez et pelez les poires, coupez-les en deux, puis ôtez-en le cœur et les pépins. Émincez-les en fines lamelles. Disposez-les en rosace sur la pâte. Enfournez pour 20 min.

Sortez les gâteaux du four, saupoudrez-les de sucre glace et remettez-les au four pour 5 à 10 min. Décorez des cerneaux de noix entiers et servez tiède.

Baklava

Préparation : 30 min
Cuisson : 20 min

Pour 8 personnes environ

16 feuilles de filo

100 g de beurre fondu
+ un peu pour le moule

250 g de miel

Pour la farce :

250 g de cerneaux de noix

250 g d'amandes mondées

100 g de beurre fondu

140 g de sucre en poudre

1 c. à c. de cannelle en poudre

2 c. à s. d'eau de fleur d'oranger

Grillez très légèrement les amandes à sec dans une poêle antiadhésive. Concassez-les grossièrement avec les noix.

Préparez la farce. Mélangez les fruits secs concassés avec le beurre fondu, le sucre, l'eau de fleur d'oranger et la cannelle. Remuez jusqu'à homogénéité.

Préchauffez le four à 210 °C (th. 7). Beurrez un plat à four carré de 20 cm de côté.

Découpez les feuilles de filo aux dimensions du plat. Posez-en une dans le fond, badigeonnez-la de beurre fondu au pinceau, puis renouvelez sept fois l'opération. Étalez la farce dessus en une couche uniforme, puis recouvrez-la d'une feuille de filo. Badigeonnez-la de beurre fondu et superposez ainsi le reste des feuilles. Découpez le baklava en losanges réguliers.

Enfournez pour 20 min. Couvrez de papier d'aluminium dès que la surface est bien dorée. Chauffez le miel et versez-le sur le gâteau dès la sortie du four. Laissez refroidir.

Pommes en habit

Préparation : 30 min
Repos : 1 h
Cuisson : 30 min

Pour 4 pommes

400 g de pâte feuilletée prête à étaler

Farine pour le plan de travail

4 belles pommes (golden, granny-smith)

½ citron

4 c. à s. de marmelade d'abricot

2 c. à s. d'amandes effilées

2 jaunes d'œuf délayés dans un peu d'eau pour la dorure

Crème anglaise ou crème fraîche pour servir

Lavez les pommes. Pelez-les et ôtez-en le cœur à l'aide d'un vide-pomme. Frottez-les aussitôt avec le demi-citron pour éviter que leur chair ne noircisse.

Tapissez une plaque de papier sulfurisé.

Sur le plan de travail fariné, étalez la pâte au rouleau sur 3 mm d'épaisseur. Découpez-y 4 carrés de 18 cm de côté.

Disposez les pommes au centre des carrés de pâte, glissez 1 cuillerée à soupe de marmelade dans le trou, puis répartissez les amandes effilées sur les pommes. Relevez les angles des carrés de pâte au sommet des fruits puis, avec vos doigts humides, soudez les arêtes et la pointe en les pinçant. Dessinez un décor avec la pointe d'un couteau et découpez des feuilles dans les chutes de pâte.

Placez les pommes en habit de pâte sur la plaque, dorez toute leur surface au jaune d'œuf délayé et laissez-les reposer 1 h au réfrigérateur.

Préchauffez le four à 210 °C (th. 7).

Enfournez pour 5 min, puis baissez la température du four à 180 °C (th. 6) et poursuivez la cuisson 25 min.

Servez tiède ou froid, avec de la crème anglaise ou une jatte de crème fraîche.

Mille-feuilles légers aux fruits exotiques

Préparation : 30 min
Cuisson : 6-8 min

Pour 4 mille-feuilles

6 feuilles de brick

2 mangues

2 bananes

2 tranches d'ananas

4 fruits de la Passion bien mûrs

4 c. à s. de jus de citron

100 g de beurre fondu

20 cl de crème liquide très froide

50 g de sucre en poudre

Sucre glace pour servir

Préchauffez le four à 180 °C (th. 6).

Étalez les feuilles de brick l'une après l'autre sur le plan de travail. Découpez dans chacune 4 disques de 12 cm de diamètre. Badigeonnez-les de beurre fondu au pinceau, puis posez-les sur deux plaques en les superposant deux par deux : vous devez obtenir 12 doubles disques.

Enfournez pour 6 à 8 min, jusqu'à ce que les feuilles de brick soient bien dorées. Laissez refroidir.

Coupez les fruits de la Passion en deux, prélevez leur pulpe avec une petite cuillère et mettez-la dans une passoire posée au-dessus d'un bol. Pressez bien pour recueillir tout le jus. Faites-le réduire à feu vif dans une petite casserole de façon à n'en conserver que 3 cuillerées à soupe. Laissez refroidir.

Pelez tous les autres fruits et coupez-les en dés. Arrosez-les de jus de citron et saupoudrez-les de la moitié du sucre. Fouettez la crème liquide en chantilly ferme, en ajoutant le reste de sucre quand elle commence à être bien prise. Incorporez-y délicatement le jus des fruits de la Passion.

Posez 4 doubles disques de feuilles de brick sur un plat. Étalez-y la moitié de la chantilly aux fruits de la Passion, puis répartissez la moitié des fruits dessus. Recouvrez d'un autre double disque croustillant, puis renouvelez l'opération. Saupoudrez de sucre glace au moment de servir.

Tartes

Si la pâte a son importance, c'est aussi la garniture qui donne à une tarte toute sa dimension : meringuée, renversée ou caramélisée, parée des couleurs chatoyantes des fruits d'été, du jaune éclatant d'une crème au citron ou du brun intense du chocolat, une tarte est un véritable tableau. Des versions familiales aux tartes les plus sophistiquées, l'éventail des créations est infini...

Tarte fine aux pommes

Préparation : 15 min
Repos : 30 min
Cuisson : 20 min environ

Pour 6 à 8 personnes

300 g de pâte feuilletée prête à étaler

Farine pour le plan de travail

6 pommes (golden)

200 g de beurre fondu

100 g de sucre en poudre

Le jus de 1 citron

Crème fraîche pour servir (facultatif)

Tapissez une plaque de papier sulfurisé.

Sur le plan de travail fariné, étalez la pâte au rouleau en un disque de 3 mm d'épaisseur environ. Déposez-le délicatement sur la plaque. Piquez-le avec une fourchette et laissez reposer 30 min au réfrigérateur.

Préchauffez le four à 200 °C (th. 6-7). Lavez et épluchez les pommes. Coupez-les en deux, ôtez le cœur et les pépins, puis recoupez-les en rondelles. Arrosez-les aussitôt du jus de citron pour éviter que la chair ne noircisse.

Badigeonnez le disque de pâte de beurre fondu au pinceau. Disposez les rondelles de pomme dessus, en cercles concentriques, en les faisant légèrement chevaucher et en laissant un bord libre de 1 cm environ. Badigeonnez les pommes avec la moitié du beurre fondu restant et saupoudrez-les de la moitié du sucre. Enfournez pour 20 min environ.

À mi-cuisson, sortez la tarte du four, enduisez les pommes avec le reste de beurre fondu et saupoudrez-les du reste de sucre.

Laissez tiédir un peu la tarte avant de la servir, éventuellement accompagnée d'une jatte de crème.

Tarte Streusel aux pommes

Préparation : 30 min
Repos : 30 min
Cuisson : 45 min environ

Pour 4 à 6 personnes

Pour la pâte sablée :

1 œuf

80 g de sucre en poudre

250 g de farine + un peu pour le plan de travail

180 g de beurre mou + un peu pour le moule

¼ de c. à c. de sel fin

Pour la garniture :

5 grosses pommes (golden, reines des reinettes ou granny-smith)

50 g de beurre

Pour le Streusel :

70 g de farine

40 g de sucre roux

40 g de beurre

2 c. à s. de noisettes mondées

Préparez la pâte sablée (voir page 17). Beurrez un moule à tarte de 22 cm de diamètre.

Sur le plan de travail fariné, étalez la pâte au rouleau en un disque de diamètre légèrement supérieur à celui du moule. Garnissez-en le moule et coupez l'excédent de pâte. Recouvrez le fond de papier sulfurisé, puis de légumes secs. Laissez reposer 30 min au réfrigérateur.

Préchauffez le four à 180 °C (th. 6). Concassez grossièrement les noisettes, puis faites-les légèrement griller à sec dans une poêle antiadhésive. Réservez-les.

Faites cuire le fond de tarte 15 min à blanc. Laissez-le refroidir, puis ôtez le papier et les légumes secs.

Pendant ce temps, préparez la garniture. Lavez et épluchez les pommes. Coupez-les en quatre, épépinez-les, puis recoupez-les en cubes. Faites fondre le beurre à feu moyen dans une grande poêle et dorez-y les cubes de pomme 5 min environ : la chair doit être tendre, sans s'écraser. Répartissez-les délicatement sur le fond de tarte.

Préparez le Streusel. Dans un saladier, mélangez la farine et le beurre avec vos doigts jusqu'à obtention d'une consistance sableuse. Ajoutez rapidement le sucre roux et les noisettes grillées, sans travailler la pâte. Recouvrez les pommes avec ce mélange. Enfournez pour 30 min environ : la surface de la tarte doit être bien dorée et croustillante.

Laissez la tarte reposer 5 min avant de la démouler. Servez-la chaude.

Tatin aux abricots et aux amandes

Préparation : 25 min
Repos : 30 min
Cuisson : 30-35 min

Pour 6 à 8 personnes

1 kg d'abricots (frais ou surgelés)

300 g de pâte feuilletée prête à étaler

Farine pour le plan de travail

100 g de sucre en poudre

100 g de beurre

50 g d'amandes effilées

Sur le plan de travail fariné, étalez la pâte au rouleau en un disque de 28 cm de diamètre environ. Piquez-le avec une fourchette et laissez reposer 30 min au réfrigérateur.

Lavez et essuyez les abricots, puis coupez-les en deux et dénoyautez-les. S'ils sont surgelés, laissez-les décongeler à température ambiante, posés sur du papier absorbant.

Préchauffez le four à 210 °C (th. 7). Faites fondre le beurre et le sucre dans un moule à manqué de 24 cm de diamètre, à feu moyen. Quand le mélange commence à caraméliser, répartissez les amandes puis disposez les oreillons d'abricot, face bombée dessous. Laissez cuire 10 min environ à feu doux.

Ôtez du feu, posez le disque de pâte sur les abricots et rentrez les bords entre les fruits et les parois du moule. Enfournez pour 20 à 25 min : la pâte doit être bien dorée.

Laissez la tarte tiédir, puis démoulez-la en la retournant sur un plat et servez.

Tatin aux poires et au chocolat

Préparation : 30 min
Cuisson : 25 min environ

Pour 6 personnes

400 g de pâte feuilletée prête à étaler

Farine pour le plan de travail

4 belles poires (williams ou passe-crassane)

150 g de chocolat noir à 70 % de cacao

75 g de beurre

75 g de sucre en poudre

Le jus de 1 citron

Lavez et pelez les poires. Coupez-les en deux et évidez-les. Arrosez-les aussitôt du jus de citron pour éviter que la chair ne noircisse. Gardez 6 demi-poires et coupez le reste en dés. Râpez le chocolat en fins copeaux à l'aide d'une râpe à gros trous ou d'un couteau économe.

Sur le plan de travail fariné, étalez la pâte au rouleau sur 3 mm d'épaisseur environ. Découpez-y deux disques de 26 cm de diamètre.

Répartissez 100 g de copeaux de chocolat sur l'un des deux disques en laissant un bord libre de 2 cm. Humidifiez le bord au pinceau, puis couvrez avec le second disque de pâte et pressez les bords pour les souder.

Préchauffez le four à 200 °C (th. 6-7). Faites fondre le beurre dans un moule à manqué de 24 cm de diamètre, à feu doux. Quand il commence à mousser, saupoudrez-le du sucre, puis disposez les 6 demi-poires en étoile dans le moule, la face bombée dessous et la pointe tournée vers le centre. Répartissez les dés de poire dessus et faites cuire 3 à 4 min : les fruits doivent commencer à dorer et le beurre à caraméliser.

Ôtez du feu, posez la double pâte au chocolat sur les poires et rentrez les bords entre les fruits et les parois du moule. Enfournez pour 25 min envion : la pâte doit être bien dorée.

Laissez la tarte reposer 5 min, puis démoulez-la en la retournant sur un plat. Laissez tiédir et parsemez du reste de copeaux de chocolat juste avant de servir.

Tarte briochée aux pêches

Préparation : 30 min
Repos : 1 h 20
Cuisson : 30 min environ

Pour 6 à 8 personnes

Pour la pâte :

200 g de farine + un peu pour le plan de travail

3 œufs

30 g de sucre en poudre

150 g de beurre + un peu pour le moule

10 g de levure de boulanger

10 cl de lait

Pour la garniture :

8 oreillons de pêche au sirop léger

Coupez le beurre en morceaux et laissez-le ramollir. Faites tiédir le lait dans une petite casserole et délayez-y la levure. Battez les œufs avec le sucre.

Tamisez la farine dans un saladier et ménagez un puits au centre. Versez-y la levure délayée et mélangez bien du bout des doigts. Incorporez ensuite progressivement les œufs battus, en pétrissant la pâte jusqu'à ce qu'elle soit élastique et n'adhère plus aux parois du saladier. Ajoutez enfin le beurre mou et continuez à travailler la pâte jusqu'à homogénéité. Ramassez-la en boule, couvrez avec un linge et laissez lever 1 h à température ambiante.

Coupez les oreillons de pêche en quartiers.

Préchauffez le four à 200 °C (th. 6-7). Beurrez un moule rond de 22 cm de diamètre à bords assez hauts. Sur le plan de travail légèrement fariné, étalez la pâte au rouleau, puis garnissez-en le fond du moule sans la faire remonter sur les bords. Disposez les quartiers de pêche dessus, en formant une rosace allant presque jusqu'au bord. Laissez de nouveau lever 20 min à température ambiante.

Enfournez, puis baissez la température à 180 °C (th. 6) et faites cuire 30 min environ. Laissez la tarte tiédir avant de la démouler. Servez tiède ou froid.

Variante

Vous pouvez remplacer les pêches au sirop par des fruits frais. Si elles sont très juteuses, saupoudrez un peu de chapelure ou de poudre d'amandes sur le fond de pâte avant de le garnir.

Tarte au citron

Préparation : 30 min
Repos : 30 min
Cuisson : 30-35 min

Pour 6 à 8 personnes

Pour la pâte sablée :

1 œuf

80 g de sucre en poudre

250 g de farine + un peu pour le plan de travail

180 g de beurre mou + un peu pour le moule

¼ de c. à c. de sel fin

Pour la garniture :

2 ou 3 citrons non traités

100 g de beurre fondu

30 g de Maïzena

3 œufs

180 g de sucre en poudre
150

Préparez la pâte sablée (voir page 17). Beurrez un moule à tarte de 26 cm de diamètre.

Sur le plan de travail fariné, étalez la pâte au rouleau en un disque de diamètre légèrement supérieur à celui du moule et de 3 mm d'épaisseur environ. Garnissez-en le moule et piquez le fond avec une fourchette. Laissez reposer 30 min au réfrigérateur.

Brossez 2 citrons sous l'eau tiède et séchez-les. Prélevez leur zeste à l'aide d'une râpe fine, puis pressez-les pour recueillir leur jus : vous devez obtenir 10 cl de jus. Si nécessaire, pressez un citron en plus.

Dans un saladier, fouettez vivement les œufs avec le sucre jusqu'à ce que le mélange blanchisse et soit bien mousseux. Sans cesser de fouetter, ajoutez successivement la Maïzena, le beurre fondu, le jus et le zeste des citrons.

Préchauffez le four à 180 °C (th. 6). Versez la crème au citron sur le fond de tarte et enfournez pour 30 à 35 min : les bords de la pâte doivent être dorés et la crème doit être prise. Démoulez aussitôt la tarte sur une grille et laissez-la refroidir.

Astuce

Pour meringuer cette tarte : battez 2 blancs d'œuf en neige ferme, en ajoutant 50 g de sucre en poudre quand ils commencent à être bien pris. À l'aide d'une poche à douille, répartissez cette meringue sur la tarte refroidie et faites-la dorer 2 à 3 min sous le gril du four bien chaud.

Lemon chiffon pie

Préparation : 30 min
Repos : 30 min
Cuisson : 15 min
Réfrigération : 1 h

Pour 6 personnes

Pour la pâte sablée :

1 œuf

80 g de sucre en poudre

250 g de farine + un peu pour le plan de travail

180 g de beurre mou + un peu pour le moule

¼ de c. à c. de sel fin

Pour la garniture :

200 g de framboises + quelques-unes pour le décor

100 g de sucre en poudre

4 œufs

10 cl de jus de citron + 3 gouttes pour les blancs d'œuf

1 feuille de gélatine

Pour la chantilly :

25 cl de crème liquide très froide

40 g de sucre en poudre

Préparez la pâte sablée (voir page 17). Beurrez un moule à tarte de 24 cm de diamètre.

Sur le plan de travail fariné, étalez la pâte au rouleau en un disque de diamètre légèrement supérieur à celui du moule. Garnissez-en le moule et coupez l'excédent de pâte. Recouvrez le fond de papier sulfurisé, puis de légumes secs. Laissez reposer 30 min au réfrigérateur.

Préchauffez le four à 180 °C (th. 6). Faites cuire le fond de tarte 15 min à blanc. Laissez-le refroidir, puis ôtez le papier et les légumes secs.

Préparez la garniture. Faites tremper la gélatine dans un bol d'eau froide. Cassez les œufs dans deux saladiers en séparant les blancs des jaunes.

Fouettez les jaunes d'œuf avec le sucre jusqu'à ce que le mélange commence à blanchir puis, toujours en remuant, ajoutez lentement le jus de citron. Placez le saladier dans un bain-marie juste frémissant et continuez de remuer jusqu'à ce que le mélange épaississe et nappe la cuillère. Ôtez du feu. Ajoutez la gélatine égouttée, en remuant jusqu'à complète dissolution. Mettez la crème à refroidir au réfrigérateur.

Battez les blancs d'œuf en neige ferme avec les gouttes de citron, puis incorporez-les délicatement à la crème au citron refroidie, en soulevant la masse de bas en haut. Ajoutez les framboises et mélangez délicatement.

Étalez la garniture sur le fond de tarte et réservez 1 h au réfrigérateur.

Fouettez la crème en chantilly ferme, en ajoutant le sucre quand elle commence à être bien prise. Mettez-la dans une poche à douille munie d'un embout cannelé de 1 cm de diamètre et recouvrez-en joliment la garniture. Décorez de framboises et réservez au réfrigérateur jusqu'au moment de servir.

Tarte aux myrtilles

Préparation : 20 min
Cuisson : 35-40 min

Pour 6 personnes

1 pâte brisée préétalée

300 g de myrtilles

3 œufs, jaunes et blancs séparés

120 g de sucre en poudre

120 g d'amandes en poudre

50 g de Maïzena

3 gouttes de jus de citron

Garnissez un moule à tarte de 24 cm de diamètre avec la pâte en conservant le papier sulfurisé. Découpez l'excédent de pâte et piquez le fond avec une fourchette. Placez au réfrigérateur le temps de préparer la garniture.

Préchauffez le four à 180 °C (th. 6). Dans un saladier, fouettez les jaunes d'œuf avec le sucre jusqu'à ce que le mélange blanchisse puis, sans cesser de fouetter, ajoutez la poudre d'amandes et la Maïzena. Battez les blancs en neige ferme avec le jus de citron, puis incorporez-les délicatement aux jaunes. Ajoutez les myrtilles.

Versez la préparation sur le fond de tarte et enfournez pour 35 à 40 min : une lame de couteau piquée au cœur de la garniture doit ressortir presque sèche.

Laissez tiédir la tarte et démoulez-la sur une grille. Servez-la froide.

Tarte au fromage frais

Préparation : 30 min
Cuisson : 40-45 min

Pour 8 personnes

1 pâte brisée prête à étaler

Farine pour le plan de travail

400 g de fromage frais

80 g de raisins secs

2 c. à s. de rhum brun

4 œufs

20 cl de crème liquide

50 g de farine ou de Maïzena

Le zeste de 1 citron non traité râpé

80 g de sucre en poudre

Beurre et farine pour le moule

Dans une petite casserole, chauffez les raisins secs avec le rhum et 10 cl d'eau, à feu doux, jusqu'à ce que tout le liquide soit évaporé. Laissez refroidir.

Préchauffez le four à 180 °C (th. 6). Beurrez et farinez un moule à tarte à bords hauts de 22 cm de diamètre.

Sur le plan de travail fariné, étalez la pâte au rouleau en un disque de diamètre légèrement supérieur à celui du moule. Garnissez-en le moule, piquez le fond et laissez reposer au réfrigérateur le temps de préparer la garniture.

Dans un saladier, fouettez les œufs avec le sucre jusqu'à ce que le mélange blanchisse. Ajoutez progressivement la farine (ou la Maïzena), la crème, le fromage frais, les raisins secs et le zeste de citron. Fouettez jusqu'à obtention d'un mélange bien lisse.

Versez la préparation sur le fond de tarte et enfournez pour 40 à 45 min : la garniture doit être ferme et dorée.

Laissez la tarte refroidir, démoulez-la, puis placez-la au réfrigérateur jusqu'au moment de servir.

Tarte Bourdaloue

Préparation : 30 min
Cuisson : 30-35 min

Pour 8 personnes

1 pâte brisée ou
1 pâte sablée préétalée

Sucre glace pour le glaçage

Pour la crème pâtissière vanillée :

20 cl de lait

2 jaunes d'œuf

2 c. à s. de sucre en poudre

2 c. à s. de farine ou de Maïzena

½ gousse de vanille

Pour la garniture :

8 demi-poires au sirop léger

120 g de beurre
+ un peu pour le moule

1 gros œuf

120 g d'amandes en poudre

100 g de sucre en poudre

10 g de Maïzena

1 c. à s. de rhum brun

Préparez la crème pâtissière vanillée (voir page 22) et laissez-la refroidir.

Coupez le beurre en morceaux dans un saladier et laissez-le ramollir. Égouttez les demi-poires et épongez-les sur du papier absorbant.

Préchauffez le four à 200 °C (th. 6-7). Beurrez un moule à tarte de 26 cm de diamètre. Garnissez-le avec la pâte de votre choix et coupez l'excédent. Piquez le fond avec une fourchette et laissez reposer au réfrigérateur le temps de préparer la garniture.

Travaillez le beurre mou à la spatule en bois jusqu'à obtention d'une consistance de pommade. Ajoutez l'œuf et le sucre, en fouettant vivement. Ajoutez la poudre d'amandes, puis la Maïzena et le rhum. Mélangez bien.

Incorporez progressivement la crème pâtissière refroidie à la préparation précédente.

Étalez la frangipane obtenue sur le fond de tarte, puis disposez les demi-poires en étoile, face bombée dessus, en les enfonçant légèrement dans la crème. Enfournez pour 30 à 35 min : les bords de la tarte doivent être légèrement dorés.

Sortez la tarte du four et allumez le gril. Saupoudrez-la de sucre glace et glissez-la 1 ou 2 min sous le gril pour glacer le dessus. Laissez tiédir un peu, puis démoulez sur une grille et laissez refroidir.

Tartelettes aux fraises

Préparation : 30 min
Repos : 30 min
Cuisson : 10-15 min

Pour 6 tartelettes

Pour la pâte sablée :

1 œuf

80 g de sucre en poudre

250 g de farine + un peu pour le plan de travail

180 g de beurre mou + un peu pour le moule

¼ de c. à c. de sel fin

Pour la garniture :

600 à 700 g de fraises (gariguettes, mara des bois de préférence)

100 g de gelée de fraise ou de groseille (facultatif)

Pour la crème pâtissière vanillée :

50 cl de lait

6 jaunes d'œuf

100 g de sucre en poudre

40 g de farine ou de Maïzena

1 gousse de vanille

Préparez la pâte sablée (voir page 17). Beurrez 6 moules à tartelette de 8 à 10 cm de diamètre.

Sur le plan de travail fariné, étalez la pâte au rouleau sur 3 mm d'épaisseur environ. Découpez-y 6 disques de 10 cm de diamètre avec un emporte-pièce ou un verre retourné. Garnissez-en les moules et coupez l'excédent de pâte. Recouvrez les fonds de papier sulfurisé, puis de légumes secs. Laissez reposer 30 min au réfrigérateur.

Préchauffez le four à 180 °C (th. 6). Faites cuire les fonds de tartelette de 10 à 15 min à blanc. Laissez-les refroidir, puis ôtez le papier et les légumes secs.

Préparez la crème pâtissière vanillée (voir page 22) et laissez-la refroidir.

Rincez rapidement les fraises, puis séchez-les délicatement et équeutez-les. Si elles sont grosses, coupez-les en quartiers.

Étalez la crème pâtissière sur les fonds de tartelette, puis disposez les fraises dessus, en cercles concentriques.

Chauffez éventuellement la gelée choisie dans une petite casserole pour la liquéfier. À l'aide d'un pinceau, nappez-en les fraises. Placez au réfrigérateur jusqu'au moment de servir.

Tarte Melba

Préparation : 25 min
Repos : 30 min
Cuisson : 1 h 20-1 h 30

Pour 8 personnes

Pour la pâte sablée :

1 œuf

80 g de sucre en poudre

250 g de farine + un peu pour le plan de travail

180 g de beurre mou + un peu pour le moule

¼ de c. à c. de sel fin

Pour la garniture :

700 g d'oreillons de pêche au sirop léger

300 g de fromage blanc

10 cl de crème liquide

4 œufs, jaunes et blancs séparés

60 g d'amandes en poudre

140 g de sucre en poudre

1 c. à s. de zeste d'orange non traitée finement râpé

2 gouttes de jus de citron

Préparez la pâte sablée (voir page 17). Beurrez un moule à tarte ou un moule à manqué de 26 cm de diamètre (ou préparez un moule en silicone). Égouttez les oreillons de pêche et épongez-les sur du papier absorbant.

Sur le plan de travail fariné, étalez la pâte au rouleau en un disque de diamètre légèrement supérieur à celui du moule. Garnissez-en le moule et piquez le fond avec une fourchette. Recouvrez-le de papier sulfurisé, puis de légumes secs. Laissez reposer 30 min au réfrigérateur.

Préchauffez le four à 180 °C (th. 6). Faites cuire le fond de tarte 20 min à blanc. Laissez-le refroidir, puis ôtez le papier et les légumes secs.

Baissez la température du four à 160 °C (th. 5-6).

Mélangez la moitié du sucre et la poudre d'amandes dans un bol, puis saupoudrez-en le fond de tarte. Coupez les oreillons de pêche en quartiers. Disposez ces derniers sur le fond de tarte poudré.

Fouettez le fromage blanc avec le reste de sucre et la crème jusqu'à ce que le mélange soit mousseux. Sans cesser de fouetter, ajoutez les jaunes d'œuf et le zeste d'orange. Battez les blancs en neige très ferme avec le jus de citron, puis incorporez-les délicatement au mélange précédent.

Versez la crème sur les pêches et enfournez pour 1 h à 1 h 10, en couvrant à mi-cuisson avec une feuille de papier d'aluminium : la garniture doit être prise et la surface juste dorée.

Laissez la tarte reposer une dizaine de minutes, puis démoulez-la sur une grille et laissez-la refroidir avant de servir.

Tarte meringuée aux mûres

Préparation : 30 min
Repos : 30 min
Cuisson : 35-40 min environ

Pour 6 à 8 personnes

Pour la pâte sablée :

1 œuf

80 g de sucre en poudre

250 g de farine + un peu pour le plan de travail

180 g de beurre mou + un peu pour le moule

¼ de c. à c. de sel fin

Pour la garniture :

800 g de grosses mûres

60 g de sucre en poudre

50 g de biscuits à la cuillère

2 c. à s. de sucre glace

Pour la meringue :

3 blancs d'œuf

120 g de sucre en poudre

2 gouttes de jus de citron

Préparez la pâte sablée (voir page 17). Beurrez un moule à tarte de 26 cm de diamètre.

Sur le plan de travail fariné, étalez la pâte au rouleau en un disque de diamètre légèrement supérieur à celui du moule. Garnissez-en le moule et coupez l'excédent de pâte. Recouvrez le fond de papier sulfurisé, puis de légumes secs. Laissez reposer 30 min au réfrigérateur.

Préchauffez le four à 180 °C (th. 6). Faites cuire le fond de tarte 15 min à blanc. Laissez-le refroidir, puis ôtez le papier et les légumes secs.

Triez les mûres. Réservez-en quelques-unes pour le décor et mettez-en 200 g dans une jatte avec la moitié du sucre en poudre. Écrasez-les légèrement à la fourchette et laissez macérer le temps de poursuivre la recette.

Mixez les biscuits en poudre grossière. Répartissez-la sur le fond de tarte et saupoudrez du reste de sucre en poudre. Puis disposez le reste de mûres entières dessus, en cercles concentriques, en les serrant bien. Saupoudrez-les du sucre glace et enfournez pour 20 min environ. Laissez refroidir, puis étalez régulièrement les mûres écrasées sur la tarte.

Allumez le gril du four. Préparez la meringue (voir page 21) et, à l'aide d'une poche à douille, recouvrez-en joliment la tarte. Passez 2 à 3 min sous le gril du four.

Décorez la tarte meringuée avec les mûres réservées.

Tarte aux noix et aux raisins

Préparation : 20 min
Macération : 1 h
Repos : 30 min
Cuisson : 1 h 20 environ

Pour 4 personnes

Pour la pâte sablée :

1 œuf

80 g de sucre en poudre

250 g de farine + un peu pour le plan de travail

180 g de beurre mou + un peu pour le moule

¼ de c. à c. de sel fin

Pour la garniture :

250 g de cerneaux de noix

2 blancs d'œuf

60 g de raisins secs

50 cl de crème liquide

180 g de sucre en poudre

5 cl de rhum brun

1 pincée de sel fin

Sucre glace pour servir

Faites macérer les raisins secs pendant 1 h dans un bol d'eau très chaude additionnée du rhum, puis égouttez-les et épongez-les sur du papier absorbant. Concassez grossièrement les cerneaux de noix.

Préparez la pâte sablée (voir page 17). Beurrez un moule à tarte de 20 cm de diamètre.

Sur le plan de travail fariné, étalez la pâte au rouleau en un disque de diamètre légèrement supérieur à celui du moule et de 3 mm d'épaisseur environ. Garnissez-en le moule et piquez le fond avec une fourchette. Laissez reposer 30 min au réfrigérateur.

Préchauffez le four à 180 °C (th. 6). Recouvrez le fond de tarte de papier sulfurisé, puis de légumes secs. Faites-le cuire 10 min à blanc. Laissez-le refroidir, puis ôtez le papier et les légumes secs. Répartissez-y les raisins secs.

Dans un saladier, mélangez les noix concassées avec le sucre en poudre et la crème jusqu'à homogénéité.

Baissez la température du four à 90 °C (th. 3).

Battez les blancs d'œuf en neige ferme avec le sel. Incorporez-les délicatement à la crème aux noix, en soulevant la masse de bas en haut. Versez la préparation sur le fond de tarte et enfournez pour 1 h 10 environ.

Laissez la tarte reposer 5 min avant de la démouler. Placez-la au réfrigérateur jusqu'au moment de la servir, saupoudrée de sucre glace.

Tarte crémeuse aux framboises

Préparation : 30 min
Repos : 30 min
Cuisson : 20 min
Congélation : 10 min

Pour 8 personnes

300 g de pâte feuilletée prête à étaler

Farine pour le plan de travail

350 g de framboises

300 g de crème pâtissière (voir page 22)

5 blancs d'œuf

100 g de sucre en poudre

3 feuilles de gélatine

Quelques gouttes de jus de citron

Beurre pour le moule

Beurrez un moule à tarte de 24 cm de diamètre.

Sur le plan de travail fariné, étalez la pâte au rouleau en un disque de diamètre légèrement supérieur à celui du moule et de 3 mm d'épaisseur environ. Garnissez-en le moule et coupez l'excédent de pâte. Recouvrez le fond de papier sulfurisé, puis de légumes secs. Laissez reposer 30 min au réfrigérateur.

Préchauffez le four à 200 °C (th. 6-7). Faites cuire le fond de tarte 20 min à blanc. Laissez-le refroidir, puis ôtez le papier et les légumes secs.

Faites tremper la gélatine dans un bol d'eau froide. Essorez-la et faites-la fondre à feu doux dans une petite casserole, en remuant jusqu'à complète dissolution. Incorporez-la progressivement à la crème pâtissière, en fouettant vivement.

Battez les blancs d'œuf en neige très ferme avec le jus de citron, puis incorporez-les délicatement à la crème, en soulevant la masse de bas en haut.

Triez les framboises, disposez-les sur le fond de tarte, puis recouvrez-les de crème. Lissez la surface avec une spatule métallique et placez une dizaine de minutes au congélateur pour glacer la surface.

Saupoudrez la tarte du sucre et caramélisez la surface au chalumeau, comme une crème brûlée. Placez au réfrigérateur jusqu'au moment de servir.

Astuce

La caramélisation doit être réalisée très rapidement afin que la crème ne fonde pas. Évitez le gril du four.

Tarte aux mirabelles citronnée

Préparation : 15 min
Repos : 30 min
Cuisson : 35-40 min

Pour 8 personnes

300 g de pâte feuilletée prête à étaler

Farine pour le plan de travail

1,2 kg de mirabelles

30 g de biscuits à la cuillère

60 g de sucre en poudre

30 g d'amandes en poudre

100 g de gelée de citron

Beurre pour le moule

Lavez et épongez les mirabelles. Dénoyautez-les en les fendant légèrement, afin de préserver leur forme.

Beurrez un moule à tarte de 28 cm de diamètre.

Sur le plan de travail fariné, étalez la pâte au rouleau en un disque de diamètre légèrement supérieur à celui du moule et de 3 mm d'épaisseur environ. Garnissez-en le moule et piquez le fond avec une fourchette. Laissez reposer 30 min au réfrigérateur.

Préchauffez le four à 200 °C (th. 6-7). Écrasez les biscuits à la cuillère de façon à les réduire en poudre grossière. Saupoudrez-en le fond de pâte ainsi que la moitié du sucre et la poudre d'amandes. Puis disposez les mirabelles dessus, en cercles concentriques, en les serrant bien. Saupoudrez-les du reste de sucre.

Enfournez la tarte et baissez aussitôt la température du four à 180 °C (th. 6). Laissez cuire 35 à 40 min.

Chauffez légèrement la gelée de citron dans une petite casserole pour la liquéfier. Sortez la tarte du four puis, à l'aide d'un pinceau, nappez-en les mirabelles.

Démoulez la tarte sur une grille et laissez-la refroidir.

Tarte à la rhubarbe

Préparation : 30 min
Repos : 30 min
Cuisson : 1 h environ

Pour 8 personnes

300 g de pâte feuilletée prête à étaler

Farine pour le plan de travail

Beurre pour le moule

900 g de rhubarbe

50 g de biscuits à la cuillère

5 œufs

12,5 cl de crème liquide

12,5 cl de lait

100 g de sucre en poudre

Lavez la rhubarbe, pelez les tiges avec un couteau économe et coupez-les en petits tronçons de 2 cm. Écrasez les biscuits à la cuillère de façon à les réduire en poudre grossière.

Beurrez un moule à tarte de 26 cm de diamètre.

Sur le plan de travail fariné, étalez la pâte au rouleau en un disque de diamètre légèrement supérieur à celui du moule. Garnissez-en le moule et coupez l'excédent de pâte. Piquez le fond avec une fourchette, recouvrez-le de papier sulfurisé, puis de légumes secs. Laissez reposer 30 min au réfrigérateur.

Préchauffez le four à 180 °C (th. 6). Faites cuire le fond de tarte 15 min à blanc. Laissez-le refroidir, puis ôtez le papier et les légumes secs.

Saupoudrez la poudre de biscuits sur le fond de tarte, puis disposez les tronçons de rhubarbe dessus, en une couche régulière.

Dans un saladier, battez les œufs en omelette avec le sucre. Puis incorporez la crème et le lait, toujours en fouettant.

Versez la préparation sur les fruits et enfournez pour 45 min environ : la garniture doit être bien prise.

Démoulez la tarte sur une grille et laissez-la refroidir.

Astuce

POUR UN DESSERT RAFFINÉ, MERINGUEZ CETTE TARTE RUSTIQUE : CELA NE VOUS PRENDRA QU'UNE PETITE DIZAINE DE MINUTES (VOIR PAGE 143).

Tarte Chantilly aux cerises

Préparation : 35 min
Repos : 30 min
Cuisson : 20 min
Réfrigération : 1 h minimum

Pour 6 personnes

Pour la pâte sablée :

1 œuf

80 g de sucre en poudre

250 g de farine + un peu pour le plan de travail

180 g de beurre mou + un peu pour le moule

¼ de c. à c. de sel fin

Pour la garniture :

600 g de cerises noires dénoyautées (fraîches ou surgelées)

50 g de beurre

50 g de sucre en poudre

50 g de gelée de cerise

2 c. à s. de kirsch

20 cl de crème liquide très froide

20 g de sucre glace

Préparez la garniture. Si vous utilisez des cerises surgelées, laissez-les décongeler 1 h à température ambiante sur du papier absorbant. Si elles sont fraîches, rincez-les, épongez-les, puis dénoyautez-les.

Faites fondre le beurre dans une poêle à feu moyen. Quand il commence à mousser, saupoudrez-le uniformément du sucre en poudre. Remuez, ajoutez les cerises et faites-les cuire de 6 à 8 min, en secouant régulièrement la poêle pour les rouler dans leur jus. Versez le kirsch, laissez-le chauffer un peu, puis flambez les cerises. Ôtez du feu, laissez refroidir et retirez délicatement les fruits à l'aide d'une écumoire. Réservez-les dans un grand bol.

Préparez la pâte sablée (voir page 17). Beurrez un moule à tarte de 22 cm de diamètre.

Sur le plan de travail fariné, étalez la pâte au rouleau en un disque de diamètre légèrement supérieur à celui du moule. Garnissez-en le moule et coupez l'excédent de pâte. Recouvrez le fond de papier sulfurisé, puis de légumes secs. Laissez reposer 30 min au réfrigérateur.

Préchauffez le four à 180 °C (th. 6). Faites cuire le fond de tarte 20 min à blanc. Laissez-le refroidir, puis ôtez le papier et les légumes secs.

Fouettez la crème liquide en chantilly ferme, en ajoutant le sucre glace quand elle commence à être bien prise. Recouvrez-en le fond de tarte refroidi et disposez joliment les cerises dessus.

Chauffez légèrement la gelée de cerise dans une petite casserole pour la liquéfier, puis nappez-en les cerises à l'aide d'un pinceau. Réservez la tarte au réfrigérateur au moins 1 h avant de servir.

Tarte légère au chocolat

Préparation : 30 min
Repos : 30 min
Cuisson : 15 min
Réfrigération : 2 h minimum

Pour 6 à 8 personnes

Pour la pâte sablée au chocolat :

1 œuf

80 g de sucre en poudre

250 g de farine + un peu pour le plan de travail

180 g de beurre mou + un peu pour le moule

¼ de c. à c. de sel fin

50 g de chocolat noir à 70 % de cacao

30 g de cacao en poudre

Pour la garniture :

250 g de chocolat noir à 70 % de cacao

25 cl de crème liquide très froide

4 blancs d'œuf

60 g de sucre en poudre

3 feuilles de gélatine

1 pincée de sel fin

Pour le décor :

Copeaux ou rouleaux en chocolat (voir page 13)

Préparez la pâte sablée au chocolat (voir page 17). Beurrez un moule à tarte à bords hauts de 24 cm de diamètre.

Sur le plan de travail fariné, étalez la pâte au rouleau en un disque de diamètre légèrement supérieur à celui du moule. Garnissez-en le moule et coupez l'excédent de pâte. Recouvrez le fond de papier sulfurisé, puis de légumes secs. Laissez reposer 30 min au réfrigérateur.

Préchauffez le four à 180 °C (th. 6). Faites cuire le fond de tarte 15 min à blanc. Laissez-le refroidir, puis ôtez le papier et les légumes secs.

Faites tremper les feuilles de gélatine dans un bol d'eau froide.

Cassez le chocolat en petits morceaux dans une casserole et faites-le fondre à feu très doux avec 10 cl de crème liquide. Remuez doucement jusqu'à obtention d'une crème bien lisse, puis ôtez du feu.

Essorez les feuilles de gélatine et ajoutez-les à la crème chaude, en remuant jusqu'à complète dissolution.

Fouettez le reste de crème liquide en chantilly ferme, puis incorporez-la délicatement à la crème au chocolat.

Battez les blancs d'œuf en neige ferme avec le sel, en ajoutant le sucre quand ils commencent à être bien pris. Incorporez-les délicatement à la préparation précédente, en soulevant la masse de bas en haut.

Versez la préparation obtenue sur le fond de tarte, lissez la surface à la spatule métallique et réservez au réfrigérateur pendant au moins 2 h. Servez décoré de copeaux ou de rouleaux en chocolat.

Tarte au sucre

Préparation : 20 min
Repos : 2 h
Cuisson : 25-30 min

Pour 4 personnes

150 g de farine + un peu pour la pâte et le plan de travail

90 g de beurre + un peu pour le moule

10 cl de crème liquide

10 g de sucre en poudre

1 œuf

7 g de levure de boulanger

80 g de cassonade

1 pincée de sel fin

Délayez la levure dans 5 cl d'eau tiède. Faites fondre 60 g de beurre à feu doux dans une petite casserole et laissez-le refroidir. Battez l'œuf entier dans un bol.

Mettez la farine et le sel dans un saladier et ménagez un puits au centre. Versez-y l'œuf battu, puis ajoutez le beurre fondu et la levure délayée. Mélangez et travaillez la pâte jusqu'à ce qu'elle soit homogène et souple. Ramassez-la en boule, farinez-la légèrement et couvrez avec un linge. Laissez lever 1 h à température ambiante.

Beurrez un moule à manqué de 22 cm de diamètre ou préparez un moule en silicone. Pétrissez de nouveau rapidement la pâte puis, sur le plan de travail fariné, étalez-la en un disque de même diamètre que le moule. Garnissez-en le fond et laissez lever encore 1 h : la pâte doit doubler de volume.

Préchauffez le four à 180 °C (th. 6). Faites fondre le reste de beurre et mélangez-le avec la cassonade et la crème. Étalez le tout sur la pâte. Enfournez pour 25 à 30 min : la tarte doit être légèrement caramélisée. Servez tiède.

Astuce

POUR QUE LA PÂTE LÈVE PLUS RAPIDEMENT, LAISSEZ-LA REPOSER DANS UN ENDROIT TIÈDE.

Tarte au chocolat et à la noix de coco

Préparation : 20 min
Cuisson : 35 min

Pour 6 personnes

1 pâte sablée préétalée

200 g de chocolat noir à 70 % de cacao

20 cl de crème liquide

100 g de noix de coco râpée + 40 g pour servir

70 g de beurre

90 g de sucre en poudre

2 gros blancs d'œuf

1 pincée de sel fin

Préchauffez le four à 180 °C (th. 6). Garnissez un moule à tarte de 24 cm de diamètre avec la pâte en conservant le papier sulfurisé. Découpez l'excédent de pâte. Recouvrez le fond de papier sulfurisé, puis de légumes secs.

Faites cuire le fond de tarte 15 min à blanc. Laissez-le refroidir, puis ôtez le papier et les légumes secs.

Faites fondre le beurre dans une petite poêle. Quand il commence à mousser, saupoudrez-le uniformément du sucre et laissez légèrement caraméliser à feu doux. Ajoutez la noix de coco et mélangez pour bien l'enrober de caramel. Ôtez du feu et transférez dans un saladier.

Montez les blancs d'œuf en neige ferme avec le sel. Incorporez-les délicatement à la noix de coco caramélisée, puis étalez cette préparation sur le fond de tarte. Enfournez pour 20 min, puis laissez refroidir.

Cassez le chocolat en petits morceaux dans un saladier. Faites bouillir la crème et versez-la sur le chocolat. Attendez quelques instants, puis remuez doucement à la cuillère en bois jusqu'à obtention d'une crème lisse et onctueuse.

Étalez la crème au chocolat sur le fond de noix de coco, puis laissez durcir. Au moment de servir, saupoudrez la tarte de noix de coco râpée.

Apple pie

Préparation : 30 min
Trempage : 1 h
Cuisson : 40-50 min

Pour 6 personnes

1 jaune d'œuf délayé dans un peu d'eau pour la dorure

Pour la pâte brisée :

250 g de beurre mou + un peu pour le moule

400 g de farine + un peu pour le plan de travail

1 c. à c. de sel fin

3 c. à s. de sucre en poudre (facultatif)

5 à 10 cl d'eau très froide (ou de lait)

Pour la garniture :

1 kg de pommes (golden ou reines des reinettes)

Le jus de 1 citron

60 g de cassonade

60 g de raisins secs

¼ de c. à c. de cannelle en poudre

1 pincée de noix muscade

¼ de gousse de vanille

Faites tremper les raisins secs pendant 1 h dans un bol d'eau très chaude, puis égouttez-les.

Préparez la pâte brisée (voir page 16). Beurrez un moule à manqué de 24 cm de diamètre ou préparez un moule en silicone. Sur le plan de travail fariné, étalez la pâte au rouleau sur 3 mm d'épaisseur environ. Découpez-y deux disques, l'un de diamètre légèrement supérieur à celui du moule et l'autre de même diamètre.

Lavez et pelez les pommes. Coupez-les en quatre et épépinez-les. Arrosez-les aussitôt du jus de citron pour éviter que la chair ne noircisse.

Garnissez le moule avec le plus grand disque de pâte, en la laissant déborder. Humidifiez le débord au pinceau. Répartissez la moitié des raisins secs sur le fond, puis saupoudrez de la moitié de la cassonade. Disposez les quartiers de pomme en cercles concentriques, puis parsemez du reste de raisins secs et de cassonade. Saupoudrez de la cannelle et de la noix muscade. Fendez le quart de gousse de vanille en deux et glissez les morceaux entre les fruits.

Recouvrez du second disque de pâte, puis repliez le débord en faisant un feston. Pratiquez une ouverture au centre de la tourte pour permettre à la vapeur de s'échapper et glissez-y un petit rouleau de papier cartonné. Dessinez un décor avec la pointe d'un couteau ou créez un motif avec des chutes de pâte. Badigeonnez la surface de jaune d'œuf délayé au pinceau et enfournez pour 40 à 50 min : la tourte doit être bien dorée. Servez tiède ou froid.

Conseil

Au moment de déguster, bien sûr, pensez à retirer les morceaux de gousse de vanille.

Tarte aux pignons

Préparation : 20 min
Repos : 30 min
Cuisson : 35-40 min

Pour 4 à 6 personnes

Pour la pâte sablée :

1 œuf

80 g de sucre en poudre

250 g de farine + un peu pour le plan de travail

180 g de beurre mou + un peu pour le moule

¼ de c. à c. de sel fin

Pour la garniture :

100 g de pignons de pin

100 g d'écorces d'orange ou de cédrat confites coupées en dés

50 g d'amandes en poudre

50 g de sucre en poudre

100 g de beurre

2 œufs

50 g de fruits confits coupés en dés

Préparez la pâte sablée (voir page 17). Beurrez un moule à tarte de 24 cm de diamètre. Coupez le beurre de la garniture en morceaux dans un saladier et laissez-le ramollir.

Sur le plan de travail fariné, étalez la pâte au rouleau en un disque de diamètre légèrement supérieur à celui du moule et de 3 mm d'épaisseur environ. Garnissez-en le moule et piquez le fond avec une fourchette. Laissez reposer 30 min au réfrigérateur.

Préchauffez le four à 200 °C (th. 6-7). Travaillez le beurre mou avec le sucre à la cuillère en bois jusqu'à obtention d'une consistance crémeuse. Ajoutez les œufs et la poudre d'amandes, en fouettant vivement. Incorporez enfin les écorces et les fruits confits, ainsi que les trois quarts des pignons.

Versez la préparation sur le fond de tarte. Parsemez du reste de pignons et enfournez pour 35 à 40 min.

Laissez refroidir la tarte avant de la démouler.

Tarte aux noix de pécan

Préparation : 20 min
Repos : 30 min
Cuisson : 1 h 05 environ

Pour 6 personnes

Pour la pâte brisée :

120 g de beurre mou
+ un peu pour le moule

200 g de farine + un peu pour le plan de travail

½ c. à c. de sel fin

2 c. à s. de sucre en poudre (facultatif)

3 ou 4 c. à s. d'eau très froide (ou de lait)

Pour la garniture :

90 g de beurre

120 g de sucre roux

3 œufs

2 c. à s. de Maïzena

10 cl de sirop d'érable

15 cl de miel

150 g de cerneaux de noix de pécan grossièrement concassés + quelques cerneaux entiers pour le décor

Préparez la pâte brisée (voir page 16). Beurrez un moule à tarte de 22 cm de diamètre. Coupez le beurre de la garniture en morceaux dans un saladier et laissez-le ramollir.

Sur le plan de travail fariné, étalez la pâte au rouleau en un disque de diamètre légèrement supérieur à celui du moule. Garnissez-en le moule et coupez l'excédent de pâte. Recouvrez le fond de papier sulfurisé, puis de légumes secs. Laissez reposer 30 min au réfrigérateur.

Préchauffez le four à 200 °C (th. 6-7). Faites cuire le fond de tarte 15 min à blanc. Laissez-le refroidir, puis ôtez le papier et les légumes secs.

Baissez la température du four à 180 °C (th. 6).

Travaillez le beurre mou avec le sucre roux à la cuillère en bois jusqu'à obtention d'une consistance crémeuse. Ajoutez les œufs un par un, en fouettant, puis le miel et le sirop d'érable, en remuant délicatement. Incorporez enfin les noix de pécan concassées et la Maïzena.

Versez la préparation sur le fond de tarte. Lissez la surface à la spatule métallique et enfournez pour 50 min environ : la garniture doit être prise.

Laissez la tarte refroidir avant de la démouler. Servez-la décorée des cerneaux de noix de pécan entiers.

Tarte au chocolat et à la guimauve

Préparation : 20 min
Repos : 30 min
Cuisson : 25 min environ

Pour 8 personnes

Pour la pâte sablée :

1 œuf

80 g de sucre en poudre

250 g de farine + un peu pour le plan de travail

180 g de beurre mou + un peu pour le moule

¼ de c. à c. de sel fin

Pour la garniture :

80 g de guimauve

300 g de chocolat noir à 70 % de cacao

30 cl de crème fraîche

1 œuf entier + 2 jaunes

80 g de sucre en poudre

2 c. à s. de Maïzena

Préparez la pâte sablée (voir page 17). Beurrez un moule à tarte de 26 cm de diamètre.

Sur le plan de travail fariné, étalez la pâte au rouleau en un disque de diamètre légèrement supérieur à celui du moule. Garnissez-en le moule et coupez l'excédent de pâte. Piquez le fond avec une fourchette. Recouvrez-le de papier sulfurisé, puis de légumes secs. Laissez reposer 30 min au réfrigérateur.

Préchauffez le four à 200 °C (th. 6-7). Faites cuire le fond de tarte 10 min à blanc. Laissez-le refroidir, puis ôtez le papier et les légumes secs.

Baissez la température du four à 180 °C (th. 6).

Coupez la guimauve en cubes de 2 cm de côté et répartissez-les sur le fond de tarte.

Cassez le chocolat en petits morceaux dans un saladier et faites-le fondre au bain-marie à feu doux, en remuant avec une cuillère en bois jusqu'à obtention d'une crème lisse et onctueuse. Ôtez du feu.

Mettez l'œuf entier et les jaunes dans un saladier et placez celui-ci dans un bain-marie juste frémissant. Ajoutez le sucre et fouettez pendant 5 à 10 min, jusqu'à ce que le mélange soit mousseux et onctueux. Ajoutez la Maïzena, la crème, puis le chocolat fondu, sans cesser de fouetter.

Versez la préparation sur les cubes de guimauve et enfournez pour 15 min environ : la crème doit être juste tremblotante, elle finira de prendre en refroidissant. Servez à peine tiède ou froid.

Tarte aux figues et au miel

Préparation : 30 min
Repos : 30 min
Cuisson : 50-55 min

Pour 6 à 8 personnes

Pour la pâte brisée :

150 g de beurre mou
+ un peu pour le moule

250 g de farine + un peu pour le plan de travail

½ c. à c. de sel fin

2 c. à s. de sucre en poudre (facultatif)

4 à 5 c. à s. d'eau très froide (ou de lait)

Pour la garniture :

600 g de figues fraîches

100 g de miel

2 c. à s. de sucre en poudre

Pour la crème d'amandes :

60 g de beurre

60 g d'amandes en poudre

60 g de sucre glace

1 œuf

Préparez la pâte brisée (voir page 16). Beurrez un moule à tarte de 26 cm de diamètre. Coupez le beurre en morceaux dans un saladier et laissez-le ramollir.

Rincez les figues et séchez-les délicatement. Coupez leur queue, puis fendez-les en quatre verticalement, sans séparer totalement les quartiers.

Sur le plan de travail fariné, étalez la pâte au rouleau en un disque de diamètre légèrement supérieur à celui du moule. Garnissez-en le moule et coupez l'excédent de pâte. Recouvrez le fond de papier sulfurisé, puis de légumes secs. Laissez reposer 30 min au réfrigérateur.

Préchauffez le four à 200 °C (th. 6-7). Faites cuire le fond de tarte 10 min à blanc. Laissez-le refroidir, puis ôtez le papier et les légumes secs.

Baissez la température du four à 180 °C (th. 6).

Préparez la crème d'amandes. Travaillez le beurre mou à la spatule en bois jusqu'à obtention d'une consistance de pommade. Ajoutez l'œuf et le sucre glace, en fouettant vivement, puis la poudre d'amandes. Mélangez bien.

Étalez la crème d'amandes sur le fond de tarte, puis disposez joliment les figues dessus. Saupoudrez-les du sucre en poudre et enfournez pour 40 à 45 min. Laissez la tarte reposer 5 min.

Pendant ce temps, chauffez légèrement le miel dans une petite casserole pour le liquéfier. À l'aide d'un pinceau, badigeonnez-en les figues. Laissez la tarte refroidir avant de la démouler.

Linzertorte

Préparation : 30 min
Repos : 1 h 30
Cuisson : 30 min environ

Pour 6 personnes

400 g de confiture de framboise

Pour la pâte :

100 g de beurre
+ un peu pour le moule

120 g de farine + un peu pour le plan de travail

80 g de sucre en poudre

80 g de noisettes en poudre

2 petits œufs (55 g chacun)

¼ de c. à c. de cannelle en poudre

Le zeste de 1 citron non traité finement râpé

Préparez la pâte. Coupez le beurre en morceaux dans un saladier et laissez-le ramollir. Quand il est bien mou, travaillez-le avec le sucre à la cuillère en bois jusqu'à obtention d'une consistance crémeuse. Incorporez-y successivement la farine, les noisettes, le zeste de citron et la cannelle, en mélangeant au fur et à mesure avec les doigts jusqu'à obtention d'une texture sableuse. Battez légèrement les œufs dans un bol, puis ajoutez-les à la pâte. Ramassez-la en boule, enveloppez-la de film alimentaire et laissez-la reposer 1 h au réfrigérateur.

Beurrez un moule à tarte de 24 cm de diamètre.

Partagez la pâte en deux. Étalez la première moitié sur le plan de travail fariné et garnissez-en délicatement le moule, car elle est très friable. Laissez reposer de nouveau 30 min au réfrigérateur.

Préchauffez le four à 180 °C (th. 6). Sur le plan de travail fariné, étalez la seconde moitié de pâte sur 3 mm d'épaisseur environ puis, à l'aide d'une roulette crantée, découpez-y de longues bandes de 1 cm de large.

Étalez la confiture sur le fond de tarte. Puis disposez les bandelettes de pâte dessus, en croisillons, en soudant leurs extrémités au bord.

Enfournez pour 30 min environ. Laissez la tarte reposer 5 min, puis démoulez-la délicatement sur une grille et laissez-la refroidir.

Astuce

La pâte étant très friable, cette tarte peut se faire sans moule. Découpez un disque de pâte, posez-le directement sur une plaque tapissée de papier sulfurisé et confectionnez un boudin de pâte peu épais autour. Garnissez et quadrillez la surface de la même façon.

Fiadone

Préparation : 20 min
Cuisson : 40-50 min

Pour 6 personnes

1 pâte brisée préétalée

500 g de broccio
(ou de fromage frais de brebis)

3 œufs

10 cl de crème liquide

Le zeste de 1 citron non traité finement râpé

125 g de sucre en poudre

Garnissez un moule à tarte de 24 cm de diamètre avec la pâte en conservant le papier sulfurisé. Découpez l'excédent de pâte et piquez le fond avec une fourchette. Placez au réfrigérateur le temps de préparer la garniture.

Préchauffez le four à 180 °C (th. 6). Émiettez le fromage frais dans un saladier, puis écrasez-le avec une fourchette. Ajoutez-y successivement les œufs, le sucre, la crème et le zeste de citron, en fouettant jusqu'à homogénéité.

Versez la préparation sur le fond de tarte et enfournez pour 40 à 50 min : la surface et les bords de la pâte doivent être bien dorés.

Sortez la tarte du four et laissez-la reposer quelques instants avant de la démouler. Servez tiède ou froid.

Variante

CETTE TARTE CORSE TRADITIONNELLE SE CONFECTIONNE TRÈS SOUVENT SANS PÂTE. IL SUFFIT DE VERSER DIRECTEMENT LA GARNITURE DANS LE MOULE BEURRÉ PUIS, APRÈS CUISSON, DE LA DÉCOUPER EN PARTS.

Pizza sucrée de Pâques

Préparation : 30 min
Repos : 13 h
Cuisson : 1 h 15 environ

Pour 6 personnes

Beurre pour le moule

Farine pour le plan de travail

Pour la pâte :

130 g de beurre

60 g de sucre en poudre

1 œuf

180 g de farine

Pour la garniture :

1 kg de ricotta

2 œufs entiers + 2 jaunes

10 cl de crème liquide

100 g de sucre en poudre

100 g de fruits confits coupés en dés

Le zeste de 1 orange non traitée finement râpé

Pour le décor :

Rondelles d'orange caramélisées (voir page 15)

Préparez la pâte la veille. Coupez le beurre en morceaux dans un saladier et laissez-le ramollir. Quand il est bien mou, travaillez-le avec le sucre à la spatule en bois jusqu'à ce que le mélange blanchisse. Battez l'œuf dans un bol, ajoutez-le au mélange et continuez de fouetter jusqu'à obtention d'une consistance onctueuse et crémeuse.

Incorporez peu à peu la farine, en commençant à mélanger à la spatule, puis en pétrissant à la main, jusqu'à obtention d'une pâte souple et élastique, qui n'adhère plus aux doigts : ajoutez éventuellement un peu de farine si elle est trop molle. Ramassez-la en boule, puis aplatissez-la légèrement, enveloppez-la de film alimentaire et laissez-la reposer 12 h au réfrigérateur.

Le lendemain, beurrez un moule à tarte de 24 cm de diamètre. Sur le plan de travail fariné, étalez la pâte au rouleau en un disque de diamètre légèrement supérieur à celui du moule. Garnissez-en le moule et laissez de nouveau reposer 1 h au réfrigérateur.

Préchauffez le four à 180 °C (th. 6).

Préparez la garniture. Dans une jatte, fouettez les œufs et les jaunes avec la ricotta jusqu'à obtention d'une consistance onctueuse. Ajoutez successivement la crème, le sucre, les fruits confits et le zeste d'orange.

Versez la préparation sur le fond de tarte et enfournez pour 1 h 15 environ. Démoulez la tarte sur une grille, laissez-la refroidir, puis réservez-la au réfrigérateur jusqu'au moment de servir.

Servez décoré des rondelles d'orange caramélisées coupées en deux.

Flans, clafoutis & soufflés

Les flans et les clafoutis sont de vrais desserts rustiques. Ils sont très faciles à réussir, se préparent avec toutes sortes de fruits et se prêtent à maintes variantes. Les soufflés, quant à eux, sont souvent réservés aux grandes occasions. Ces entremets délicats et raffinés sont pourtant rapides à réaliser et beaucoup plus faciles à réussir qu'on ne se l'imagine.

Flan vanillé

Préparation : 30 min
Infusion : 15 min
Cuisson : 30-35 min

Pour 6 personnes

Pour la pâte brisée :

150 g de beurre mou
+ un peu pour le moule

250 g de farine + un peu pour le plan de travail

½ c. à c. de sel fin

2 c. à s. de sucre en poudre (facultatif)

4 à 5 c. à s. d'eau très froide (ou de lait)

Pour la garniture :

3 œufs

120 g de sucre en poudre

60 cl de lait

15 cl de crème liquide

1 gousse de vanille

60 g de farine

Préparez la garniture. Faites bouillir le lait dans une casserole avec la gousse de vanille fendue en deux dans la longueur. Ôtez du feu, couvrez et laissez infuser 15 min. Retirez la gousse de vanille et grattez les graines avec la pointe d'un couteau.

Pendant l'infusion du lait, préparez la pâte brisée (voir page 16). Beurrez un moule rectangulaire à bord haut de 26 × 20 cm. Sur le plan de travail fariné, étalez la pâte au rouleau en un rectangle légèrement plus grand que le moule. Garnissez-en le moule et placez au réfrigérateur le temps de poursuivre la préparation de la garniture.

Préchauffez le four à 210 °C (th. 7). Chauffez de nouveau le lait avec la moitié du sucre, en remuant jusqu'à complète dissolution de ce dernier.

Dans un saladier, battez les œufs en omelette avec le reste de sucre et la farine. Versez le lait chaud dessus, sans cesser de fouetter, puis reversez le tout dans la casserole et faites épaissir 5 à 10 min à feu moyen, en remuant. Ôtez la crème du feu et versez-la sur le fond de pâte.

Enfournez pour 30 à 35 min : le flan doit être bien pris. S'il n'est pas assez doré, passez-le quelques instants sous le gril du four chaud. Laissez refroidir avant de servir.

Flan aux poires charentais

Préparation : 30 min
Cuisson : 50 min-1 h

Pour 6 personnes

Pour la pâte brisée :

150 g de beurre mou
+ un peu pour le moule

250 g de farine + un peu pour le plan de travail

½ c. à c. de sel fin

2 c. à s. de sucre en poudre (facultatif)

4 à 5 c. à s. d'eau très froide (ou de lait)

Pour la garniture :

500 g de poires fermes (williams)

50 cl de lait

200 g de sucre en poudre

2 œufs

60 g de farine

Préparez la pâte brisée (voir page 16). Beurrez et farinez un moule à tarte à bord haut ou une tourtière de 24 cm de diamètre. Sur le plan de travail fariné, étalez la pâte au rouleau en un disque de diamètre légèrement supérieur à celui du moule et de 3 mm d'épaisseur environ. Garnissez-en le moule et placez au réfrigérateur le temps de préparer la garniture.

Dans une grande casserole, faites bouillir 50 cl d'eau avec 100 g de sucre jusqu'à obtention d'un sirop.

Lavez et pelez les poires. Coupez-les en deux et évidez-les. Faites-les cuire 10 à 15 min dans le sirop, à petits frémissements, jusqu'à ce que la chair soit tendre mais encore ferme. Égouttez-les à l'aide d'une écumoire et épongez-les sur du papier absorbant.

Portez le lait à ébullition dans une autre casserole. Dans un saladier, fouettez les œufs avec le reste de sucre et la farine. Délayez avec une partie du lait bouillant, puis reversez dans la casserole et mélangez au reste de lait. Faites épaissir 5 à 10 min à petits frémissements, sans cesser de remuer, puis ôtez du feu.

Préchauffez le four à 200 °C (th. 6-7). Étalez les deux tiers de la crème sur le fond de pâte, puis coupez les demi-poires en lamelles épaisses et disposez-les sur la crème en les reconstituant. Recouvrez-les du reste de crème et enfournez pour 40 à 45 min. Laissez le flan tiédir, puis démoulez-le et servez sans attendre.

Astuce

VOUS POUVEZ AUSSI UTILISER DES POIRES AU SIROP.
DANS CE CAS, ÉGOUTTEZ-LES ET ÉPONGEZ-LES DIRECTEMENT.

Flognarde aux pommes

Préparation : 20 min
Cuisson : 40-45 min

Pour 6 personnes

1 kg de pommes (golden ou granny-smith)

40 g de beurre demi-sel + un peu pour le plat

3 œufs

40 cl de lait

100 g de sucre en poudre + un peu pour servir

80 g de farine + un peu pour le plat

Faites fondre le beurre demi-sel à feu doux dans une petite casserole.

Mélangez la farine et le sucre dans un saladier, puis ajoutez les œufs et fouettez jusqu'à obtention d'une pâte lisse. Incorporez-y le beurre fondu, sans cesser de fouetter, jusqu'à homogénéité.

Préchauffez le four à 200 °C (th. 6-7). Beurrez et farinez un joli plat à four à bords assez hauts.

Lavez et pelez les pommes. Coupez-les en quatre et épépinez-les. Recoupez-les en fins quartiers. Disposez-les dans le fond du plat et versez la pâte dessus. Enfournez pour 40 à 45 min.

Saupoudrez la flognarde de sucre et laissez-la tiédir. Servez dans le plat de cuisson.

Flans chicorée-pain d'épice

Préparation : 20 min
Cuisson : 30 min environ

Pour 4 flans

3 petites tranches de pain d'épice

3 œufs

1 c. à s. de Maïzena

80 g de sucre en poudre

30 cl de crème liquide

30 cl de chicorée liquide

Beurre mou pour les ramequins

Préchauffez le four à 90 °C (th. 3). Placez les tranches de pain d'épice sur la grille du four, à mi-hauteur. Faites-les sécher pendant 20 min, puis mixez-les en chapelure grossière.

Augmentez la température du four à 120 °C (th. 4). Beurrez 4 ramequins et répartissez-y la chapelure de pain d'épice.

Dans un saladier, fouettez les œufs avec le sucre et la Maïzena, puis incorporez la crème et la chicorée, en remuant jusqu'à homogénéité.

Répartissez la préparation dans les ramequins, sur le pain d'épice, puis placez ceux-ci dans un bain-marie et enfournez pour 30 min environ : une pointe de couteau piquée au cœur d'un flan doit ressortir sèche. Si nécessaire, prolongez un peu la cuisson.

Ôtez les flans du bain-marie. Laissez-les refroidir ou servez-les tièdes.

Petits clafoutis aux abricots et aux amandes

Préparation : 20 min
Infusion : 1 h
Cuisson : 35-40 min

Pour 6 clafoutis

1,2 kg d'abricots

70 cl de lait

180 g d'amandes en poudre

6 œufs

60 g de farine

140 g de sucre en poudre
+ un peu pour les ramequins

80 g de beurre fondu
+ un peu pour les ramequins

3 c. à s. d'amandes effilées

1 pincée de sel fin

Portez le lait à ébullition avec la poudre d'amandes. Ôtez du feu, couvrez et laissez infuser 1 h.

Lavez et séchez les abricots, puis coupez-les en deux et dénoyautez-les. Faites dorer les amandes effilées à sec dans une poêle antiadhésive.

Dans une jatte, battez les œufs en omelette avec le sucre et le sel.

Mettez la farine dans un saladier et ménagez un puits au centre. Versez-y petit à petit les œufs battus et le lait d'amandes, en fouettant jusqu'à homogénéité. Incorporez enfin le beurre fondu.

Préchauffez le four à 210 °C (th. 7). Beurrez 6 ramequins individuels, puis saupoudrez les parois de sucre. Disposez les oreillons d'abricot au fond, face bombée dessous, couvrez-les de pâte et parsemez des amandes effilées. Enfournez pour 10 min environ, puis baissez la température à 180 °C (th. 6) et poursuivez la cuisson 20 à 25 min.

Laissez tiédir un peu et servez dans les ramequins.

Variante

VOUS POUVEZ AUSSI CONFECTIONNER UN GRAND CLAFOUTIS. DANS CE CAS, UTILISEZ UN GRAND PLAT À FOUR ET PROLONGEZ LA CUISSON D'UNE DIZAINE DE MINUTES.

Clafoutis mangue-coco

Préparation : 20 min
Cuisson : 30-35 min

Pour 6 personnes

6 mangues

200 g de sucre en poudre

4 œufs

60 g de farine

15 cl de crème liquide

15 cl de lait de coco

3 c. à s. de noix de coco râpée

Beurre pour le plat

Lavez et pelez les mangues. Coupez la chair en tournant autour du noyau, puis recoupez-la en cubes.

Préparez un sirop en faisant bouillir 100 g de sucre avec 60 cl d'eau. Plongez-y les cubes de mangue et faites-les cuire 15 min environ à petits frémissements : ils doivent rester fermes. Égouttez-les.

Dans une jatte, battez les œufs en omelette avec le reste du sucre. Sans cesser de fouetter, ajoutez la farine, puis délayez avec la crème et le lait de coco jusqu'à obtention d'une pâte lisse et fluide.

Préchauffez le four à 210 °C (th. 7). Beurrez un joli plat à four. Disposez les cubes de mangue au fond et recouvrez-les de pâte. Enfournez pour 10 min environ, puis baissez la température à 180 °C (th. 6) et poursuivez la cuisson 20 à 25 min.

Parsemez le clafoutis de noix de coco râpée. Servez tiède ou froid, dans le plat de cuisson.

Petits soufflés de banane à la vanille

Préparation : 20 min
Infusion : 30 min
Réfrigération : 10 min
Cuisson : 10-15 min

Pour 4 soufflés

3 bananes

Le jus de ½ citron

15 cl de lait

1 c. à s. de Maïzena

4 jaunes d'œuf + 5 blancs

3 c. à s. de cassonade

1 gousse de vanille

1 pincée de sel fin

Beurre mou pour les ramequins

Faites bouillir le lait dans une casserole avec la gousse de vanille fendue en deux dans la longueur. Ôtez du feu, couvrez et laissez infuser 30 min. Retirez la gousse de vanille et grattez les graines avec la pointe d'un couteau.

Dans un saladier, mélangez les jaunes d'œuf avec la Maïzena et la cassonade à la cuillère en bois, puis délayez avec le lait vanillé. Reversez dans la casserole et faites épaissir à petits frémissements, sans cesser de remuer. Ôtez du feu.

Pelez les bananes, coupez-les en morceaux et mixez-les avec le jus de citron. Incorporez la purée obtenue à la crème vanillée.

Préchauffez le four à 180 °C (th. 6). Enduisez 4 ramequins individuels d'une première couche de beurre, placez-les 10 min au réfrigérateur, puis beurrez-les de nouveau.

Battez les blancs d'œuf en neige ferme avec le sel, puis incorporez-les délicatement à la préparation précédente.

Répartissez la préparation dans les ramequins et enfournez pour 10 à 15 min : les soufflés doivent être bien gonflés. Servez aussitôt.

Variante

Si vous ne faites qu'un soufflé, dans un grand moule, prolongez la cuisson d'une dizaine de minutes.

Petits soufflés à l'orange

Préparation : 20 min
Réfrigération : 10 min
Cuisson : 13-17 min

Pour 6 soufflés

10 cl de lait

20 cl de jus d'orange frais

30 g de Maïzena

4 jaunes d'œuf + 5 blancs

100 g de sucre en poudre
+ un peu pour les ramequins

5 cl d'eau de fleur d'oranger

1 pincée de sel fin

Beurre mou pour les ramequins

Dans une casserole, mélangez les jaunes d'œuf avec le sucre et la Maïzena, puis délayez avec le lait et le jus d'orange. Portez à ébullition, puis baissez le feu et faites épaissir 1 à 2 min à petits frémissements, sans cesser de remuer. Ôtez du feu et incorporez l'eau de fleur d'oranger.

Préchauffez le four à 180 °C (th. 6). Enduisez 6 ramequins d'une première couche de beurre, placez-les 10 min au réfrigérateur, puis beurrez-les de nouveau. Saupoudrez leurs parois de sucre.

Battez les blancs d'œuf en neige ferme avec le sel, puis incorporez-les délicatement à la préparation précédente, en soulevant la masse de bas en haut.

Répartissez la préparation dans les ramequins et enfournez pour 12 à 15 min : les soufflés doivent être bien gonflés. Servez aussitôt.

Astuce

Évidez 6 oranges avec une petite cuillère, après avoir coupé un chapeau aux deux tiers de leur hauteur. Vous utiliserez les écorces comme moules et presserez la pulpe pour en recueillir le jus.

Soufflé au cacao

Préparation : 20 min
Réfrigération : 10 min
Cuisson : 35 min environ

Pour 6 personnes

30 cl de lait

120 g de sucre en poudre
+ un peu pour le moule

6 œufs

35 g de Maïzena

30 g de cacao en poudre

1 pincée de sel fin

Beurre mou pour le moule

Cassez les œufs dans deux saladiers en séparant les blancs des jaunes.

Dans une casserole, mélangez le cacao avec 30 g de sucre puis délayez avec le lait. Portez à ébullition.

Fouettez les jaunes d'œuf avec 60 g de sucre et la Maïzena jusqu'à ce que le mélange blanchisse et soit bien mousseux. Délayez avec le lait cacaoté bouillant,en remuant avec une cuillère en bois, puis reversez le tout dans la casserole. Faites épaissir 5 à 10 min à feu doux, sans cesser de remuer. Ôtez du feu et laissez tiédir.

Préchauffez le four à 200 °C (th. 6-7). Enduisez un moule à soufflé de 18 cm de diamètre d'une première couche de beurre, placez-le 10 min au réfrigérateur, puis beurrez-le de nouveau. Saupoudrez ses parois avec le reste de sucre.

Battez les blancs d'œuf en neige ferme avec le sel, puis incorporez-les délicatement à la préparation précédente, en soulevant la masse de bas en haut.

Versez la préparation dans le moule et enfournez pour 5 min, puis baissez la température à 180 °C (th. 6) et poursuivez la cuisson 30 min environ : le soufflé doit être bien gonflé. Servez aussitôt.

Variante

POUR DES SOUFFLÉS INDIVIDUELS, DIMINUEZ LE TEMPS DE CUISSON D'UNE DIZAINE DE MINUTES.

Soufflés crémeux au chocolat et au pop-corn

Préparation : 20 min
Réfrigération : 10 min
Cuisson : 10 min environ

Pour 6 soufflés

150 g de chocolat noir à 70 % de cacao

10 cl de crème liquide

4 jaunes d'œuf + 6 blancs

40 g de Maïzena

40 g de sucre glace

4 c. à s. de pop-corn

1 pincée de sel fin

Beurre mou pour les ramequins

Concassez grossièrement le pop-corn.

Cassez le chocolat en morceaux dans un saladier et faites-le fondre au bain-marie à feu doux, en remuant jusqu'à obtention d'une crème lisse. Ôtez du feu et incorporez la crème liquide, en remuant vivement. Laissez tiédir, puis incorporez les jaunes d'œuf, un par un. Ajoutez la Maïzena, en fouettant vivement, et incorporez le pop-corn concassé.

Préchauffez le four à 180 °C (th. 6). Enduisez 6 ramequins d'une première couche de beurre, placez-les 10 min au réfrigérateur, puis beurrez-les de nouveau.

Battez les blancs d'œuf en neige ferme, en ajoutant le sucre glace quand ils commencent à être bien pris. Incorporez-en 3 cuillerées à soupe à la préparation précédente, en mélangeant vivement, puis incorporez délicatement le reste, en soulevant la masse de bas en haut.

Répartissez la préparation dans les ramequins et enfournez pour 10 min environ : une aiguille piquée au cœur d'un soufflé doit ressortir légèrement humide. Servez aussitôt.

Crèmes, mousses & bavarois

Crèmes, mousses et bavarois, toujours confectionnés à l'avance et souvent en portions individuelles, sont très pratiques à servir quand on est nombreux. Selon qu'on les aromatise classiquement de chocolat ou de vanille, ou bien de toutes sortes de fruits et d'épices, ils se font simples friandises ou entremets d'exception. Dépourvus de pâte, ce sont des desserts d'une grande légèreté.

Crème caramel

Préparation : 15 min
Cuisson : 45-50 min

Pour 4 personnes

3 œufs entiers + 2 jaunes

50 cl de lait

100 g de sucre en poudre

Pour le caramel :

80 g de sucre en poudre

3 c. à s. d'eau

Quelques gouttes de jus de citron

Préparez le caramel. Dans une petite casserole, chauffez le sucre à petits bouillons avec l'eau et le jus de citron jusqu'à ce qu'il prenne une jolie couleur dorée. Arrêtez la cuisson en plongeant le fond de la casserole dans un récipient d'eau froide. Versez le caramel dans un moule à manqué de 20 cm de diamètre et inclinez celui-ci en tous sens pour bien en recouvrir le fond. Laissez refroidir.

Préchauffez le four à 160 °C (th. 5-6).

Dans un saladier, battez les œufs entiers et les jaunes en omelette avec le sucre. Faites bouillir le lait dans une casserole, puis versez-le sur les œufs battus, sans cesser de remuer, jusqu'à obtention d'une crème lisse. Versez-la dans le moule caramélisé, en la filtrant à travers une passoire fine.

Placez le moule dans un bain-marie et enfournez pour 45 à 50 min.

Laissez la crème caramel refroidir avant de la démouler. Réservez-la au réfrigérateur jusqu'au moment de servir.

Petites crèmes au chocolat

Préparation : 15 min
Cuisson : 20-25 min

Pour 4 crèmes

100 g de chocolat noir à 70 % de cacao

20 cl de crème liquide

20 cl de lait

4 jaunes d'œuf

40 g de sucre en poudre

Cassez le chocolat en morceaux dans un saladier et faites-le fondre au bain-marie à feu doux, en remuant jusqu'à obtention d'une crème lisse.

Portez le lait et la crème à ébullition dans une petite casserole, puis ôtez du feu.

Préchauffez le four à 150 °C (th. 5).

Dans un saladier, fouettez vivement les jaunes d'œuf avec le sucre jusqu'à ce que le mélange blanchisse. Incorporez le chocolat fondu, puis délayez avec le lait et la crème très chauds, sans cesser de remuer.

Répartissez la préparation dans 4 ramequins, placez ceux-ci dans un bain-marie et enfournez pour 20 à 25 min : la crème doit être juste prise. Servez tiède ou froid.

Petites crèmes vanille, café et caramel

Préparation : 15 min
Cuisson : 25-35 min

Pour 4 personnes (4 × 3 crèmes)

1 litre de lait

12 jaunes d'œuf

100 g de sucre en poudre

1 c. à s. de Maïzena

1 c. à c. d'extrait de vanille liquide

1 c. à s. d'extrait de café

1 c. à s. de caramel liquide

Préchauffez le four à 160 °C (th. 5-6).

Portez le lait à ébullition dans une casserole. Dans un saladier, fouettez les jaunes d'œuf avec le sucre et la Maïzena. Délayez avec le lait bouillant, en remuant jusqu'à obtention d'une crème lisse. Répartissez-la également dans trois jattes.

Incorporez l'extrait de vanille au premier tiers de crème, l'extrait de café au deuxième tiers et le caramel liquide au troisième. Versez les crèmes aromatisées dans des petits pots ou des ramequins.

Placez les petits pots (ou les ramequins) dans un bain-marie et enfournez pour 25 à 35 min : la surface des crèmes doit être juste ferme sous la pression.

Sortez les crèmes du four et laissez-les refroidir avant de les placer au réfrigérateur, jusqu'au moment de servir.

Conseil

Ne remplissez pas trop les récipients (la crème va gonfler) et, pour le bain-marie, versez l'eau (bouillante) jusqu'à mi-hauteur de ceux-ci.

Ramequins à la pistache

Préparation : 15 min
Repos : 1 h
Cuisson : 20-25 min

Pour 6 ramequins

45 cl de crème liquide

25 cl de lait

6 jaunes d'œuf

60 g de sucre en poudre

100 g de pâte de pistaches (voir page 249)

Beurre mou pour les ramequins

Dans une jatte, fouettez les jaunes d'œuf avec le sucre jusqu'à ce que le mélange blanchisse. Ajoutez la pâte de pistaches et remuez vivement avec une spatule en bois jusqu'à obtention d'une crème homogène.

Délayez petit à petit avec le lait puis la crème, en remuant doucement. Laissez reposer 1 h au réfrigérateur.

Préchauffez le four à 120 °C (th. 4). Beurrez 6 ramequins et répartissez-y la préparation.

Enfournez pour 20 à 25 min : la surface des crèmes doit être assez ferme sous la pression. Si besoin, prolongez un peu la cuisson. Servez tiède.

Crèmes coco

Préparation : 15 min
Repos : 5 min
Cuisson : 20-30 min

Pour 4 crèmes

1 œuf entier + 3 jaunes

10 cl de lait concentré non sucré

30 cl de lait de coco

2 c. à s. de sucre en poudre

2 c. à s. de noix de coco râpée

1 gousse de vanille

Versez le lait concentré et le lait de coco dans une casserole, ajoutez la gousse de vanille fendue en deux dans la longueur. Portez à ébullition, puis ôtez du feu. Retirez la gousse de vanille, grattez les graines et jetez l'écorce.

Faites blondir la noix de coco râpée à sec dans une poêle antiadhésive. Réservez-la.

Dans une jatte, fouettez vivement l'œuf entier et les jaunes avec le sucre jusqu'à ce que le mélange blanchisse. Délayez avec la crème vanillée, en remuant jusqu'à obtention d'une crème lisse et onctueuse. Laissez-la reposer 5 min, puis retirez délicatement la mousse en surface à l'aide d'une écumoire fine.

Préchauffez le four à 150 °C (th. 5). Répartissez la crème dans 4 ramequins, placez ceux-ci dans un bain-marie et enfournez pour 20 à 30 min : la surface doit être juste ferme sous la pression.

Saupoudrez les crèmes de la noix de coco grillée. Laissez-les refroidir et placez-les au réfrigérateur jusqu'au moment de servir.

Crèmes safran-cardamome

Préparation : 15 min
Cuisson : 20-30 min

Pour 4 crèmes

30 cl de crème liquide

30 cl de lait

4 jaunes d'œuf

1 c. à s. de Maïzena

80 g de sucre en poudre

3 graines de cardamome

1 pincée de pistils de safran

Préchauffez le four à 150 °C (th. 5).

Écrasez la cardamome au pilon ou dans un moulin à épices.

Dans une casserole, portez le lait et la crème à ébullition avec la cardamome pilée et les pistils de safran.

Dans une jatte, fouettez les jaunes d'œuf avec le sucre et la Maïzena jusqu'à ce que le mélange blanchisse. Délayez avec le lait bouillant, sans cesser de remuer.

Répartissez la préparation dans 4 ramequins, placez-les dans un bain-marie et enfournez pour 20 à 30 min : la surface des crèmes doit être juste ferme sous la pression.

Laissez refroidir et placez au réfrigérateur jusqu'au moment de servir.

Crèmes à la réglisse anisées

Préparation : 20 min
Cuisson : 20-25 min

Pour 4 crèmes

6 rouleaux de réglisse (Zan)

15 cl de crème liquide

30 cl de lait

1 étoile de badiane (anis étoilé)

2 œufs entiers + 2 jaunes

2 c. à s. de sucre en poudre

Écrasez légèrement la badiane avec le plat d'un couteau. Déroulez les rouleaux de réglisse, coupez-les en petits morceaux et faites-les fondre à feu doux dans une grande casserole avec 10 cl d'eau et la badiane écrasée. Ajoutez le lait et la crème, puis mixez le tout jusqu'à obtention d'un mélange lisse et onctueux.

Préchauffez le four à 120 °C (th. 4). Réchauffez la crème à la réglisse sans la laisser bouillir.

Dans un saladier, battez les œufs entiers en omelette, puis ajoutez les jaunes et le sucre et continuez à fouetter jusqu'à ce que le mélange soit bien mousseux. Incorporez la crème à la réglisse chaude, sans cesser de battre, jusqu'à homogénéité. Filtrez la préparation à travers une passoire fine, puis versez-la dans 4 ramequins.

Placez les ramequins dans un bain-marie et enfournez pour 20 à 25 min : la surface des crèmes doit être juste ferme sous la pression. Laissez refroidir et placez au réfrigérateur jusqu'au moment de servir.

Crèmes au citron vert et au gingembre

Préparation : 20 min
Cuisson : 25-35 min

Pour 6 crèmes

2 œufs entiers + 2 jaunes

4 c. à s. de sucre roux

2 citrons verts non traités

50 cl de crème liquide

30 g de gingembre confit

1 c. à s. de sirop de gingembre

20 cl de sirop de sucre

Hachez le gingembre confit aussi finement que possible. Prélevez le zeste d'un des citrons verts avec un couteau économe et pressez les fruits pour en recueillir le jus.

Portez le sirop de sucre à ébullition dans une petite casserole, plongez-y le zeste de citron et faites-le pocher 4 à 5 min à petits frémissements. Égouttez-le à l'aide d'une écumoire et épongez-le sur du papier absorbant. Laissez-le refroidir, puis hachez-le finement.

Préchauffez le four à 150 °C (th. 5).

Portez la crème à ébullition dans une autre casserole. Dans un saladier, fouettez les œufs entiers et les jaunes avec le sucre roux jusqu'à ce que le mélange blanchisse et soit bien mousseux. Délayez avec la crème chaude, sans cesser de remuer, puis incorporez le jus et le zeste de citron, le gingembre confit et le sirop de gingembre.

Répartissez la préparation dans 6 ramequins et enfournez pour 20 à 30 min : les crèmes doivent être bien prises.

Laissez refroidir et placez au réfrigérateur jusqu'au moment de servir.

Conseil

VOUS TROUVEREZ LE SIROP DE GINGEMBRE DANS LES ÉPICERIES ASIATIQUES.

Crèmes à la mangue anisées

Préparation : 20 min
Cuisson : 25-35 min

Pour 4 crèmes

2 mangues bien mûres (400 g)

½ c. à c. d'anis en poudre

3 œufs

25 cl de crème liquide

100 g de sucre en poudre

Coulis de mangue et biscuits à l'anis pour servir

Pelez les mangues, coupez la chair en tournant autour des noyaux, puis recoupez-la en cubes. Mixez-les en purée.

Préchauffez le four à 160 °C (th. 5-6).

Chauffez la crème avec l'anis en poudre dans une petite casserole. Ôtez du feu aux premiers frémissements.

Dans un saladier, fouettez les œufs avec le sucre jusqu'à ce que le mélange blanchisse. Délayez avec la crème à l'anis chaude, sans cesser de remuer. Ajoutez la purée de mangues, en mélangeant délicatement.

Répartissez la préparation dans 4 ramequins et enfournez pour 25 à 35 min : la surface des crèmes doit être ferme sous la pression.

Laissez refroidir et placez au réfrigérateur jusqu'au moment de servir, accompagné de coulis de mangue et de biscuits à l'anis.

Crème fine au citron

Préparation : 20 min

Pour 6 à 8 personnes

25 cl de jus de citron

3 œufs entiers + 6 jaunes

15 cl de crème liquide

150 g de sucre en poudre

120 g de beurre

Coupez le beurre en morceaux dans un saladier et laissez-le ramollir. Versez la crème liquide dans un autre saladier et mettez-la une vingtaine de minutes au congélateur.

Dans une jatte, fouettez vivement les œufs entiers et les jaunes avec le sucre jusqu'à ce que le mélange blanchisse et soit bien crémeux. Incorporez le jus de citron.

Placez la jatte dans un bain-marie juste frémissant et faites épaissir le mélange, sans cesser de remuer, jusqu'à ce qu'il nappe la cuillère. Ôtez du bain-marie.

Ajoutez le beurre mou en fouettant jusqu'à homogénéité. Laissez refroidir.

Fouettez la crème liquide très froide en chantilly, puis incorporez-la délicatement à la crème au citron. Versez dans une coupe, couvrez de film alimentaire et placez au réfrigérateur jusqu'au moment de servir.

Tiramisu

Préparation : 25 min
Réfrigération : 3-12 h

Pour 6 personnes

300 g de mascarpone

4 œufs

20 cl d'expresso très fort

1 boîte de biscuits à la cuillère (200 g environ)

80 g de sucre en poudre

Cacao en poudre pour servir

250 g. mascarpone
2 oeufs
30 g sucre

Versez le café dans une assiette creuse. Trempez-y rapidement la moitié des biscuits, un par un, de façon à les imbiber sans les détremper. Disposez-les au fur et à mesure dans 6 coupes ou dans le fond d'un plat assez haut.

Cassez les œufs dans deux saladiers en séparant les blancs des jaunes. Fouettez les jaunes avec le sucre jusqu'à ce que le mélange blanchisse et soit bien mousseux. Ajoutez le mascarpone, en fouettant vivement, jusqu'à homogénéité.

Fouettez les blancs en neige ferme, puis incorporez-les délicatement à la crème au mascarpone, en soulevant la masse de bas en haut. Étalez la moitié de la préparation sur les biscuits.

Trempez le reste de biscuits dans le café, un par un, et disposez-les au fur et à mesure dans les coupes (ou le plat), sur la première couche de crème. Recouvrez-les du reste de crème et réservez au réfrigérateur au moins 3 h, au mieux 12 h.

Servez saupoudré de cacao.

Variante

POUR LES AMATEURS DE CHOCOLAT, REMPLACEZ L'EXPRESSO PAR DU LAIT CACAOTÉ, TRÈS FORT ÉGALEMENT ET LÉGÈREMENT SUCRÉ, POUR Y TREMPER LES BISCUITS.

Œufs coque au chocolat

Préparation : 30 min

Pour 4 personnes

4 œufs

200 g de chocolat noir
à 70 % de cacao

30 cl de crème liquide

Lavez soigneusement les œufs. Essuyez-les. Ouvrez-les délicatement comme des œufs à la coque, videz-les et réservez le contenu à une autre utilisation. Rincez l'intérieur, puis retournez les coquilles sur du papier absorbant et laissez-les sécher.

Cassez le chocolat en petits morceaux dans une jatte. Portez la crème à ébullition, versez-la sur le chocolat et laissez reposer une minute. Quand le chocolat commence à fondre, mélangez doucement jusqu'à obtention d'une crème bien lisse, puis fouettez quelques instants jusqu'à ce que le mélange soit mousseux, mais sans insister, pour qu'il n'épaississe pas trop.

Mettez la crème obtenue dans une poche à douille munie d'un embout lisse de 0,5 cm de diamètre et remplissez-en les coquilles vides. Placez les œufs sur des supports alvéolés et réservez-les au réfrigérateur jusqu'au moment de servir, dans de jolis coquetiers.

Chaudeaux antillais

Préparation : 20 min
Cuisson : 10 min environ

Pour 6 personnes

1 litre de lait

100 g de sucre en poudre

4 œufs

1 petit morceau de bâton
de cannelle

1 pincée de noix muscade râpée

1 gousse de vanille

Le zeste de 1 citron vert non traité

Cannelle en poudre pour servir

Mélangez le lait et le sucre dans une casserole. Ajoutez le zeste de citron, le bâton de cannelle et la gousse de vanille fendue en deux dans la longueur. Portez à ébullition en remuant, puis ôtez du feu. Grattez l'intérieur de la gousse de vanille pour recueillir les graines et jetez l'écorce. Retirez le zeste de citron et le bâton de cannelle.

Cassez les œufs dans un grand bol, délayez-les avec un peu du lait chaud, puis reversez le tout dans la casserole et mélangez. Chauffez ensuite à feu très doux jusqu'à ce que la crème épaississe, en remuant sans cesse et en veillant à ne pas atteindre l'ébullition.

Versez dans des coupes ou de jolis verres, saupoudrez d'un peu de cannelle et servez chaud.

Verrines meringuées caramel-banane

Préparation : 15 min
Cuisson : 3-4 min

Pour 4 personnes

8 meringues de la taille d'une mandarine

2 bananes

Le jus de ½ citron

60 cl de lait

6 jaunes d'œuf

2 c. à s. de Maïzena

4 c. à s. de sucre en poudre

2 c. à s. de copeaux en chocolat (voir page 13)

Pour le caramel crémeux :

80 g de sucre en poudre

1 c. à s. d'eau

10 cl de crème liquide

Préparez le caramel crémeux. Dans une petite casserole, chauffez le sucre à petits bouillons avec l'eau jusqu'à ce qu'il prenne une belle couleur dorée. Ajoutez petit à petit la crème, puis ôtez du feu et laissez refroidir.

Dans une casserole, mélangez les jaunes d'œuf avec le le sucre et la Maïzena, puis délayez avec le lait en remuant. Portez à ébullition, puis baissez le feu et faites épaissir 3 à 4 min à petits frémissements, sans cesser de remuer. Incorporez le caramel crémeux, ôtez du feu et laissez refroidir.

Épluchez les bananes et éliminez les filaments. Coupez-les en fines rondelles et arrosez-les aussitôt du jus de citron pour éviter que la chair ne noircisse.

Coupez les meringues en morceaux. Répartissez-en un peu dans le fond de 4 verres, recouvrez-les de rondelles de banane et d'un peu de crème au caramel, puis continuez en alternant les couches jusqu'à épuisement des ingrédients et en terminant par de la crème. Parsemez des copeaux en chocolat et placez au réfrigérateur jusqu'au moment de servir.

Verrines de pêche au mascarpone

Préparation : 20 min

Pour 4 personnes

8 boudoirs

2 pêches jaunes

Le jus de ½ citron

15 cl de crème liquide

150 g de mascarpone

2 c. à s. de sucre en poudre

1 blanc d'œuf

4 c. à s. de marmelade
ou de compote d'abricots

2 c. à s. d'amandes effilées

Faites légèrement griller les amandes effilées à sec dans une poêle antiadhésive.

Plongez les pêches 30 secondes dans une casserole d'eau bouillante, puis mettez-les aussitôt dans un récipient d'eau glacée. Pelez-les, coupez-les en deux et dénoyautez-les. Recoupez-les en dés et arrosez-les aussitôt du jus de citron pour éviter que la chair ne noircisse.

Dans une jatte, fouettez vivement la crème et le mascarpone avec le sucre, jusqu'à ce que le mélange ait presque la consistance d'une chantilly.

Battez le blanc d'œuf en neige très ferme, puis incorporez-le délicatement à la préparation précédente, en soulevant la masse de bas en haut.

Cassez les boudoirs en morceaux et répartissez-les dans le fond de 4 verres. Recouvrez-les de 1 cuillerée à soupe de marmelade (ou de compote) d'abricots. Surmontez d'une couche de dés de pêche et d'une couche de crème au mascarpone. Renouvelez cette opération et décorez des amandes grillées. Placez au réfrigérateur jusqu'au moment de servir.

Variante

Vous pouvez remplacer les fruits frais par des pêches au sirop léger. Égouttez-les avec soin et épongez-les sur du papier absorbant avant de réaliser la recette.

Crèmes de mascarpone au café

Préparation : 10 min
Réfrigération : 2 h minimum

Pour 4 personnes

300 g de mascarpone

2 blancs d'œuf

1 tasse de café très fort

2 c. à s. de café soluble

40 g de sucre glace

1 c. à s. de cacao en poudre

1 pincée de sel fin

Sauce au chocolat (voir page 25) pour servir

Délayez le café soluble et la moitié du sucre glace dans le café corsé.

Versez le mascarpone dans une jatte et ajoutez progressivement le café, en fouettant jusqu'à ce que le mélange soit parfaitement homogène et onctueux.

Battez les blancs d'œuf en neige ferme avec le sel. Quand ils adhèrent bien aux branches du fouet, saupoudrez le reste de sucre glace en surface et fouettez encore quelques instants.

Incorporez délicatement les blancs en neige à la crème au café. Versez la préparation dans des coupelles ou de jolis verres et réservez au moins 2 h au réfrigérateur.

Au moment de servir, saupoudrez les crèmes de cacao et accompagnez-les d'une sauce au chocolat.

Conseil

Vous pouvez remplacer le café par 4 cuillerées à soupe de cacao en poudre ou 10 cl du coulis de fruits de votre choix.

Crèmes brûlées

Préparation : 15 min
Infusion : 30 min
Repos : 1 h
Cuisson : 35-45 min

Pour 6 crèmes

35 cl de lait

35 cl de crème liquide

8 jaunes d'œuf

100 g de sucre en poudre

6 c. à s. de cassonade

2 gousses de vanille

Portez le lait et la crème à ébullition dans une casserole, avec les gousses de vanille fendues en deux dans la longueur. Ôtez du feu, couvrez et laissez infuser 30 min. Retirez les gousses de vanille et grattez les graines avec la pointe d'un couteau.

Dans un saladier, fouettez légèrement les jaunes d'œuf avec le sucre, puis délayez avec le lait vanillé. Ôtez délicatement la mousse qui se forme à la surface avec une écumoire, filtrez le mélange à travers une passoire fine et laissez reposer 1 h au réfrigérateur.

Préchauffez le four à 120 °C (th. 4). Répartissez la préparation dans 6 ramequins et enfournez pour 35 à 45 min : la surface des crèmes doit être juste ferme sous la pression. Laissez refroidir, puis placez au réfrigérateur.

Au moment de servir, saupoudrez chaque crème de 1 cuillerée à soupe de cassonade et caramélisez la surface au chalumeau ou quelques minutes sous le gril du four chaud.

Crèmes brûlées passion

Préparation : 20 min
Cuisson : 40-45 min
Réfrigération : 2 h

Pour 4 personnes

8 fruits de la Passion bien mûrs

20 cl de jus d'orange

5 jaunes d'œuf

8 c. à s. de sucre en poudre

15 cl de crème liquide

Préchauffez le four à 120 °C (th. 4).

Coupez les fruits de la Passion en deux et prélevez leur pulpe à l'aide d'une petite cuillère. Mettez-la dans une passoire fine posée au-dessus d'un bol et pressez fortement avec le dos d'une cuillère pour recueillir leur jus.

Dans un saladier, fouettez les jaunes d'œuf avec la moitié du sucre jusqu'à ce que le mélange blanchisse. Ajoutez la crème, le jus des fruits de la Passion et le jus d'orange, sans cesser de fouetter. Passez le mélange au chinois.

Répartissez la préparation dans 4 ramequins, placez ceux-ci dans un bain-marie et enfournez pour 40 à 45 min : la surface doit être juste ferme sous la pression. Laissez refroidir, puis réservez 2 h au réfrigérateur.

Au moment de servir, saupoudrez les crèmes avec le reste de sucre et caramélisez la surface au chalumeau ou quelques minutes sous le gril du four chaud.

Crèmes brûlées aux griottes

Préparation : 20 min
Cuisson : 35-45 min
Réfrigération : 2 h

Pour 4 crèmes

200 g de griottes

4 c. à s. d'amandes en poudre

25 cl de lait

25 cl de crème liquide

80 g de sucre en poudre

5 jaunes d'œuf

4 c. à s. de sucre cristallisé

Quelques gouttes d'extrait d'amande amère

2 c. à s. d'amandes effilées

Dans un saladier, fouettez les jaunes d'œuf avec le sucre en poudre jusqu'à ce que le mélange blanchisse, puis délayez avec le lait et la crème, sans cesser de remuer. Ajoutez la poudre d'amandes et l'extrait d'amande amère. Mélangez bien.

Préchauffez le four à 120 °C (th. 4). Répartissez les cerises dans 4 ramequins et nappez-les de crème aux amandes.

Placez les ramequins dans un bain-marie et enfournez pour 35 à 45 min : la surface des crèmes doit être juste ferme sous la pression. Laissez refroidir, puis réservez 2 h au réfrigérateur.

Au moment de servir, répartissez les amandes effilées à la surface des crèmes, saupoudrez-les du sucre cristallisé et caramélisez au chalumeau ou quelques minutes sous le gril du four chaud.

Crèmes brûlées au chocolat

Préparation : 20 min
Cuisson : 30-40 min
Réfrigération : 2 h

Pour 4 crèmes

100 g de chocolat noir à 70 % de cacao, concassé

20 cl de lait entier

30 cl de crème liquide

6 jaunes d'œuf

2 c. à s. de cacao en poudre

100 g de sucre en poudre

4 c. à s. de cassonade

Préchauffez le four à 120 °C (th. 4). Faites fondre le chocolat concassé au bain-marie à feu doux, en remuant jusqu'à obtention d'une crème lisse.

Dans une casserole, délayez le cacao avec le lait, puis ajoutez la crème et portez à ébullition. Ôtez du feu et ajoutez le chocolat fondu, en mélangeant bien.

Dans un saladier, fouettez les jaunes d'œuf avec le sucre en poudre jusqu'à ce que le mélange blanchisse, puis incorporez le lait chocolaté chaud.

Répartissez la préparation dans 4 ramequins, placez ceux-ci dans un bain-marie et enfournez pour 30 à 40 min : les crèmes doivent être juste prises. Laissez refroidir, puis réservez 2 h au réfrigérateur.

Au moment de servir, saupoudrez chaque crème de 1 cuillerée à soupe de cassonade et caramélisez la surface au chalumeau ou quelques minutes sous le gril du four chaud.

Crèmes brûlées au pain d'épice et à la badiane

Préparation : 20 min
Repos : 15 min
Cuisson : 30-40 min
Réfrigération : 2 h

Pour 4 crèmes

3 petites tranches de pain d'épice

25 cl de lait

25 cl de crème liquide

2 c. à s. de miel

4 c. à s. de sucre en poudre

6 jaunes d'œuf

1 étoile de badiane (anis étoilé)

4 c. à s. de cassonade

Retirez la croûte du pain d'épice et mixez-le en chapelure fine.

Dans une casserole, mélangez le lait, la crème et le miel jusqu'à homogénéité. Ajoutez la badiane et portez à ébullition.

Dans un saladier, fouettez les jaunes d'œuf avec le sucre jusqu'à ce que le mélange blanchisse. Délayez avec le lait bouillant, sans cesser de remuer, puis incorporez la chapelure de pain d'épice. Couvrez, laissez reposer 15 min, puis ôtez la badiane.

Préchauffez le four à 120 °C (th. 4).

Répartissez la préparation dans 4 ramequins, placez ceux-ci dans un bain-marie et enfournez pour 30 à 40 min : la surface des crèmes doit être juste ferme sous la pression. Laissez refroidir, puis réservez 2 h au réfrigérateur.

Au moment de servir, saupoudrez chaque crème de 1 cuillerée à soupe de cassonade et caramélisez la surface au chalumeau ou quelques minutes sous le gril du four chaud.

Variante

Remplacez le miel par du caramel liquide.

Crème soufflée à l'orange

Préparation : 20 min
Cuisson : 1 h-1 h 15
Repos : 15 min environ

Pour 4 personnes

40 cl de jus d'orange frais

60 g de beurre
+ un peu pour le moule

15 cl de lait

80 g de sucre en poudre

4 œufs

60 g de farine à gâteaux
à levure incorporée

½ c. à c. de levure chimique

Quelques gouttes de jus de citron

Coupez le beurre en morceaux dans un saladier et laissez-le ramollir. Cassez les œufs en séparant les blancs des jaunes. Faites réduire le jus d'orange à feu vif de manière à n'en conserver que 15 cl et laissez-le refroidir.

Incorporez le sucre au beurre mou, en remuant avec une spatule en bois jusqu'à obtention d'un mélange crémeux. Ajoutez les jaunes d'œuf un par un, puis la farine et la levure, en remuant vivement. Enfin, incorporez progressivement le lait, puis le jus d'orange.

Préchauffez le four à 180 °C (th. 6). Beurrez largement un moule à soufflé.

Battez les blancs d'œuf en neige ferme avec le jus de citron. Incorporez-les délicatement à la crème à l'orange. Versez la préparation dans le moule, placez celui-ci dans un bain-marie et enfournez pour 1 h à 1 h 15 : la surface doit être ferme et dorée. En cours de cuisson, si la coloration est trop rapide, couvrez éventuellement la crème avec du papier d'aluminium.

Sortez du four, laissez reposer une quinzaine de minutes et servez.

Astuce

Pendant la cuisson, cette crème surprenante se structure en couches successives, un biscuit fin et fondant recouvrant la crème à l'orange. Servez à chacun un peu de chaque couche.

Paskha

Préparation : 40 min
Réfrigération : 48 h

Pour 8 personnes

2 kg de fromage blanc en faisselle

40 cl de crème fraîche épaisse

100 g de beurre mou

4 jaunes d'œuf

Le zeste de 1 citron non traité finement râpé

250 g de sucre en poudre

100 g de fruits confits coupés en dés

80 g d'amandes effilées

80 g de raisins secs

Pour le décor :

Fruits confits (cerises, bâtons d'angélique, écorces d'orange)

Posez une passoire fine sur un saladier, tapissez-la d'une étamine et versez-y le fromage blanc. Rabattez l'étamine, posez dessus une assiette de diamètre légèrement inférieur à celui de la passoire et lestez avec un poids. Laissez égoutter 24 h au réfrigérateur.

Le lendemain, mélangez le fromage blanc et la crème au fouet à main dans un saladier. Dans une jatte, fouettez les jaunes d'œuf avec le sucre jusqu'à ce que le mélange blanchisse, puis incorporez le tout à la préparation précédente. Ajoutez le zeste de citron et mélangez bien.

Passez la préparation au moulin à légumes muni de la grille fine, avec le beurre. Puis fouettez vivement le tout pendant 4 à 5 min. Ajoutez les raisins secs, les dés de fruits confits et les amandes effilées.

Tapissez de nouveau la passoire d'une étamine et versez-y la préparation. Couvrez avec l'assiette et le poids. Laissez de nouveau égoutter 24 h au réfrigérateur.

Retournez la paskha sur un plat, ôtez l'étamine et décorez avec les fruits confits. Placez au réfrigérateur jusqu'au moment de servir.

Conseil

Ce gâteau de Pâques russe était traditionnellement confectionné dans un moule en bois pyramidal. Votre paskha aura la forme de la passoire dans laquelle s'effectuera le second égouttage : vous pouvez choisir n'importe quel récipient, pourvu qu'il soit percé.

Crémets d'Anjou aux fraises

Préparation : 20 min
Égouttage : 12 h

Pour 6 personnes

500 g de fromage blanc moulé

400 g de fraises

20 cl de crème liquide très froide

2 blancs d'œuf

6 c. à s. de sucre en poudre

1 pincée de sel fin

Coulis de fraises pour servir

Mettez le fromage blanc dans une passoire tapissée d'une étamine et posée au-dessus d'un saladier. Placez-le au réfrigérateur et laissez-le égoutter 12 h.

Rincez les fraises, séchez-les soigneusement et équeutez-les. Réservez-en 100 g pour le décor et écrasez le reste à la fourchette dans une assiette creuse.

Fouettez la crème liquide en chantilly très ferme, en ajoutant 2 cuillerées à soupe de sucre quand elle commence à être bien prise.

Dans un saladier, battez légèrement le fromage blanc avec le reste de sucre, au fouet à main, jusqu'à ce qu'il soit onctueux. Ajoutez-y les fraises écrasées, sans trop mélanger, puis incorporez le tout à la crème Chantilly, en soulevant délicatement la masse de bas en haut.

Battez les blancs d'œuf en neige très ferme avec le sel. Incorporez-les à la préparation précédente, toujours en procédant délicatement.

Versez dans 6 petits moules, si possible perforés, et placez au réfrigérateur jusqu'au moment de servir.

Démoulez sur des assiettes froides, nappez de coulis et décorez avec les fraises réservées coupées en lamelles.

Conseil

Vous pouvez décliner cette recette avec d'autres fruits rouges. Ce sera tout aussi délicieux !

Sabayons au marsala

Préparation : 10-15 min

Pour 4 à 6 personnes

6 jaunes d'œuf

6 c. à s. de sucre en poudre

12 c. à s de marsala

Biscuits secs pour servir

Versez de l'eau dans une grande casserole, portez à ébullition, puis baissez le feu pour la maintenir à petits frémissements.

Dans une casserole plus petite, fouettez les jaunes d'œuf avec le sucre jusqu'à ce que le mélange blanchisse.

Placez la petite casserole dans la grande et continuez à fouetter le mélange en incorporant petit à petit le marsala. La préparation doit d'abord mousser, puis devenir pâle et crémeuse : elle nappe alors le dos de la cuillère.

Retirez la casserole du bain-marie et versez le sabayon dans des coupes individuelles. Servez aussitôt ou laissez refroidir. Accompagnez de biscuits secs.

Mont-blanc

Préparation : 30 min
Cuisson : 45 min-1 h

Pour 6 personnes

500 g de marrons au naturel (sous vide, en conserve ou surgelés)

75 cl de lait + un peu pour mouiller si besoin

50 cl de crème liquide très froide

150 g de sucre en poudre

4 c. à s. de sucre glace

1 gousse de vanille

Rincez les marrons, égouttez-les et mettez-les dans une casserole avec le lait, le sucre en poudre et la gousse de vanille fendue en deux dans la longueur. Portez à ébullition, puis baissez le feu et laissez cuire à petits frémissements pendant 45 min à 1 h : les marrons doivent être très tendres. Mouillez éventuellement avec un peu de lait si l'évaporation est trop importante. Égouttez-les de nouveau, en conservant le lait de cuisson.

Passez les marrons au moulin à légumes muni de la grille fine, en ajoutant quelques cuillerées du lait de cuisson : vous devez obtenir une purée souple. Disposez-la en dôme sur le plat de service et creusez légèrement le sommet.

Fouettez la crème liquide en chantilly, en ajoutant le sucre glace quand elle commence à être bien prise. Garnissez-en le sommet du dôme de marrons et mettez le reste dans une jatte.

Servez le mont-blanc très frais, accompagné de la jatte de chantilly.

Île flottante aux pralines roses

Préparation : 30 min
Cuisson : 20-30 min

Pour 6 personnes

6 blancs d'œuf

1 pincée de sel fin

100 g de pralines roses pour parsemer

Pour le caramel :

100 g de sucre en poudre

3 c. à s. d'eau

Pour la crème anglaise :

50 cl de lait

6 jaunes d'œuf

80 g de sucre en poudre

½ gousse de vanille

Préparez la crème anglaise (voir page 23) et versez-la dans une jolie coupe. Laissez-la refroidir et placez-la au réfrigérateur le temps de poursuivre la recette.

Préchauffez le four à 150 °C (th. 5).

Préparez le caramel (voir page 26) et versez-le dans un moule à manqué de 24 cm de diamètre. Inclinez ce dernier en tous sens pour bien en recouvrir le fond et les bords.

Battez les blancs d'œuf en neige ferme avec le sel. Remplissez-en le moule caramélisé, lissez la surface à la spatule, puis placez-le dans un bain-marie. Enfournez pour 20 à 30 min : la surface doit à peine dorer.

Laissez l'île flottante tiédir un peu, puis démoulez-la et posez-la sur la crème anglaise. Parsemez-la des pralines et remettez-la au frais. Sortez-la du réfrigérateur 1 h avant, pour qu'elle soit à température ambiante.

Astuce

Vous pouvez cuire les blancs en neige dans des petits moules à bords hauts et servir vos mini-îles flottantes dans des coupelles individuelles.

Œufs à la neige coco

Préparation : 30 min
Cuisson : 30 secondes

Pour 4 personnes

4 blancs d'œuf

2 c. à s. de sucre glace

1 pincée de sel fin

2 c. à s. de noix de coco râpée pour servir

Pour la crème :

4 jaunes d'œuf

30 cl de lait de coco

15 cl de lait

50 g de sucre en poudre

1 c. à c. de Maïzena

Préparez la crème. Portez le lait de coco et le lait à ébullition dans une casserole. Dans un saladier, fouettez les jaunes avec le sucre en poudre jusqu'à ce que le mélange blanchisse. Délayez avec le lait bouillant, puis reversez le tout dans la casserole et faites épaissir 5 à 10 min à feu très doux, en remuant et en veillant à ne pas atteindre l'ébullition. Quand la crème nappe la cuillère, versez-la dans une large coupe, laissez-la refroidir et placez-la au réfrigérateur.

Battez les blancs d'œuf en neige ferme avec le sel, en ajoutant le sucre glace, cuillerée par cuillerée, quand ils commencent à être bien pris.

Portez une grande casserole d'eau à ébullition, puis baissez le feu pour la maintenir juste frémissante. Formez des boules de blancs en neige entre deux cuillères à soupe humides et déposez-les sur l'eau frémissante. Laissez-les cuire 15 secondes, puis retournez-les avec une écumoire et faites cuire l'autre côté jusqu'à ce que les boules soient bien gonflées. Prélevez-les au fur et à mesure à l'écumoire et mettez-les à refroidir sur du papier absorbant.

Disposez les boules sur la crème coco refroidie et replacez le tout au réfrigérateur. Saupoudrez de la noix de coco râpée au moment de servir.

Mousse au chocolat

Préparation et cuisson : 20 min
Réfrigération : 2 h

Pour 6 personnes

200 g de chocolat noir
à 70 % de cacao

100 g de beurre

4 jaunes + 6 blancs d'œuf

1 pincée de sel fin

60 g de sucre en poudre
(facultatif)

Coupez le beurre et cassez le chocolat en morceaux dans un saladier. Faites-les fondre au bain-marie à feu doux, en remuant de temps en temps, jusqu'à obtention d'une crème lisse. Ôtez du feu.

Dans un autre saladier, battez les blancs d'œuf en neige très ferme avec le sel. Si vous souhaitez ajouter du sucre, incorporez-en la moitié aux blancs quand ils commencent à être bien pris, sans cesser de fouetter.

Ajoutez le reste de sucre et les jaunes d'œuf au mélange de beurre et de chocolat fondus. Prélevez 2 cuillerées à soupe de blancs en neige et incorporez-les vivement à la préparation pour l'alléger. Puis incorporez délicatement le reste, en soulevant la masse de bas en haut.

Versez la mousse dans une coupe ou répartissez-la dans 6 coupelles. Réservez-la 2 h au réfrigérateur et prenez soin de la sortir un quart d'heure avant de servir.

Mousse « Crunch »

Préparation : 20 min

Pour 6 personnes

150 g de chocolat au lait

50 g de chocolat noir
à 70 % de cacao

40 g de beurre

2 jaunes d'œuf + 5 blancs

5 cl de crème liquide

10 g de sucre en poudre

6 c. à s. de riz soufflé
+ un peu pour servir

1 pincée de sel fin

Cassez les deux chocolats en petits morceaux et mettez-les dans une casserole avec le beurre. Placez celle-ci dans un bain-marie juste frémissant et faites fondre en remuant doucement. Ôtez du bain-marie et ajoutez les jaunes d'œuf.

Faites chauffer la crème dans une autre casserole, versez-la sur les chocolats fondus et remuez bien. Laissez tiédir, ajoutez le riz soufflé et mélangez délicatement.

Battez les blancs d'œuf en neige très ferme avec le sel, en ajoutant le sucre à la fin. Incorporez-en vivement 3 cuillerées à soupe à la crème au chocolat, pour l'alléger, puis incorporez délicatement le reste, en soulevant la masse de bas en haut.

Versez la mousse dans une grande coupe ou des coupelles individuelles et placez au réfrigérateur. Remettez à température ambiante 10 min avant de servir, parsemé de grains de riz soufflés.

Mousse au chocolat blanc

Préparation : 15 min
Réfrigération : 1 h

Pour 4 personnes

200 g de chocolat blanc

15 cl de crème liquide très froide

2 blancs d'œuf

1 pincée de sel fin

Pour le décor :

Quelques grappes de groseilles

Cassez le chocolat blanc en morceaux dans un saladier et faites-le fondre au bain-marie à feu doux, en remuant jusqu'à obtention d'une crème lisse. Laissez tiédir.

Fouettez la crème liquide en chantilly pas trop ferme, puis ajoutez-la au chocolat fondu tiédi. Mélangez délicatement jusqu'à homogénéité.

Dans une jatte, battez les blancs d'œuf en neige ferme avec le sel. Incorporez-les délicatement à la préparation précédente, en soulevant la masse de bas en haut.

Versez la mousse dans une jolie coupe en verre et réservez 1 h au réfrigérateur avant de servir, décoré des grappes de groseilles.

Mousses choco-citron vert

Préparation : 15 min
Cuisson : 5 min
Infusion : 30 min
Réfrigération : 2 h

Pour 6 personnes

150 g de chocolat blanc

20 cl de crème liquide très froide

30 g de sucre en poudre

15 cl d'eau

Le zeste de 1 citron vert non traité finement râpé + quelques lanières de zeste pour le décor + 2 c. à s. de jus

Cacao en poudre pour servir

Faites blanchir le zeste de citron vert 1 min dans une petite casserole d'eau bouillante, puis égouttez-le. Renouvelez l'opération et réservez-le.

Concassez le chocolat blanc.

Dans une casserole, mélangez le sucre avec l'eau et le jus de citron jusqu'à complète dissolution de ce dernier. Portez à ébullition, puis ajoutez le zeste blanchi et laissez cuire 5 min à petits frémissements. Ôtez le sirop obtenu du feu, couvrez et laissez le citron infuser 30 min.

Réchauffez le sirop à feu très doux, sans laisser bouillir. Ajoutez le chocolat concassé et faites-le fondre en remuant doucement. Ôtez du feu et laissez tiédir.

Fouettez la crème liquide en chantilly très ferme, puis incorporez-la délicatement à la préparation précédente, en soulevant la masse de bas en haut.

Répartissez la préparation dans 6 coupes et réservez 2 h au réfrigérateur.

Servez les mousses saupoudrées de cacao et décorées des lanières de zeste de citron vert.

Mousse de ricotta au miel

Préparation : 20 min
Réfrigération : 2 h

Pour 6 personnes

500 g de ricotta

40 cl de lait

1 gousse de vanille

70 g de sucre en poudre

15 cl de crème liquide très froide

50 g de miel liquide

100 g de pignons de pin

Faites légèrement griller les pignons à sec dans une poêle antiadhésive.

Dans un saladier, fouettez vivement la ricotta avec le miel et le lait, jusqu'à obtention d'une crème onctueuse.

Fouettez la crème en chantilly très ferme, puis incorporez-la délicatement à la préparation précédente, en soulevant la masse de bas en haut. Ajoutez les pignons grillés (réservez-en 2 cuillerées à soupe pour le décor) et mélangez délicatement.

Versez la préparation dans une coupe ou répartissez-la dans 6 jolis verres. Réservez 2 h au réfrigérateur avant de servir, décoré des pignons réservés.

Mousses de broccio à la figue

Préparation : 15 min

Pour 4 personnes

250 g de broccio

10 cl de crème liquide très froide

30 g de sucre en poudre

2 c. à s. de liqueur de cédrat

3 c. à s. de confiture de figue

Dans un saladier, fouettez vivement le broccio jusqu'à obtention d'une consistance onctueuse. Ajoutez la confiture de figue et la liqueur de cédrat. Mélangez bien.

Fouettez la crème liquide en chantilly ferme, en ajoutant le sucre quand elle commence à être bien prise.

Incorporez délicatement la chantilly au broccio, en soulevant la masse de bas en haut.

Répartissez la préparation dans 4 coupes et placez au réfrigérateur jusqu'au moment de servir.

Conseils

Accompagnez de figues poêlées ou fraîches.

Vous trouverez la liqueur de cédrat (cédratine) dans les magasins de produits corses.

Mousses de poire au gingembre confit

Préparation : 20 min
Réfrigération : 2 h minimum
Cuisson : 5 min

Pour 4 personnes

2 grosses poires (comices ou williams)

Le jus de 1 citron

2 blancs d'œuf

1 c. à s. de gingembre confit

1 c. à s. de gélatine en poudre

1 pincée de sel fin

50 g de sucre en poudre

50 cl d'eau

Hachez le gingembre confit aussi finement que possible. Lavez et pelez les poires. Coupez-les en quatre et épépinez-les. Arrosez-les aussitôt du jus de citron pour éviter que la chair ne noircisse.

Dans une casserole, mélangez l'eau et le sucre jusqu'à complète dissolution de ce dernier. Portez à ébullition jusqu'à obtention d'un sirop, puis plongez-y les quartiers de poire. Laissez-les cuire 5 min à petits frémissements : la chair doit rester ferme. Égouttez-les à l'aide d'une écumoire et épongez-les sur du papier absorbant.

Mixez les poires encore chaudes en purée. Saupoudrez la gélatine en surface, ajoutez le gingembre confit haché et mélangez bien. Laissez tiédir.

Battez les blancs d'œuf en neige très ferme avec le sel, puis incorporez-les délicatement à la purée de poires, en soulevant la masse de bas en haut.

Répartissez la préparation dans 4 coupes et réservez au moins 2 h au réfrigérateur avant de servir.

Mousses de fraise au basilic

Préparation : 20 min
Infusion : 30 min
Congélation : 15 min environ

Pour 4 personnes

400 g de fraises

Le jus de ½ citron

10 cl de crème liquide

10 feuilles de basilic
+ 4 c. à s. de basilic finement ciselé

3 c. à s. de sucre en poudre

Portez la crème à frémissements dans une petite casserole. Ôtez du feu et ajoutez les feuilles de basilic et le basilic ciselé. Couvrez et laissez infuser jusqu'à complet refroidissement, soit 30 min environ.

Quand la préparation est froide, versez-la dans une jatte et placez-la une quinzaine de minutes au congélateur.

Rincez les fraises, séchez-les soigneusement et équeutez-les. Écrasez-les à la fourchette avec le jus de citron, puis ajoutez le sucre et mélangez bien.

Filtrez la crème au basilic à travers une passoire fine pour éliminer le basilic, puis fouettez-la en chantilly très ferme, en ajoutant le sucre quand elle commence à être bien prise. Incorporez-la délicatement à la purée de fraises, en soulevant la masse de bas en haut.

Répartissez la préparation dans 4 verres et placez au réfrigérateur jusqu'au moment de servir.

Astuce

POUR PRÉSENTER JOLIMENT LES MOUSSES, DISPOSEZ DES LAMELLES DE FRAISE AU FOND DES VERRES AVANT D'Y VERSER LA PRÉPARATION ET SURMONTEZ DE FEUILLES DE BASILIC AU MOMENT DE SERVIR.

Mousses d'abricot aux amandes

Préparation : 30 min
Réfrigération : 2 h

Pour 4 personnes

500 g d'abricots bien mûrs

100 g de sucre en poudre

15 cl de crème liquide

4 feuilles de gélatine

4 c. à s. d'amandes effilées

Quelques gouttes d'extrait d'amande amère

Faites très légèrement dorer les amandes à sec dans une poêle antiadhésive. Réservez-en 1 cuillerée à soupe pour le décor et concassez grossièrement le reste.

Faites ramollir la gélatine dans un bol d'eau froide. Mettez la crème liquide à refroidir une quinzaine de minutes au congélateur.

Dans une petite casserole, chauffez le sucre à feu doux avec 2 cuillerées à soupe d'eau jusqu'à ce qu'il fonde, sans le laisser dorer. Ôtez du feu, ajoutez la gélatine bien égouttée et remuez jusqu'à ce qu'elle soit complètement dissoute. Ajoutez l'extrait d'amande amère.

Lavez les abricots, coupez-les en deux et dénoyautez-les. Passez-les au moulin à légumes muni de la grille fine pour les réduire en purée.

Mélangez la purée d'abricots avec le sirop de sucre et les amandes concassées.

Fouettez la crème très froide en chantilly bien ferme, puis incorporez-la délicatement à la purée d'abricots.

Versez dans de jolis verres ou des coupelles et réservez 2 h au réfrigérateur avant de servir, décoré des amandes réservées.

Bavarois à la vanille

Préparation : 50 min
Infusion : 15-20 min
Cuisson : 10-15 min
Réfrigération : 4 h

Pour 8 personnes

50 cl de lait

40 cl de crème liquide très froide

6 jaunes d'œuf

80 g de sucre en poudre

1 gousse de vanille

4 feuilles de gélatine

Pour le décor :

Fruits frais, cacao ou copeaux en chocolat (voir page 13)

Tapissez un moule à bavarois de film alimentaire (ou mouillez-le et égouttez-le) en le laissant largement dépasser. Faites ramollir les feuilles de gélatine dans un bol d'eau froide.

Dans une casserole à fond épais, portez le lait à ébullition avec la gousse de vanille fendue en deux dans la longueur. Ôtez du feu, couvrez et laissez infuser 15 à 20 min.

Retirez la gousse de vanille du lait et grattez les graines avec la pointe d'un couteau. Portez de nouveau le lait à ébullition.

Dans un saladier, fouettez les jaunes d'œuf avec le sucre jusqu'à ce que le mélange blanchisse. Délayez avec le lait bouillant, en remuant avec une cuillère en bois, puis reversez le mélange dans la casserole. Faites épaissir à feu doux, sans cesser de remuer, 10 à 15 min : vous devez obtenir une crème onctueuse, qui nappe la cuillère.

Ôtez du feu et ajoutez la gélatine égouttée, en mélangeant jusqu'à complète dissolution. Laissez la crème refroidir.

Fouettez la crème liquide en chantilly, puis incorporez-la délicatement à la crème refroidie, avant que celle-ci ne prenne, en soulevant la masse de bas en haut.

Versez la préparation dans le moule, rabattez hermétiquement le film alimentaire et réservez 4 h au réfrigérateur.

Démoulez le bavarois sur un plat de service, ôtez le film alimentaire et décorez-le à votre idée.

Bavarois aux fruits exotiques

Préparation : 45 min
Réfrigération : 4 h

Pour 8 à 10 personnes

½ ananas (500 g de pulpe)

6 gros fruits de la Passion bien mûrs

Le zeste de 1 orange non traitée finement râpé

20 cl de jus d'orange frais

120 g de sucre en poudre

200 g de mascarpone

20 cl de crème liquide très froide

4 œufs

5 feuilles de gélatine

Quelques gouttes de jus de citron

Huile pour le moule

Pour le décor :

Quelques physalis

Pelez l'ananas, coupez-le en quatre, puis ôtez les yeux et le cœur. Coupez 6 fines lamelles pour garnir le moule, puis hachez finement le reste de la chair au couteau. Coupez les fruits de la Passion en deux et prélevez leur pulpe à l'aide d'une petite cuillère. Mettez-la dans une passoire fine posée au-dessus d'un bol et pressez fortement avec le dos d'une cuillère pour recueillir leur jus.

Cassez les œufs dans deux saladiers en séparant les blancs des jaunes. Faites ramollir la gélatine dans un bol d'eau froide, puis égouttez-la et faites-la fondre à feu doux dans une petite casserole avec le jus d'orange. Ôtez du feu.

Dans un saladier, mélangez l'ananas haché avec le zeste d'orange, la gélatine au jus d'orange et le jus de fruits de la Passion.

Fouettez les jaunes d'œuf avec le sucre jusqu'à ce que le mélange blanchisse. Ajoutez le mascarpone, sans cesser de fouetter, puis les fruits et leur jus. Laissez refroidir : la préparation doit être presque prise.

Fouettez la crème liquide en chantilly ferme et incorporez-la délicatement à la préparation précédente. Fouettez ensuite les blancs en neige ferme avec le jus de citron et incorporez-les.

Huilez légèrement un moule à manqué de 20 cm de diamètre et tapissez-le de film alimentaire en le laissant largement dépasser. Disposez les lamelles d'ananas réservées contre les parois du moule, puis versez-y la préparation. Rabattez le film alimentaire et réservez 4 h au réfrigérateur.

Démoulez le bavarois sur un plat de service, ôtez le film alimentaire et décorez avec les physalis.

Bavarois aux pommes caramélisées

Préparation : 30 min
Cuisson : 10-15 min
Réfrigération : 4 h

Pour 8 à 10 personnes

4 pommes (golden ou reine des reinettes)

80 g de sucre en poudre

6 feuilles de gélatine

20 cl de crème liquide très froide

Pour la crème anglaise :

50 cl de lait

1 gousse de vanille

6 jaunes d'œuf

60 g de sucre en poudre

Pour le décor :

Quelques tranches de pomme séchées (voir pages 14-15)

Préparez la crème anglaise (voir page 23) et laissez-la refroidir. Tapissez un moule à bavarois de film alimentaire en le laissant largement dépasser.

Faites ramollir les feuilles de gélatine dans un bol d'eau froide. Étalez le sucre dans une assiette.

Lavez et pelez les pommes. Coupez-les en petits quartiers et épépinez-les. Faites chauffer une grande poêle anti-adhésive à feu moyen. Roulez les quartiers de pomme dans le sucre, mettez-les au fur et à mesure dans la poêle et faites-les caraméliser 2 min. Retournez-les doucement, faites-les dorer 2 min de l'autre côté, puis retirez-les et laissez-les tiédir. Si besoin, procédez en plusieurs fois, en essuyant à chaque fois la poêle avec du papier absorbant. Mixez les pommes caramélisées en purée.

Égouttez la gélatine, faites-la fondre à feu doux dans une petite casserole avec 1 cuillerée à soupe d'eau, puis incorporez-la à la purée de pommes. Laissez refroidir.

Mélangez la purée de pommes et la crème anglaise.

Fouettez la crème liquide en chantilly ferme et incorporez-la délicatement à la préparation précédente. Versez la préparation dans le moule. Rabattez hermétiquement le film alimentaire et réservez 4 h au réfrigérateur.

Démoulez le bavarois sur un plat de service, ôtez le film alimentaire et décorez des tranches de pomme séchées.

Panna cotta au limoncello

Préparation : 30 min
Cuisson : 5 min
Réfrigération : 2 h

Pour 6 personnes

75 cl de crème liquide

300 g de sucre en poudre

2 citrons non traités

10 cl de limoncello

8 feuilles de gélatine

10 cl d'eau

Brossez soigneusement un des citrons sous l'eau courante, essuyez-le, puis râpez-en finement le zeste. Faites ramollir les feuilles de gélatine dans un bol d'eau froide.

Pelez les deux citrons à vif. Prélevez les quartiers au couteau en coupant entre les morceaux de membrane transparente qui les enveloppe.

Dans une casserole, mélangez l'eau avec 200 g de sucre jusqu'à complète dissolution de ce dernier. Portez à ébullition jusqu'à obtention d'un sirop, puis faites-y confire les quartiers de citron 5 min à petits frémissements. Retirez-les délicatement à l'aide d'une écumoire et égouttez-les sur du papier absorbant. Réservez-les pour le décor.

Dans une autre casserole, portez la crème à frémissements avec le reste de sucre et le zeste de citron, à feu doux, en remuant. Ôtez du feu. Ajoutez la gélatine égouttée, en remuant bien pour la faire fondre, puis incorporez le limoncello. Laissez refroidir.

Quand la crème commence à épaissir, versez-la dans 6 jolis verres. Réservez 2 h au réfrigérateur avant de servir, décoré des quartiers de citron confits.

Variante

Le limoncello est une liqueur italienne au citron. Vous pouvez le remplacer par la même quantité de jus de citron et ajouter un peu de marc.

Miroir au cassis et à la pomme verte

Préparation : 1 h
Réfrigération : 4 h
Congélation : 10 min

Pour 8 à 10 personnes

Pour le bavarois à la pomme :

4 pommes vertes (granny-smith)

20 cl de jus de citron

20 cl de crème liquide très froide

4 feuilles de gélatine

40 cl de lait entier

100 g de sucre en poudre

6 jaunes d'œuf

Pour le bavarois au cassis :

30 cl de coulis de cassis

25 cl de crème liquide très froide

15 cl de lait entier

60 g de sucre en poudre

3 feuilles de gélatine

Pour le décor :

150 g de gelée d'abricot (facultatif)

Quelques grains de cassis et de groseilles

Préparez le bavarois à la pomme. Faites ramollir les feuilles de gélatine dans un bol d'eau froide.

Préparez une crème anglaise (voir page 23) avec le lait, la crème, les jaunes d'œuf et le sucre, puis incorporez-y la gélatine égouttée. Laissez refroidir.

Lavez et pelez les pommes. Coupez-les en quatre, épépinez-les et mixez-les avec le jus de citron. Incorporez le coulis obtenu à la crème anglaise refroidie.

Fouettez la crème liquide en chantilly ferme et incorporez-la délicatement à la préparation précédente. Mouillez l'intérieur d'un moule à manqué de 22 cm de diamètre à bord haut, versez-y la préparation et réservez 2 h au réfrigérateur.

Quand le bavarois à la pomme a presque fini de prendre, préparez celui au cassis. Faites ramollir la gélatine dans de l'eau froide, puis égouttez-la et faites-la fondre dans le lait chaud. Ajoutez le sucre et le coulis de cassis.

Fouettez la crème liquide en chantilly ferme et incorporez-la délicatement à la préparation précédente.

Sortez le bavarois à la pomme du réfrigérateur et versez la préparation au cassis dessus. Réfrigérez de nouveau 2 h.

Démoulez le miroir sur un plat de service. Placez-le une dizaine de minutes au congélateur.

Chauffez éventuellement la gelée d'abricot pour la liquéfier et nappez-en la surface du miroir. Décorez-le des grains de cassis et de groseilles. Placez au frais jusqu'au moment de servir.

Miroir à la mangue

Préparation : 30 min
Réfrigération : 4 h

Pour 8 personnes

800 g de mangues environ (pour 400 g de chair)

40 cl de crème liquide très froide

Le jus de 1 citron vert

6 feuilles de gélatine

140 g de sucre en poudre

5 cl d'eau

Nappage

Faites ramollir les feuilles de gélatine dans un bol d'eau froide. Tapissez un moule à manqué de 23 cm de diamètre de film alimentaire (ou mouillez-le et égouttez-le) en le laissant largement dépasser.

Dans une casserole, mélangez l'eau et le sucre jusqu'à complète dissolution de ce dernier. Portez à ébullition jusqu'à obtention d'un sirop, puis ôtez du feu. Ajoutez la gélatine égouttée, en remuant bien pour la faire fondre. Réservez.

Pelez les mangues, coupez la chair en cubes en tournant autour des noyaux, puis mixez-la en purée fine. Conservez-en 400 g et réservez le reste éventuel à une autre utilisation.

Mélangez les 400 g de purée de mangues avec le sirop et le jus de citron vert.

Fouettez la crème liquide en chantilly ferme et incorporez-la délicatement à la préparation précédente, en soulevant la masse de bas en haut.

Versez la préparation dans le moule, rabattez hermétiquement le film alimentaire et réservez 4 h au réfrigérateur.

Démoulez le bavarois sur un plat de service et ôtez le film alimentaire.

Chauffez très légèrement le nappage pour le liquéfier et recouvrez-en la surface du bavarois. Remettez au frais jusqu'au moment de servir.

Blanc-manger aux abricots

Préparation : 10 min
(la veille) + 30 min
Cuisson : 10-15 min
Réfrigération : 2 h minimum

Pour 6 personnes

9 gros abricots

25 cl de lait

150 g d'amandes en poudre

70 g de sucre en poudre

3 jaunes d'œuf

3 feuilles de gélatine

25 cl de crème liquide très froide

Pour le sirop :

50 cl d'eau

200 g de sucre en poudre

Pour le décor :

2 c. à s. d'amandes effilées

Faites légèrement dorer les amandes effilées à sec dans une poêle antiadhésive, puis réservez-les. Lavez les abricots, coupez-les en deux et dénoyautez-les.

Préparez le sirop. Faites bouillir l'eau et le sucre. Plongez-y les fruits et faites-les cuire 5 min environ à petits frémissements, de façon à les garder fermes. Sortez-les délicatement à l'aide d'une écumoire et égouttez-les sur du papier absorbant.

Faites ramollir les feuilles de gélatine dans un bol d'eau froide.

Mélangez le lait et la poudre d'amandes dans une casserole, puis portez à ébullition. Ôtez du feu, couvrez et laissez infuser jusqu'à complet refroidissement.

Filtrez le mélange à travers une passoire tapissée d'une étamine.

Fouettez les jaunes d'œuf avec le sucre jusqu'à ce que le mélange blanchisse. Réchauffez le lait à l'amande et incorporez-le progressivement au mélange précédent, en remuant. Égouttez la gélatine et faites-la fondre dans la préparation encore chaude. Laissez refroidir.

Fouettez la crème liquide en chantilly bien ferme, puis incorporez-la délicatement à la préparation.

Trempez 6 moules individuels de 10 cm de diamètre environ dans l'eau froide et égouttez-les. Disposez 3 oreillons d'abricot dans chacun et répartissez la crème dessus. Réservez au moins 2 h au réfrigérateur.

Retournez les moules sur des petites assiettes, après les avoir rapidement trempés dans l'eau chaude. Parsemez des amandes effilées et servez.

Blanc-manger coco

Préparation : 30 min
Infusion : 30 min
Réfrigération : 2 h

Pour 4 personnes

1 noix de coco ou 300 g de noix de coco râpée

50 cl de lait

1 gousse de vanille

4 feuilles de gélatine

150 g de sucre en poudre

4 jaunes d'œuf

Pour le décor :

Copeaux de noix de coco

Pour servir :

Salade de fruits exotiques

Si vous utilisez une noix de coco fraîche, cassez-la, recueillez la chair et passez-la au mixeur.

Portez le lait à ébullition dans une casserole, avec la gousse de vanille fendue en deux dans la longueur. Ôtez du feu, ajoutez la noix de coco (mixée ou râpée), couvrez et laissez infuser 30 min.

Filtrez le mélange à travers une passoire tapissée d'une étamine, en pressant bien avec le dos d'une cuillère.

Faites ramollir les feuilles de gélatine dans un bol d'eau froide, puis faites-les fondre dans une petite casserole avec un peu d'eau, à feu doux.

Grattez les graines de la gousse de vanille avec la pointe d'un couteau au-dessus du lait au coco, puis jetez l'écorce. Réchauffez le lait jusqu'à ce qu'il soit presque bouillant.

Fouettez les jaunes d'œuf avec le sucre jusqu'à ce que le mélange blanchisse, puis incorporez le lait au coco très chaud, toujours en fouettant. Ajoutez la gélatine fondue.

Reversez le mélange dans la casserole et faites-le chauffer à feu très doux, sans cesser de remuer. Aux premiers frémissements, ôtez du feu, versez dans 4 moules individuels et réservez 2 h au réfrigérateur.

Démoulez et servez très frais, décoré de copeaux de noix de coco et accompagné d'une salade de fruits exotiques.

Conseil

Aux Antilles, on arrose parfois le blanc-manger coco d'une cuillerée de café très fort.

Beignets, crêpes & gaufres

La pâte à crêpes est prête en un clin d'œil et ne nécessite que des ingrédients de base. Réservées à l'origine au mardi gras, ces fines galettes se déclinent aujourd'hui à l'infini, des plus simples aux plus sophistiquées. Il en va de même des beignets. Créés pour fêter le carnaval, ils se font désormais de plus en plus légers, comme en témoignent les tempuras et leur délicat enrobage.

Crêpes fourrées du goûter

Préparation : 10 min
Repos : 2 h
Cuisson : 2 min environ par crêpe

Pour 12 à 14 crêpes de 24 cm de diamètre

Huile pour la poêle

Pour la pâte à crêpes :

250 g de farine

3 œufs

50 cl de lait

30 g de beurre fondu

1 c. à c. de sel fin

20 g de sucre en poudre (facultatif)

Sucre en poudre ou cassonade et confitures variées pour servir

Préparez la pâte à crêpes (voir page 18) et laissez-la reposer 2 h au réfrigérateur.

Préchauffez le four à 90 °C (th. 3).

Si la pâte est trop épaisse après repos, ajoutez-y un peu d'eau. Avec un papier absorbant, enduisez légèrement d'huile une crêpière ou une grande poêle. Chauffez-la à feu vif, versez-y 1 louchée de pâte puis inclinez-la en tous sens pour l'étaler uniformément. Baissez un peu le feu et faites cuire 1 à 2 min : les bords doivent commencer à dorer. Retournez la crêpe à l'aide d'une spatule et faites cuire l'autre face de la même manière.

Glissez la crêpe sur un plat, puis renouvelez l'opération jusqu'à épuisement de la pâte. Empilez les crêpes au fur et à mesure de leur cuisson. Couvrez-les avec du papier d'aluminium et maintenez-les au chaud dans le four.

Pour déguster les crêpes, saupoudrez-les de sucre ou de cassonade, ou bien enduisez-les de confiture, puis pliez-les en quatre ou roulez-les.

Crêpes Chantilly au miel et aux amandes

Préparation : 25 min
Repos : 2 h
Cuisson : 2 min environ par crêpe

Pour 4 personnes

Huile pour la poêle

6 c. à s. d'amandes effilées

Pour la pâte à crêpes :

150 g de farine

2 petits œufs

60 cl de lait

30 g de beurre fondu

½ c. à c. de sel fin

1 c. à s. de sucre en poudre

Pour la crème Chantilly au miel :

25 cl de crème liquide

3 jaunes d'œuf

100 g de miel

Préparez la pâte à crêpes (voir page 18) et laissez-la reposer 2 h au réfrigérateur.

Faites cuire 8 crêpes fines dans une poêle antiadhésive huilée de 20 cm de diamètre. Empilez-les au fur et à mesure sur une assiette et couvrez-les de papier d'aluminium pour les garder au chaud.

Mettez la crème liquide à refroidir au congélateur pendant une quinzaine de minutes.

Faites légèrement dorer les amandes effilées à sec dans une poêle antiadhésive. Réservez-les.

Faites fondre le miel à feu très doux dans une petite casserole, puis ôtez-le du feu. Laissez-le tiédir en veillant à le conserver bien fluide.

Fouettez la crème liquide en chantilly très ferme. Incorporez-y petit à petit les jaunes d'œuf et le miel, en fouettant délicatement.

Préchauffez le gril du four. Étalez le tiers de la chantilly au miel dans un plat à gratin, puis pliez les crêpes en quatre et disposez-les dessus en les faisant légèrement chevaucher. Nappez-les du reste de chantilly, parsemez des amandes réservées et passez quelques minutes sous le gril du four pour dorer la surface. Servez aussitôt.

Crêpes Suzette

Préparation : 20 min
Repos : 2 h minimum
Macération : 2 h
Cuisson : 25 min environ

Pour 6 personnes

Huile pour la poêle

Pour la pâte à crêpes :

250 g de farine

4 œufs

60 cl de lait

60 g de beurre fondu

40 g de sucre en poudre

1 pincée de sel fin

Pour la sauce :

Le zeste de 2 oranges non traitées très finement râpé

15 cl de Grand Marnier

60 g de beurre

4 c. à s. de sucre en poudre

Préparez la pâte à crêpes (voir page 18) et laissez-la reposer au moins 2 h au réfrigérateur.

Mettez les zestes d'orange dans un grand bol, couvrez de 10 cl de Grand Marnier et laissez macérer 2 h.

Faites cuire 12 crêpes très fines dans une poêle anti-adhésive huilée de 20 cm de diamètre, 1 min environ de chaque côté. Empilez-les au fur et à mesure sur une assiette et couvrez-les de papier d'aluminium. Maintenez-les au chaud dans le four préchauffé à 90 °C (th. 3) ou au-dessus d'une casserole d'eau frémissante.

Préparez la sauce. Faites fondre le beurre dans une grande poêle. Ajoutez les zestes d'orange et leur alcool de macération, ainsi que le sucre. Mélangez jusqu'à homogénéité.

Déposez les crêpes une par une dans la sauce, pliez-les en quatre et réchauffez-les 1 à 2 min à feu doux. Disposez-les au fur et à mesure sur un plat très chaud. Nappez-les du reste de sauce.

Portez doucement le reste de Grand Marnier à ébullition dans une petite casserole, puis approchez une allumette enflammée de la surface. Versez-le sur les crêpes pour les flamber et servez aussitôt.

Crespelles aux pommes

Préparation : 30 min
Repos : 2 h
Cuisson : 50 min environ

Pour 6 personnes

Huile pour la poêle

Pour la pâte à crespelles :

250 g de farine

3 œufs

50 cl de lait

½ c. à c. de sel fin

50 g de beurre

1 c. à s. de sucre en poudre

Le zeste de 1 citron non traité finement râpé

Pour la garniture :

1,5 kg de pommes (golden ou granny-smith)

Le jus de 1 citron

¼ de c. à c. de cannelle en poudre

60 g de beurre

100 g de sucre en poudre

5 cl de cognac

Préparez la pâte comme une pâte à crêpes classique (voir page 18), en ajoutant le zeste de citron à la fin. Laissez-la reposer 2 h au réfrigérateur.

Faites cuire une vingtaine de crêpes fines dans une poêle antiadhésive huilée de 20 cm de diamètre, 1 min environ de chaque côté. Empilez-les sur une assiette au fur et à mesure de leur cuisson et réservez-les.

Préparez la garniture. Lavez et pelez les pommes. Coupez-les en quatre et épépinez-les. Mettez-les dans un plat creux et arrosez-les aussitôt du jus de citron pour éviter que la chair ne noircisse.

Faites fondre le beurre à feu moyen dans une grande poêle. Quand il commence à mousser, baissez le feu, ajoutez le sucre en poudre et la cannelle, puis laissez légèrement caraméliser. Ajoutez les quartiers de pomme et laissez-les cuire 2 min, en les retournant une fois pour bien les enrober de caramel. Versez le cognac, laissez-le évaporer un peu, puis ôtez du feu.

Préchauffez le four à 180 °C (th. 6). Garnissez chaque crêpe d'un peu de pommes, puis rabattez les côtés deux par deux sur la garniture et en repliant les deux derniers en dessous, de façon à former un petit paquet carré. Disposez les crespelles au fur et à mesure dans un plat à gratin.

Arrosez avec le reste du jus de cuisson des pommes et enfournez pour une dizaine de minutes. Servez dès la sortie du four.

Crêpes chocolatées à la compotée d'oranges

Préparation : 40 min
Repos : 2 h
Cuisson : 5 min + 2 min environ par crêpe

Pour 6 personnes

Huile pour la poêle

Pour la pâte à crêpes chocolatée :

200 g de farine

2 c. à s. de cacao en poudre

60 g de chocolat noir à 70 % de cacao

2 gros œufs

40 cl de lait environ

30 g de sucre en poudre

30 g de beurre

1 pincée de sel fin

Pour la garniture :

1 kg d'oranges

300 g de sucre en poudre

Le jus de 1 citron

Cassez le chocolat en petits morceaux dans une casserole et faites-le fondre à feu très doux avec le beurre, en remuant jusqu'à obtention d'une crème lisse et onctueuse. Laissez tiédir.

Préparez la pâte à crêpes (voir page 18) en incorporant le cacao à la farine. Ajoutez le chocolat fondu et fouettez vivement pour bien homogénéiser le tout. Couvrez et laissez reposer 2 h au réfrigérateur.

Pelez les oranges à vif, puis séparez les quartiers en supprimant les membranes transparentes et en retirant éventuellement les pépins.

Chauffez doucement le sucre avec le jus de citron et 10 cl d'eau dans une casserole, en remuant avec une cuillère en bois jusqu'à complète dissolution. Portez à ébullition, ajoutez les quartiers d'orange et faites cuire 5 min à petits frémissements.

Retirez délicatement les quartiers d'orange avec une écumoire et mettez-les dans un saladier. Faites épaissir le jus de cuisson à feu vif et versez-le sur les fruits.

Si la pâte est trop épaisse après repos, ajoutez-y un peu de lait. Faites cuire 12 crêpes fines dans une poêle antiadhésive huilée de 20 cm de diamètre.

Étalez un peu de compotée d'oranges sur chaque crêpe au fur et à mesure, puis pliez-les ou roulez-les. Servez chaud ou froid.

Crêpes soufflées aux fraises

Préparation : 30 min
Repos : 2 h
Cuisson : 2 min environ par crêpe + 10 min

Pour 4 personnes

Huile pour la poêle

Sucre glace pour servir

Pour la pâte à crêpes :

150 g de farine

2 œufs

35 cl de lait

30 g de beurre fondu

½ c. à c. de sel fin

1 c. à s. de sucre en poudre

Pour la garniture :

500 g de fraises

100 g de sucre en poudre

20 g de Maïzena

Le jus de ½ citron

4 blancs d'œuf

Préparez la pâte à crêpes (voir page 18) et laissez-la reposer 2 h au réfrigérateur.

Faites cuire 8 crêpes fines dans une poêle antiadhésive huilée de 20 à 22 cm de diamètre. Empilez-les au fur et à mesure et réservez-les.

Rincez les fraises, séchez-les délicatement, puis équeutez-les. Écrasez-les à la fourchette et chauffez-les doucement dans une casserole avec la moitié du sucre en poudre. Aux premiers frémissements, ajoutez la Maïzena délayée dans le jus de citron, en remuant vivement. Laissez épaissir cette compote 1 ou 2 min à feu doux, sans cesser de remuer. Ôtez du feu et laissez tiédir.

Fouettez les blancs d'œuf en neige très ferme, en ajoutant le reste de sucre en poudre à la fin. Incorporez-en rapidement 2 ou 3 cuillerées à la compote de fraises, puis incorporez délicatement le reste, en soulevant la masse de bas en haut.

Préchauffez le four à 210 °C (th. 7). Fourrez les crêpes de mousse à la fraise, puis pliez-les en quatre et rangez-les côte à côte sur une plaque à pâtisserie antiadhésive. Enfournez pour une dizaine de minutes.

Servez à la sortie du four, saupoudré de sucre glace. Accompagnez éventuellement d'un coulis de rhubarbe ou de crème anglaise.

Aumônières orange-rhubarbe

Préparation : 30 min
Repos : 2 h
Cuisson : 25 min environ

Pour 6 personnes

Huile pour la poêle

Pour la pâte à crêpes :

250 g de farine

3 œufs

50 cl de lait

40 g de beurre fondu

Le zeste de ½ orange non traitée finement râpé

½ c. à c. de sel fin

2 c. à s. de sucre en poudre (facultatif)

Pour la sauce :

20 cl de jus d'orange frais

1 c. à c. de Maïzena

4 c. à s. de sucre en poudre

Pour la garniture :

600 g de rhubarbe

10 cl de jus d'orange frais

170 g de sucre en poudre

Préparez la pâte à crêpes (voir page 18) et ajoutez-y le zeste d'orange. Laissez-la reposer 2 h au réfrigérateur.

Faites cuire 12 crêpes très fines dans une poêle anti-adhésive huilée de 24 cm de diamètre, 1 min environ de chaque côté. Empilez-les sur une assiette au fur et à mesure de leur cuisson et réservez-les.

Préparez la sauce. Dans une casserole, faites chauffer le jus d'orange et le sucre à feu doux, en remuant jusqu'à complète dissolution de ce dernier. Ajoutez la Maïzena délayée dans 1 cuillerée à soupe d'eau froide, puis laissez frémir 1 à 2 min, jusqu'à ce que le mélange épaississe. Versez dans un bol et placez au réfrigérateur jusqu'au moment de servir.

Préparez la garniture. Lavez les tiges de rhubarbe et ôtez-en les bouts. Pelez-les avec un couteau économe et coupez-les en petits tronçons de 2 cm environ.

Dans une casserole, faites chauffer le jus d'orange et le sucre à feu doux, en remuant jusqu'à complète dissolution de ce dernier. Aux premiers frémissements, ajoutez la rhubarbe, mélangez bien et faites cuire 10 min environ à feu moyen, en remuant de temps en temps, jusqu'à ce que tout le liquide de végétation soit évaporé : vous devez obtenir une compote assez épaisse. Laissez refroidir.

Garnissez chaque crêpe d'un peu de compote de rhubarbe, puis refermez-la en aumônière en la vrillant légèrement. Couvrez-les d'un film alimentaire et placez-les au réfrigérateur jusqu'au moment de servir.

Nappez les assiettes de sauce à l'orange et dressez une aumônière au centre. Servez très frais.

Crêpes aux mirabelles et au caramel d'orange

Préparation : 25 min
Repos : 2 h
Cuisson : 20 min environ

Pour 4 personnes

Huile pour la poêle

400 g de mirabelles

Pour la pâte à crêpes :

150 g de farine

2 œufs

35 cl de lait

30 g de beurre fondu

1 c. à s. de sucre en poudre (facultatif)

1 pincée de sel fin

Pour le caramel d'orange :

15 cl de jus d'orange frais

50 g de sucre en poudre

50 g de beurre

1 grosse pincée de cardamome moulue

Préparez la pâte à crêpes (voir page 18) et laissez-la reposer 2 h au réfrigérateur.

Faites cuire 8 crêpes très fines dans une poêle anti-adhésive huilée de 20 cm de diamètre, 1 min environ de chaque côté. Empilez-les sur une assiette au fur et à mesure de leur cuisson et couvrez-les de papier d'aluminium. Maintenez-les au chaud dans le four préchauffé à 90 °C (th. 3) ou au-dessus d'une casserole d'eau frémissante.

Rincez les mirabelles, séchez-les, puis fendez-les et dénoyautez-les délicatement, de façon à préserver leur forme.

Préparez le caramel d'orange. Faites fondre le beurre dans une poêle. Quand il commence à mousser, ajoutez le sucre, la cardamome et le jus d'orange. Laissez cuire à feu vif 1 à 2 min, jusqu'à ce que le mélange commence à caraméliser : des petites bulles doivent se former en surface.

Ajoutez les mirabelles et faites-les cuire 2 à 3 min, en les roulant plusieurs fois dans le caramel pour bien les en enrober. Ôtez du feu.

Garnissez chaque crêpe d'un peu de mirabelles, puis pliez-la en quatre. Disposez les crêpes au fur et à mesure sur un grand plat. Nappez-les du reste de jus de cuisson des fruits et servez aussitôt.

Pannequets pralin-pistache

Préparation : 50 min
Repos : 2 h
Cuisson : 25 min environ

Pour 8 pannequets

Huile pour la poêle

Pour la pâte à crêpes :

150 g de farine

2 œufs

35 cl de lait

30 g de beurre fondu

½ c. à c. de sel fin

1 c. à s. de sucre en poudre (facultatif)

Pour la sauce à la pistache :

15 g de pâte de pistaches

60 g de sucre en poudre

30 cl de lait concentré non sucré

Pour la crème pâtissière pralinée :

25 cl de lait

3 jaunes d'œuf

50 g de sucre en poudre

20 g de farine ou de Maïzena

½ gousse de vanille

50 g de noisettes concassées

50 g de pralin

10 cl de crème liquide très froide

Préparez la pâte à crêpes (voir page 18) et laissez-la reposer 2 h au réfrigérateur.

Faites cuire 8 crêpes fines dans une poêle antiadhésive huilée de 20 à 22 cm de diamètre, 1 min environ de chaque côté. Empilez-les au fur et à mesure sur une assiette et réservez-les.

Préparez la sauce à la pistache. Mixez tous les ingrédients au robot jusqu'à obtention d'un mélange onctueux et homogène. Placez au réfrigérateur le temps de poursuivre la recette.

Préparez la crème pâtissière (voir page 22) et laissez-la refroidir. Incorporez-y le pralin et les noisettes concassées.

Fouettez la crème liquide en chantilly très ferme et incorporez-la délicatement à la crème pralinée, en soulevant la masse de bas en haut.

Préchauffez le four à 180 °C (th. 6). Garnissez chaque crêpe d'un peu de crème pralinée, puis rabattez les côtés deux par deux sur la garniture et en repliant les deux derniers en dessous, de façon à former un petit paquet carré. Disposez les pannequets au fur et à mesure dans un plat à gratin.

Enfournez pour une dizaine de minutes. Laissez tiédir un peu et nappez de la sauce à la pistache. Servez aussitôt.

Conseil

Vous trouverez la pâte de pistaches chez les fournisseurs de produits de pâtisserie ou sur Internet. À défaut, mixez des pistaches mondées non salées avec un peu de lait.

Pancakes canadiens au sirop d'érable

Préparation : 10 min
Repos : 1 h
Cuisson : 3-4 min par pancake

Pour 6 personnes

180 g de farine

2 œufs

25 cl de lait

40 g de beurre fondu

1 sachet de levure chimique

2 c. à s. de sucre roux

1 pincée de sel fin

Huile pour la poêle

Sirop d'érable pour servir

Dans un bol, battez les œufs en omelette avec le sel et le sucre roux.

Dans un saladier, mélangez la farine avec la levure et ménagez un puits au centre. Versez-y les œufs battus et commencez à mélanger. Puis délayez avec le lait, en remuant avec une spatule en bois, jusqu'à obtention d'une pâte lisse et assez épaisse. Ajoutez le beurre fondu en fouettant. Couvrez et laissez reposer 1 h au réfrigérateur.

Huilez une poêle à blinis et chauffez-la sur feu moyen. Versez-y 1 louchée de pâte et laissez cuire 2 min environ, jusqu'à ce que des petites bulles se forment à la surface et que le dessous soit bien doré. Retournez le pancake avec une spatule et faites dorer l'autre face 1 à 2 min.

Empilez les pancakes sur une assiette au fur et à mesure de leur cuisson et couvrez-les de papier d'aluminium. Maintenez-les au chaud dans le four préchauffé à 90 °C (th. 3) ou au-dessus d'une casserole d'eau frémissante.

Servez chaud, avec du sirop d'érable : chacun en arrosera ses pancakes selon son goût.

Conseil

Si vous ne disposez que d'une grande poêle, faites cuire 2 ou 3 pancakes à la fois. Préparez une pâte assez épaisse, avec un peu moins de lait, pour qu'elle ne s'étale pas trop.

Pancakes aux mûres

Préparation : 20 min
Repos : 1 h
Cuisson : 3-4 min par pancake

Pour 6 personnes

Huile pour la poêle

300 g de mûres

Chantilly pour servir

Pour la pâte à pancakes :

180 g de farine

2 œufs

25 cl de lait

40 g de beurre

1 sachet de levure chimique

2 c. à s. de sucre en poudre

1 pincée de sel fin

Crème Chantilly pour servir

Préparez la pâte à pancakes. Faites fondre le beurre à feu doux dans une petite casserole. Cassez les œufs en séparant les blancs des jaunes. Réservez les blancs au frais. Battez les jaunes avec la moitié du lait.

Dans un saladier, mélangez la farine et la levure, puis ménagez un puits au centre. Versez-y les jaunes d'œuf petit à petit, en mélangeant avec une spatule en bois. Délayez avec le reste du lait, toujours en remuant, jusqu'à obtention d'une pâte lisse et assez épaisse. Ajoutez le sel, le sucre et le beurre fondu en fouettant. Couvrez et laissez reposer 1 h au réfrigérateur.

Triez soigneusement les mûres, rincez-les, puis séchez-les avec du papier absorbant. Réservez-les.

Fouettez les blancs d'œuf en neige ferme et incorporez-les délicatement à la pâte.

Huilez une poêle à blinis et chauffez-la sur feu moyen. Versez-y 1 louchée de pâte. Quand le dessous du pancake commence à prendre, répartissez quelques mûres en surface pour qu'elles puissent s'enfoncer un peu dans la pâte. Laissez cuire jusqu'à ce que le dessous soit bien doré, puis retournez le pancake avec une spatule et faites dorer l'autre face.

Empilez les pancakes sur une assiette au fur et à mesure de leur cuisson et couvrez-les de papier d'aluminium. Maintenez-les au chaud dans le four préchauffé à 90 °C (th. 3) ou au-dessus d'une casserole d'eau frémissante. Si vous ne disposez que d'une grande poêle, faites cuire 2 ou 3 pancakes à la fois, en veillant à ce que la pâte soit suffisamment épaisse pour ne pas trop s'étaler.

Servez chaud, accompagné d'une jatte de chantilly.

Churros madrilènes

Préparation : 15 min
Repos : 1 h
Cuisson : 2 min environ par bain

Pour 20 beignets environ

250 g de farine

25 cl d'eau

1 pincée de sel fin

Huile de friture

Sucre en poudre pour servir

Mettez la farine dans un saladier et ménagez un puits au centre.

Dans une casserole, faites bouillir l'eau avec le sel. Versez-la petit à petit dans le puits de la farine, en remuant vigoureusement avec une spatule en bois, jusqu'à obtention d'une pâte lisse et assez épaisse. Laissez refroidir, puis placez 1 h au réfrigérateur.

Faites chauffer un bain d'huile de friture à 180 °C (trempez-y un morceau de pain : il doit grésiller).

Mettez la pâte dans une poche à douille munie d'un embout cannelé de 1 cm de diamètre. En pressant bien la poche, faites glisser dans l'huile chaude des bandes de pâte d'une dizaine de centimètres : coupez-les au fur et à mesure au ras de l'embout avec des ciseaux humides. Procédez en plusieurs bains pour que les beignets ne collent pas entre eux.

Faites frire les churros 2 min environ, jusqu'à ce qu'ils soient bien dorés. Sortez-les de la friture au fur et à mesure de leur cuisson, à l'écumoire, et égouttez-les rapidement sur du papier absorbant.

Servez chaud, largement saupoudré de sucre.

Beignets de pomme au caramel et au sésame

Préparation : 20 min
Repos : 1 h
Cuisson : 3-4 min par bain

Pour 24 beignets environ

4 belles pommes (golden ou granny-smith)

Le jus de 1 citron

Huile de friture

Pour le caramel au sésame :

200 g de sucre en poudre

2 c. à s. d'eau

2 c. à s. de graines de sésame

Pour la pâte à beignets :

80 g de farine

60 g de Maïzena

½ sachet de levure chimique

1 jaune d'œuf

20 cl d'eau

Préparez la pâte à beignets. Dans un saladier, mélangez le jaune d'œuf avec la farine, la Maïzena et la levure. Délayez avec l'eau, sans cesser de remuer, jusqu'à obtention d'une pâte lisse. Laissez reposer 1 h au réfrigérateur.

Faites chauffer un bain d'huile de friture à 180 °C (trempez-y un morceau de pain : il doit grésiller).

Lavez et pelez les pommes. Coupez-les en gros quartiers et épépinez-les. Arrosez-les aussitôt du jus de citron pour éviter que la chair ne noircisse.

Trempez les quartiers de pomme un par un dans la pâte à beignets, puis plongez-les dans l'huile chaude, par petites quantités. Laissez-les dorer 3 à 4 min, en les retournant de temps en temps avec une écumoire.

Préparez le caramel pendant la cuisson du premier bain. Dans une casserole, chauffez le sucre à petits bouillons avec l'eau jusqu'à ce qu'il prenne une belle couleur blond clair. Ôtez du feu, ajoutez les graines de sésame et mélangez.

Sortez les beignets de la friture au fur et à mesure de leur cuisson, à l'écumoire, et égouttez-les rapidement sur du papier absorbant. Trempez-les un par un dans le caramel au sésame puis, aussitôt après, dans un récipient d'eau glacée pour que celui-ci durcisse. Servez aussitôt.

Beignets au broccio et à la menthe

Préparation : 25 min
Repos : 2 h
Cuisson : 2-3 min par bain

Pour 15 beignets environ

250 g de broccio

3 c. à s. de menthe ciselée

Huile de friture

Sucre en poudre pour servir

Pour la pâte à beignets :

250 g de farine

2 œufs

1 sachet de levure chimique

Le zeste de ½ citron non traité finement râpé

1 pincée de sel fin

Préparez la pâte à beignets. Dans un bol, battez les œufs en omelette avec le sel. Mettez la farine et la levure dans un saladier et ménagez un puits au centre. Versez-y petit à petit les œufs battus, en remuant vigoureusement avec une spatule en bois. Puis délayez avec 30 cl d'eau environ, sans cesser de remuer, jusqu'à obtention d'une pâte lisse et pas trop fluide. Incorporez le zeste de citron, puis couvrez et laissez reposer 2 h au réfrigérateur.

Faites chauffer un bain d'huile de friture à 180 °C (trempez-y un morceau de pain : il doit grésiller).

Émiettez grossièrement le brocccio. Ajoutez-le à la pâte, ainsi que la menthe, et mélangez bien. Avec une petite cuillère, prélevez des boules du mélange, faites-les glisser dans l'huile chaude et laissez-les dorer en les retournant une ou deux fois avec une écumoire : les beignets doivent être bien dorés.

Sortez-les de la friture au fur et à mesure de leur cuisson, à l'écumoire, et égouttez-les rapidement sur du papier absorbant.

Servez chaud, saupoudré de sucre.

Pets-de-nonne au citron

Préparation : 15 min
Cuisson : 2-4 min par bain

Pour 40 beignets environ

25 cl d'eau

120 g de beurre

140 g de farine

½ c. à c. de sel fin

4 œufs

Le jus de 1 citron

2 c. à s. d'écorces de citron confites finement émincées

Huile de friture

Sucre vanillé pour servir

Dans une casserole, faites bouillir l'eau avec le beurre et le sel. Quand le beurre est complètement fondu, ôtez du feu et ajoutez la farine en pluie, en une seule fois, en remuant vivement. Remettez à chauffer 1 à 2 min à feu doux, sans cesser de remuer, jusqu'à ce que la pâte forme une masse lisse et sèche, qui se décolle des parois.

Ôtez de nouveau du feu, puis incorporez les œufs un par un, en mélangeant vigoureusement entre chaque ajout. Ajoutez enfin le jus et les écorces de citron.

Faites chauffer un bain d'huile de friture à 180 °C (trempez-y un morceau de pain : il doit grésiller). Avec une petite cuillère, prélevez des boules de pâte de la taille d'une noix et faites-les glisser dans l'huile chaude à l'aide d'une autre petite cuillère. Faites-les frire par petites quantités, en les retournant à mi-cuisson avec une écumoire, si elles ne le font pas spontanément.

Sortez les beignets de la friture au fur et à mesure de leur cuisson, à l'écumoire, et égouttez-les sur du papier absorbant. Servez-les chauds, saupoudrés de sucre vanillé.

Rissoles aux quetsches

Préparation : 30 min
Cuisson : 3-4 min par bain

Pour 4 personnes

600 g de quetsches coupées en deux et dénoyautées

100 g de noisettes en poudre

50 g de sucre en poudre

400 g de pâte brisée prête à étaler

Farine pour le plan de travail

Huile de friture

Dans un bol, mélangez le sucre et la poudre de noisettes.

Sur le plan de travail fariné, étalez finement la pâte brisée au rouleau. À l'aide d'un verre ou d'un emporte-pièce, découpez-y des disques de 8 à 10 cm de diamètre.

Posez 1 cuillerée à soupe de sucre aux noisettes puis un oreillon de quetsche au centre de chaque disque, humectez le pourtour au pinceau et repliez la pâte pour former des chaussons en forme de demi lune. Soudez bien les bords en pressant avec le bout des doigts.

Faites chauffer un bain d'huile de friture à 180 °C. Plongez-y les rissoles par petites quantités et laissez-les bien dorer, en les retournant une fois avec une écumoire.

Sortez-les au fur et à mesure de leur cuisson, à l'écumoire, et égouttez-les sur du papier absorbant. Servez chaud.

Beignets de poire au chocolat

Préparation : 30 min
Repos : 1 h
Cuisson : 2-3 min par bain

Pour 8 à 12 beignets

2 grosses poires (williams ou comices)

Le jus de ½ citron

100 g de sucre en poudre

20 cl d'eau

Huile de friture

Pour la pâte à beignets :

100 g de farine

30 g de cacao en poudre

½ sachet de levure chimique

1 gros œuf entier + 1 blanc

1 c. à s. d'huile de tournesol

12,5 cl d'eau ou de lait

1 pincée de sel fin

Préparez la pâte à beignets. Dans un saladier, mélangez la farine avec le cacao, la levure et le sel. Ménagez un puits au centre. Versez-y l'œuf entier et l'huile, puis délayez avec l'eau (ou le lait), en fouettant jusqu'à obtention d'une pâte lisse. Laissez reposer 1 h au réfrigérateur.

Lavez et pelez les poires. Coupez-les en gros quartiers et épépinez-les. Arrosez-les aussitôt du jus de citron pour éviter que la chair ne noircisse.

Dans une casserole, mélangez l'eau et le sucre jusqu'à dissolution complète de ce dernier. Portez à ébullition jusqu'à obtention d'un sirop, puis plongez-y les quartiers de poire. Laissez-les cuire 3 min à petits frémissements. Égouttez les poires avec une écumoire et épongez-les soigneusement sur du papier absorbant.

Faites chauffer un bain d'huile de friture à 180 °C (trempez-y un morceau de pain : il doit grésiller). Fouettez le blanc d'œuf en neige ferme et incorporez-le délicatement à la pâte, en soulevant la masse de bas en haut.

Trempez les quartiers de poire un par un dans la pâte et plongez-les aussitôt dans l'huile chaude. Laissez frire les beignets 2 à 3 min : ils doivent être bien gonflés.

Sortez les beignets de la friture à l'aide d'une écumoire et égouttez-les sur du papier absorbant. Servez-les chauds.

Beignets de banane antillais à la noix de coco

Préparation : 10 min
Macération : 1 h
Repos : 2 h
Cuisson : 2-4 min par bain

Pour 16 beignets environ

4 bananes

15 cl de lait de coco

Le jus de ½ citron vert

2 c. à s. de noix de coco râpée

Huile de friture

Sucre en poudre pour servir

Pour la pâte à beignets :

125 g de farine

1 sachet de levure chimique

1 c. à s. de sucre en poudre

1 œuf entier + 1 blanc

12,5 cl d'eau

4 c. à s. de noix de coco râpée

1 pincée de sel fin

Pelez les bananes et éliminez tous les filaments. Fendez-les en deux dans la longueur, puis recoupez chaque morceau en deux. Mettez-les dans un plat creux et arrosez-les aussitôt du jus de citron vert pour éviter que la chair ne noircisse. Ajoutez le lait de coco et la noix de coco râpée. Retournez-les plusieurs fois pour bien les enrober du mélange, puis couvrez de film alimentaire et laissez macérer 1 h au réfrigérateur.

Préparez la pâte à beignets. Dans un saladier, mélangez la farine avec la levure, le sucre et le sel. Ménagez un puits au centre. Battez l'œuf avec l'eau, versez-le dans le puits et incorporez-le petit à petit à la farine, jusqu'à obtention d'une pâte lisse. Ajoutez la moitié de la noix de coco râpée et laissez reposer 2 h au réfrigérateur.

Faites chauffer un bain d'huile de friture à 180 °C (trempez-y un morceau de pain : il doit grésiller). Fouettez le blanc d'œuf en neige ferme et incorporez-le délicatement à la pâte, en soulevant la masse de bas en haut. Épongez les morceaux de banane sur du papier absorbant, puis trempez-les un par un dans la pâte et plongez-les aussitôt dans l'huile chaude. Faites-les frire par petites quantités, en les retournant à mi-cuisson avec une écumoire.

Sortez les beignets de la friture au fur et à mesure de leur cuisson, à l'écumoire, et égouttez-les sur du papier absorbant. Servez-les chauds, saupoudrés du reste de noix de coco râpée et d'un peu de sucre.

Beignets martiniquais du mardi gras

Préparation : 15 min
Cuisson : 2 min environ par bain

Pour 40 beignets environ

250 g de farine

80 g de sucre en poudre

3 jaunes d'œuf + 2 blancs

50 g de beurre fondu

10 cl d'eau

5 cl de rhum brun

Le zeste de ½ citron vert non traité finement râpé

1 gousse de vanille

1 pincée de noix muscade râpée

1 grosse pincée de cannelle en poudre

1 pincée de sel fin

Huile de friture

Sucre glace pour servir

Dans un saladier, mélangez la farine avec le sucre en poudre et le sel. Ménagez un puits au centre. Versez-y successivement les jaunes d'œuf, le beurre fondu et le rhum, en mélangeant vivement avec une cuillère en bois. Puis délayez avec l'eau.

Fendez la gousse de vanille en deux dans la longueur et grattez ses graines au-dessus du saladier. Ajoutez le zeste de citron vert, la muscade et la cannelle.

Faites chauffer un bain d'huile de friture à 180 °C (trempez-y un morceau de pain : il doit grésiller). Fouettez les blancs d'œuf en neige ferme et incorporez-les délicatement à la pâte, en soulevant la masse de bas en haut.

Prélevez quelques cuillerées à café de la pâte obtenue et faites-les glisser dans l'huile chaude. Laissez frire les beignets jusqu'à ce qu'ils soient bien dorés, en les retournant une ou deux fois avec une écumoire.

Sortez les beignets de la friture au fur et à mesure de leur cuisson, à l'écumoire, et égouttez-les sur du papier absorbant. Laissez-les refroidir et servez-les saupoudrés de sucre glace.

Méli-mélo de fruits en tempuras

Préparation : 20 min
Cuisson : 1 min environ par bain

Pour 4 personnes

2 tranches d'ananas frais

1 pomme

1 poire

1 banane

250 g de fraises

Le jus de 1 citron

Huile de friture

Farine

Pour la pâte à tempuras :

175 g de farine

1 jaune d'œuf

35 cl d'eau glacée

Préparez les fruits. Lavez la pomme et la poire, puis pelez-les, coupez-les en huit et épépinez-les. Pelez la banane et coupez-la en rondelles épaisses. Arrosez-les aussitôt du jus de citron pour éviter que la chair ne noircisse. Rincez rapidement les fraises, puis séchez-les délicatement et équeutez-les. Recoupez les tranches d'ananas en petits éventails.

Préparez la pâte à tempuras. Battez très légèrement le jaune d'œuf à la fourchette dans un petit saladier, ajoutez l'eau et fouettez deux fois. Saupoudrez la farine en surface et fouettez de nouveau rapidement, sans chercher à supprimer les grumeaux.

Faites chauffer un bain d'huile de friture à 180 °C (trempez-y un morceau de pain : il doit grésiller).

Étalez un peu de farine dans une assiette. Passez-y rapidement les morceaux de fruits un par un, faites tomber l'excédent, puis trempez-les dans la pâte à tempuras. Plongez-les dans l'huile chaude par petites quantités. Faites-les frire 1 min environ, jusqu'à ce que la pâte se boursoufle, sans dorer.

Sortez les beignets de la friture au fur et à mesure de leur cuisson, à l'écumoire, et égouttez-les sur du papier absorbant. Servez aussitôt.

Croustillons aux raisins

Préparation : 20 min
Infusion : 30 min
Repos : 1 h
Cuisson : 3-4 min par bain

Pour une dizaine de beignets

250 g de farine

20 g de levure de boulanger

10 cl d'eau

10 cl de lait

4 œufs

1 c. à s. de sucre en poudre

1 gousse de vanille

1 pincée de sel fin

3 c. à s. de raisins secs

Huile de friture

Sucre glace pour servir

Faites tiédir la moitié du lait et délayez-y la levure. Cassez les œufs dans deux saladiers en séparant les blancs des jaunes. Battez les jaunes en omelette avec l'eau.

Dans une casserole, portez le reste de lait à ébullition avec la gousse de vanille fendue en deux dans la longueur, puis ôtez du feu, couvrez et laissez infuser 30 min. Retirez la gousse de vanille et grattez les graines avec la pointe d'un couteau. Ajoutez le sucre en poudre, mélangez jusqu'à complète dissolution et laissez refroidir.

Tamisez la farine dans une grande jatte et ménagez un puits au centre. Versez-y la levure délayée, mélangez, puis incorporez les jaunes d'œufs battus en remuant vivement. Délayez avec le lait, en fouettant jusqu'à obtention d'une pâte lisse.

Battez les blancs d'œuf en neige ferme avec le sel et incorporez-les délicatement à la pâte, en soulevant la masse de bas en haut. Ajoutez les raisins secs, puis couvrez avec un linge et laissez reposer 1 h au réfrigérateur.

Faites chauffer un bain d'huile de friture à 180 °C (trempez-y un morceau de pain : il doit grésiller). Avec une cuillère à soupe, prélevez des boules de pâte et faites-les glisser dans l'huile chaude à l'aide d'une autre cuillère. Laissez dorer les beignets 3 à 4 min, en les retournant régulièrement.

Sortez les croustillons de la friture au fur et à mesure de leur cuisson, à l'aide d'une écumoire, et égouttez-les sur du papier absorbant. Servez-les chauds, saupoudrés de sucre glace.

Gaufres

Préparation : 20 min
Repos : 2 h
Cuisson : 3-4 min par gaufre

Pour 10 gaufres

250 g de farine

2 œufs

35 cl de lait

70 g de beurre fondu

30 g de sucre en poudre

1 sachet de levure chimique

1 pincée de sel fin

Huile pour le gaufrier

Sucre glace pour servir

Dans une jatte, battez les œufs en omelette avec le sucre en poudre et le sel.

Mélangez la farine et la levure dans un saladier et ménagez un puits au centre. Versez-y les œufs battus, puis délayez avec le lait et le beurre fondu, sans cesser de remuer avec une cuillère en bois, jusqu'à obtention d'une pâte lisse. Couvrez et laissez reposer au moins 2 h au réfrigérateur.

Faites chauffer le gaufrier et enduisez-le légèrement d'huile sur ses deux faces. Versez 1 petite louchée de pâte dans la moitié inférieure de chaque moule et répartissez-la dans toutes les alvéoles en inclinant doucement l'appareil en tous sens. Fermez-le et retournez-le aussitôt pour que la pâte encore liquide couvre également l'autre face. Laissez cuire 2 min environ de chaque côté, puis démoulez délicatement.

Saupoudrez de sucre glace et servez aussitôt. Poursuivez de même pour le reste de pâte.

Variante

VOUS POUVEZ AUSSI ACCOMPAGNER LES GAUFRES DE FRUITS POCHÉS, D'UNE COMPOTE, DE FRUITS FRAIS ET DE CHANTILLY, DE MIEL ET DE FRUITS SECS OU D'UNE SAUCE AU CHOCOLAT.

Puddings, pains perdus & brioches

Légère et gonflée, la brioche doit tout au beurre, qui lui confère sa finesse, et à la levure, qui la rend aérienne. Cette pâtisserie familiale se décline de multiples façons toutes aussi savoureuses. Pains perdus et puddings permettaient autrefois d'utiliser les restes de pain rassis. Ils sont d'autant plus appréciés qu'on les prépare plutôt, aujourd'hui, avec du pain de mie, voire de la brioche !

Brioches parisiennes

Préparation : 40 min
Repos : 2-3 h
Réfrigération : 13 h environ
Cuisson : 15-20 min pour des petites brioches (30-35 min pour des grandes)

Pour 12 petites brioches individuelles (ou 2 grandes brioches, soit 2 moules de 50 cl chacun)

250 g de farine
+ un peu pour les mains

180 g de beurre
+ un peu pour les moules

3 œufs entiers + 1 jaune délayé dans un peu d'eau pour la dorure

10 g de levure de boulanger

5 cl de lait tiède

1 c. à c. de sel fin

30 g de sucre en poudre

Dans un bol, délayez la levure dans le lait tiède. Coupez le beurre en morceaux dans un saladier et laissez-le ramollir. Cassez les œufs dans un autre bol et battez-les en omelette avec le sel et le sucre.

Mettez la farine dans un saladier et ménagez un puits au centre. Versez-y la levure délayée puis, progressivement, les œufs battus, en mélangeant au fur et à mesure. Pétrissez vigoureusement la pâte obtenue pendant une quinzaine de minutes, jusqu'à ce qu'elle soit souple et n'adhère plus aux parois du saladier. Incorporez enfin le beurre mou, en continuant à pétrir jusqu'à homogénéité.

Mettez la pâte dans un saladier, couvrez-la d'un linge et laissez-la lever 1 h à 1 h 30 dans un endroit tiède (25 °C) : elle doit doubler de volume.

Rompez la pâte deux ou trois fois avec la paume de la main, pour chasser les bulles créées par la fermentation : elle doit reprendre son volume initial. Placez-la 1 h au réfrigérateur, puis renouvelez l'opération. Réservez-la au frais au moins 12 h, si possible toute une nuit.

Préchauffez le four à 200 °C (th. 6-7). Beurrez largement les moules.

Partagez la pâte en 12 grosses parts égales et 12 petites (respectivement 4/5 et 1/5 de la pâte), puis roulez-les délicatement entre vos mains farinées pour qu'elles soient bien rondes. Mettez les plus grosses boules dans les moules, puis creusez et humidifiez très légèrement leur sommet. Enfoncez-y les petites boules en appuyant un peu. Couvrez d'un linge humide et laissez doubler de volume à température ambiante.

Incisez le dessus des petites boules avec une lame de couteau humide pour permettre à la pâte de gonfler à la cuisson. Dorez avec le jaune délayé et enfournez pour 15 à 20 min (30 à 35 min pour des grandes brioches). Laissez légèrement tiédir et démoulez.

Cramique

Préparation : 30 min
Repos : 2 h
Cuisson : 35-40 min

Pour 6 à 8 personnes

500 g de farine

120 g de raisins de Corinthe

100 g de beurre
+ un peu pour le moule

2 œufs

20 cl de lait tiède

15 g de levure de boulanger

2 c. à s. de sucre en poudre

1 pincée de sel fin

1 jaune d'œuf délayé dans un peu d'eau pour la dorure

Faites tremper les raisins secs pendant 2 h dans un bol d'eau bouillante, puis égouttez-les et épongez-les sur du papier absorbant.

Coupez le beurre en morceaux dans un saladier et laissez-le ramollir. Battez les œufs avec le sucre et le sel dans un autre saladier. Dans un bol, délayez la levure dans le lait tiède.

Tamisez la farine sur le plan de travail et ménagez un puits au centre. Versez-y la levure delayée et mélangez-la avec un peu de farine pour former une boule molle dans le puits. Laissez reposer 30 min.

Versez les œufs battus dans le puits et travaillez bien le tout en ajoutant juste assez de lait pour obtenir une pâte assez ferme. Pétrissez-la pendant une quinzaine de minutes, jusqu'à ce qu'elle devienne parfaitement élastique. Ajoutez le beurre mou et les raisins secs. Pétrissez encore 5 min.

Préchauffez le four à 200 °C (th. 6-7). Beurrez un moule à cake de 20 cm de long environ. Façonnez la pâte en un boudin de même longueur, mettez-la dans le moule et laissez lever 1 h 30 environ à température ambiante : elle doit remplir le moule presque complètement.

Badigeonnez la surface avec le jaune délayé, au pinceau, et enfournez pour 35 à 40 min. Laissez le cramique tiédir un peu avant de le démouler.

Brioche aux pralines

Préparation : 30 min
Repos : 1 h (la veille) + 1 h
Réfrigération : 12 h
Cuisson : 35-45 min

Pour 8 personnes environ

500 g de farine

6 œufs

10 cl d'eau tiède

15 g de levure de boulanger

60 g de sucre en poudre

350 g de beurre
+ un peu pour le moule

250 g de pralines roses concassées

1 pincée de sel fin

1 jaune d'œuf délayé dans un peu d'eau pour la dorure

La veille, coupez le beurre en morceaux dans un saladier et laissez-le ramollir. Battez les œufs avec le sucre et le sel dans un autre saladier. Dans un bol, délayez la levure dans l'eau tiède.

Tamisez la farine dans un saladier et ménagez un puits au centre. Versez-y la levure délayée puis, progressivement, les œufs battus, en mélangeant au fur et à mesure. Pétrissez vigoureusement la pâte obtenue pendant une quinzaine de minutes, jusqu'à ce qu'elle soit bien lisse et élastique. Incorporez petit à petit le beurre mou, sans cesser de pétrir. Ramassez la pâte en boule, couvrez-la d'un linge et laissez lever 1 h à température ambiante.

Rompez la pâte deux ou trois fois avec la paume de la main, pour qu'elle reprenne son volume initial, et placez-la au réfrigérateur jusqu'au lendemain.

Le jour même, beurrez largement un moule à brioche ou à bords hauts. Ajoutez 200 g de pralines à la pâte et mélangez bien. Ramassez la pâte en boule et mettez-la dans le moule. Répartissez le reste des pralines en surface, en les enfonçant légèrement. Couvrez d'un linge humide et laissez de nouveau lever 1 h dans un endroit tiède.

Enfournez pour 35 à 45 min, en surveillant bien la coloration. Démoulez et laissez refroidir sur une grille.

Kouglof

Préparation : 30 min
Trempage : 1 h
Repos : 4 h
Cuisson : 40 min environ

Pour 6 à 8 personnes

300 g de farine

10 g de levure de boulanger

1 œuf

60 g de beurre
+ un peu pour le moule

60 g de raisins secs

12 cl de lait

50 g de sucre en poudre

1 pincée de sel fin

40 g d'amandes effilées

1 c. à s. de rhum brun

Sucre glace pour servir

Faites tremper les raisins secs pendant 1 h dans une jatte d'eau bouillante additionnée du rhum, puis égouttez-les et épongez-les sur du papier absorbant. Coupez le beurre en morceaux dans un saladier et laissez-le ramollir. Battez l'œuf avec le sucre et le sel dans un autre saladier.

Dans une jatte, délayez la levure dans 5 cl d'eau tiède. Ajoutez 60 g de farine et mélangez jusqu'à obtention d'une pâte molle. Laissez lever 1 h dans un endroit chaud.

Ajoutez le reste de farine, les œufs battus, le lait et le beurre mou à la pâte. Mélangez bien les ingrédients, puis pétrissez le tout une dizaine de minutes, jusqu'à ce que la pâte soit parfaitement élastique et n'adhère plus aux parois de la jatte. Ajoutez les raisins secs et mélangez de nouveau. Couvrez d'un linge et laissez lever 1 h à température ambiante.

Pétrissez de nouveau la pâte jusqu'à ce qu'elle reprenne son volume initial, puis ramassez-la en boule. Beurrez un moule à kouglof et garnissez les cannelures des amandes effilées. Faites un trou au centre de la boule de pâte et posez-la dans le moule. Laissez lever pendant 2 h environ, jusqu'à ce qu'elle le remplisse entièrement.

Préchauffez le four à 180 °C (th. 6). Enfournez pour 40 min environ, en couvrant de papier d'aluminium si la surface colore trop rapidement. Démoulez dès la sortie du four et laissez refroidir. Saupoudrez de sucre glace au moment de servir.

Couronne des rois bordelaise

Préparation : 30 min (la veille) + 15 min
Repos : 3 h 30
Cuisson : 35 min environ

Pour 8 à 10 personnes

300 g de farine + un peu pour le plan de travail

2 œufs

150 g de beurre

Le zeste de 1 citron non traité finement râpé

15 g de levure de boulanger

1 c. à c. de sel fin

1 c. à s. de rhum brun

30 g de sucre en poudre

80 g de fruits confits

1 jaune d'œuf délayé dans un peu d'eau pour la dorure

Pour le décor :

Fruits confits

Sucre en grains

Coupez le beurre en morceaux dans un saladier et laissez-le ramollir. Battez légèrement les œufs dans un autre saladier.

Dans une jatte, délayez la levure dans 5 cl d'eau tiède. Ajoutez la farine, le sucre en poudre, le sel, le zeste de citron et commencez à mélanger en ajoutant petit à petit les œufs battus. Remuez jusqu'à obtention d'une pâte lisse et homogène. Pétrissez-la ensuite pendant une quinzaine de minutes, jusqu'à ce qu'elle soit souple et élastique. Ajoutez le beurre mou et pétrissez de nouveau pendant 5 min. Laissez lever 1 h 30 à température ambiante.

Pétrissez de nouveau la pâte jusqu'à ce qu'elle reprenne son volume initial, puis ramassez-la en boule et placez-la au réfrigérateur jusqu'au lendemain, couverte de film alimentaire.

Tapissez une plaque de papier sulfurisé. Aplatissez légèrement la pâte au rouleau sur le plan de travail fariné. Répartissez-y les fruits confits, ramenez les bords vers le centre et reformez une boule. Posez-la sur la plaque, puis façonnez-la en couronne : faites un trou au centre avec le pouce et étirez délicatement la pâte en tous sens, en veillant à ne pas la déchirer. Renouvelez deux ou trois fois l'opération : vous devez obtenir un trou de 12 cm environ de diamètre. Couvrez d'un linge humide et laissez lever 2 h à température ambiante.

Préchauffez le four à 180 °C (th. 6). Dorez la couronne avec le jaune d'œuf délayé, au pinceau, puis incisez régulièrement la surface avec des ciseaux. Enfournez pour 35 min environ, en couvrant de papier d'aluminium si la surface colore trop rapidement.

Sortez la couronne du four, laissez-la tiédir, puis décorez-la avec des fruits confits et des grains de sucre.

Panettone

Préparation : 30 min
Repos : 3 h
Cuisson : 40-45 min

Pour 6 personnes

360 g de farine

100 g de sucre en poudre

10 g de levure de boulanger

10 cl d'eau tiède

3 jaunes d'œuf

160 g de beurre
+ un peu pour le moule

Le zeste de 1 citron
non traité finement râpé

Le zeste de ½ orange
non traitée finement râpé

75 g de raisins secs

100 g de fruits confits
coupés en dés

Préparez le levain. Dans un grand bol, délayez la levure dans l'eau tiède. Ajoutez 70 g de farine et mélangez jusqu'à obtention d'une pâte molle. Laissez lever 1 h dans un endroit tiède.

Coupez 140 g de beurre en morceaux dans un saladier et laissez-le ramollir. Faites tremper les raisins secs dans un bol d'eau bouillante, puis égouttez-les et épongez-les sur du papier absorbant.

Beurrez un moule rond à bords hauts, puis glissez le long des parois une feuille de papier sulfurisé, beurrée également, enroulée en cylindre et dépassant des bords.

Versez le reste de farine dans un saladier et ménagez un puits au centre. Mettez-y le sucre, le beurre mou, les jaunes d'œuf et le levain. Pétrissez pendant une dizaine de minutes, en ajoutant éventuellement quelques cuillerées d'eau, jusqu'à ce que la pâte soit souple et n'adhère plus aux parois du saladier. Ajoutez les zestes d'agrumes, les fruits confits et les raisins secs. Mélangez bien.

Ramassez la pâte en boule, mettez-la dans le moule et laissez-la lever 2 h à température ambiante : elle doit doubler de volume.

Préchauffez le four à 200 °C (th. 6-7). Faites fondre le reste de beurre. Incisez la surface de la pâte en croix, enduisez-la de beurre fondu, puis enfournez pour 40 à 45 min.

Sortez le panettone du four, laissez-le tiédir, puis démoulez-le et supprimez le papier sulfurisé.

Pain brioché perdu aux cerises

Préparation : 10 min
Cuisson : 6 min environ

Pour 4 personnes

4 tranches de pain brioché légèrement rassis

400 g de cerises noires dénoyautées (fraîches, surgelées ou au sirop)

2 œufs

25 cl de lait

4 c. à s. de sucre en poudre

60 g de beurre

2 ou 3 gouttes d'extrait d'amande amère

100 g d'amandes effilées

Faites légèrement griller les amandes effilées à sec dans une poêle antiadhésive.

Si vous utilisez des cerises surgelées, laissez-les décongeler à température ambiante. Si elles sont au sirop, égouttez-les avec soin.

Dans une assiette creuse, battez les œufs avec le lait et 1 cuillerée à soupe de sucre. Trempez-y rapidement les tranches de pain brioché, l'une après l'autre, pour bien les imbiber sans les ramollir.

Faites fondre la moitié du beurre à feu moyen dans une grande poêle. Quand il commence à mousser, faites-y revenir les tranches de pain brioché, 3 min environ de chaque côté, jusqu'à ce qu'elles soient bien dorées. Réservez au chaud.

Parallèlement, chauffez le reste de beurre dans une autre poêle. Faites-y revenir les cerises 3 min. Ajoutez l'extrait d'amande et le reste de sucre. Remuez délicatement et arrosez les fruits du jus de cuisson de temps en temps.

Dressez les tranches de pain brioché sur 4 petites assiettes et recouvrez-les des cerises et de leur jus de cuisson. Parsemez des amandes grillées et servez.

Tartines briochées aux fraises

Préparation : 10 min

Pour 4 personnes

4 tranches de brioche

200 g de fraises

2 c. à s. de jus de citron

4 c. à s. de chantilly en bombe

4 c. à s. de confiture de fraise

4 c. à s. de sucre en poudre

Rincez les fraises, séchez-les avec soin et équeutez-les. Coupez-en la moitié en lamelles et arrosez-les aussitôt du jus de citron. Écrasez grossièrement le reste à la fourchette dans une assiette creuse.

Faites légèrement griller les tranches de brioche au grille-pain. Laissez-les tiédir.

Mélangez délicatement la chantilly et la confiture de fraise. Tartinez-en les tranches de brioche. Étalez ensuite une couche de fraises écrasées et recouvrez de lamelles de fruit, en les disposant joliment. Saupoudrez de sucre et servez aussitôt.

Briochettes au chocolat

Préparation : 20 min
Réfrigération : 1 h minimum

Pour 4 personnes

4 brioches individuelles

150 g de chocolat noir
à 70 % de cacao

90 g de beurre

4 blancs d'œuf

4 c. à s. de sucre en poudre

1 pincée de sel fin

Coupez le chapeau des brioches puis évidez-les en prélevant délicatement la mie.

Cassez le chocolat en morceaux dans une petite casserole et ajoutez le beurre coupé en parcelles. Faites fondre à feu très doux, en remuant, jusqu'à obtention d'une sauce bien lisse. Ôtez du feu, incorporez la moitié du sucre et laissez tiédir un peu.

Fouettez les blancs en neige très ferme avec le sel, en ajoutant le reste de sucre lorsqu'ils commencent à être bien pris. Incorporez-les délicatement à la sauce au chocolat.

Remplissez généreusement les brioches de cette mousse au chocolat, replacez les chapeaux et réservez au moins 1 h au réfrigérateur avant de servir.

Toasts briochés aux abricots

Préparation : 15 min
Cuisson : 7-9 min

Pour 4 personnes

4 tranches de brioche rassise

8 abricots

2 blancs d'œuf

70 g de beurre

50 g de sucre en poudre

Sucre glace

2 c. à s. d'amandes effilées

1 pincée de sel fin

Lavez et séchez les abricots. Coupez-les en deux et dénoyautez-les.

Chauffez 50 g de beurre dans une poêle et faites-y revenir les oreillons d'abricot 5 à 6 min. Retournez-les à mi-cuisson à l'aide d'une spatule et saupoudrez-les de la moitié du sucre en poudre. Laissez-les caraméliser un peu.

Pendant ce temps, faites griller les tranches de brioche au grille-pain. Fouettez les blancs d'œuf en neige très ferme avec le sel, en ajoutant le reste du sucre en poudre lorsqu'ils commencent à être bien pris.

Préchauffez le gril du four.

Disposez les tranches de brioche sur une plaque à pâtisserie et tartinez-les avec le reste du beurre. Répartissez les oreillons d'abricot dessus puis, à l'aide d'une cuillère à soupe, couvrez les fruits de meringue. Saupoudrez légèrement de sucre glace, surmontez des amandes effilées et passez 2 à 3 min sous le gril : la surface doit à peine dorer. Laissez tiédir un peu avant de servir.

Bodding bruxellois

Préparation : 15 min
Trempage : 1 h
Cuisson : 1 h environ

Pour 8 personnes

400 g de pain de mie rassis

100 g de pain d'épice

3 c. à s. de sucre en poudre

3 c. à s. de cassonade

3 œufs

15 cl de lait environ

1 c. à c. de cannelle en poudre

150 g de raisins secs

Le zeste de 1 orange non traitée finement râpé

2 à 3 c. à s. de rhum brun

1 pincée de sel fin

Beurre pour le moule

Pour le glaçage :

90 g de chocolat noir à 70 % de cacao

60 g de beurre

Faites tremper les raisins secs et le zeste d'orange pendant 1 h dans une jatte d'eau bouillante additionnée du rhum, en veillant à les recouvrir complètement. Égouttez-les en conservant le liquide de trempage, puis épongez-les sur du papier absorbant.

Dans un saladier, battez les œufs avec 15 cl de lait, le sel, le sucre en poudre, la cassonade et la cannelle.

Écroûtez le pain de mie et le pain d'épice, puis émiettez-les dans un autre saladier. Mouillez-les avec le liquide de trempage des raisins et du zeste, pour bien les ramollir, puis pressez-les entre vos mains pour supprimer l'excédent de liquide. Ajoutez-les aux œufs battus et mélangez le tout jusqu'à homogénéité, en ajoutant éventuellement un peu de lait si la préparation vous semble trop sèche. Ajoutez-y les raisins et le zeste. Mélangez bien.

Préchauffez le four à 200 °C (th. 6-7). Beurrez un moule rond de 20 cm de diamètre. Versez-y la préparation et enfournez pour 1 h environ.

Préparez le glaçage. Cassez le chocolat en morceaux dans une casserole et faites-le fondre à feu très doux. Ôtez du feu, ajoutez le beurre et remuez jusqu'à obtention d'une crème lisse et onctueuse.

Sortez le bodding du four, laissez-le tiédir et retournez-le sur une grille posée au-dessus d'un plat. Versez le glaçage au chocolat dessus et lissez-le à la spatule. Servez tiède ou froid.

Variante

Ce pudding est traditionnel des goûters belges. Libre à vous de l'améliorer en le préparant avec de la brioche ou du pain de mie brioché. Le glaçage est également un « petit plus », facultatif si vous manquez de temps.

Petits puddings au chocolat

Préparation : 30 min
Cuisson : 35-45 min

Pour 8 personnes

180 g de brioche
ou de pain brioché rassis

90 g de chocolat noir
à 70 % de cacao

60 g de sucre en poudre

60 g de beurre
+ un peu pour les ramequins

3 œufs

17,5 cl de lait

1 pincée de sel

Cassez les œufs dans deux saladiers en séparant les blancs des jaunes. Coupez le beurre en morceaux dans une jatte et laissez-le ramollir.

Mixez la brioche (ou le pain brioché) en chapelure grossière.

Cassez le chocolat en morceaux dans une petite casserole et faites-le fondre à feu très doux avec le lait, en remuant de temps en temps. Ôtez du feu, ajoutez les jaunes d'œuf et mélangez le tout avec la chapelure briochée.

Travaillez le beurre mou à la spatule avec le sucre jusqu'à obtention d'une consistance crémeuse. Ajoutez la préparation au chocolat, en remuant jusqu'à homogénéité.

Battez les blancs en neige ferme avec le sel. Incorporez-les délicatement à la préparation précédente, en soulevant la pâte de bas en haut.

Beurrez 8 ramequins. Remplissez-les de pâte aux deux tiers, puis placez-les dans le panier d'un cuit-vapeur, au-dessus de l'eau bouillante. Couvrez et faites cuire 35 à 40 min. Servez tiède ou chaud.

Conseil

Accompagnez ces délicieux puddings d'une sauce au chocolat (voir page 25) ou d'une crème anglaise (voir page 23).

Diplomate aux abricots

Préparation : 45 min
Cuisson : 15 min environ
Réfrigération : 12 h

Pour 8 personnes

250 g de pain brioché rassis

200 g d'abricots secs moelleux

25 cl d'eau

40 g de sucre en poudre

2 ou 3 gouttes d'extrait d'amande amère

Coulis d'abricots pour servir

Pour la crème pâtissière vanillée :

40 cl de lait

5 jaunes d'œuf

70 g de sucre en poudre

30 g de farine ou de Maïzena

½ gousse de vanille

Mettez les abricots secs dans une casserole, avec l'eau, le sucre et l'extrait d'amande. Portez à ébullition, puis baissez le feu et laissez cuire 15 min environ à petits frémissements. Égouttez les abricots secs en conservant leur sirop de cuisson et épongez-les sur du papier absorbant.

Pendant ce temps, préparez la crème pâtissière vanillée (voir page 22) et laissez-la refroidir.

Tapissez un moule à cake de 26 cm de long de film alimentaire en le laissant largement dépasser. Ôtez la croûte du pain brioché et coupez-le en tranches de 2 cm d'épaisseur environ.

Étalez une couche de tranches de pain brioché dans le fond du moule puis, à l'aide d'un pinceau, imbibez-les légèrement de sirop. Ajoutez une couche de crème pâtissière, une couche d'abricots secs et une nouvelle couche de tranches de pain brioché. Renouvelez l'opération de manière à remplir le moule, en terminant par une couche de tranches de pain brioché.

Rabattez hermétiquement le film alimentaire et réservez 12 h au réfrigérateur.

Pour servir, retournez délicatement le diplomate sur un plat, ôtez le film alimentaire et découpez le gâteau en tranches épaisses. Accompagnez du coulis d'abricots.

Pudding aux fruits frais

Préparation : 30 min
Trempage : 15 min
Cuisson : 40-45 min

Pour 8 personnes

300 g de brioche
ou de pain brioché rassis

500 g d'un mélange de fruits frais au choix : fruits rouges, pommes-poires-prunes, bananes-ananas

15 cl de crème liquide

10 cl de lait

4 œufs entiers + 4 jaunes

80 g de sucre en poudre

20 g de beurre pour le moule

1 pincée de sel fin

Coulis de fruits pour servir
(en accord avec les fruits choisis)

Émiettez grossièrement la brioche (ou le pain brioché) dans un saladier. Versez le lait et la crème liquide dessus et laissez tremper pendant 15 min.

Cassez les œufs dans deux saladiers en séparant les blancs des jaunes.

Fouettez tous les jaunes avec le sucre jusqu'à ce que le mélange blanchisse légèrement. Versez-le sur la préparation briochée et travaillez le tout à la spatule, jusqu'à homogénéité.

Préchauffez le four à 180 °C (th. 6). Beurrez un moule à charlotte ou à savarin.

Battez les blancs en neige très ferme avec le sel, puis incorporez-les délicatement à la préparation précédente, en soulevant la masse à la spatule. Ajoutez enfin les fruits, en mélangeant doucement.

Versez la préparation dans le moule et enfournez pour 40 à 45 min. Laissez refroidir, puis démoulez sur un plat et nappez d'un peu de coulis. Présentez le reste de coulis en saucière.

Conseil

VOUS POUVEZ PRÉPARER CE PUDDING DANS UN JOLI PLAT À FOUR ET LE SERVIR DIRECTEMENT, SANS LE DÉMOULER.

Céréales, riz & semoules

Piliers de l'alimentation pour la majorité des habitants de la planète, riz et céréales sont aussi à la base d'excellentes recettes sucrées reconstituantes. Ces préparations ont évolué comme les autres desserts, gagnant en légèreté et en délicatesse : les fruits et les épices, auxquels on les associe couramment aujourd'hui, ont considérablement équilibré et modernisé les entremets d'autrefois.

Riz au lait vanillé

Préparation : 10 min
Cuisson : 35 min environ

Pour 4 personnes

200 g de riz rond

1 litre de lait entier

1 pincée de sel fin

1 gousse de vanille

100 g de sucre en poudre

Versez le riz dans une passoire et rincez-le abondamment.

Portez une grande casserole d'eau à ébullition, jetez-y le riz égoutté et faites-le cuire 3 min. Dans une autre casserole, faites bouillir le lait avec le sel et la gousse de vanille fendue en deux dans la longueur.

Égouttez le riz, versez-le dans le lait bouillant et remuez. Dès reprise de l'ébullition, baissez le feu et laissez cuire à petits frémissements 30 min environ : les grains doivent être très tendres.

Ôtez du feu et laissez reposer quelques minutes. Retirez la gousse de vanille et grattez les graines avec la pointe d'un couteau. Ajoutez le sucre en remuant délicatement.

Versez dans un saladier, laissez tiédir et placez au réfrigérateur jusqu'au moment de servir.

Riz au lait de coco épicé

Préparation : 15 min
Cuisson : 40 min

Pour 4 personnes

200 g de riz rond

100 g de beurre

50 cl de lait

50 cl de lait de coco

4 c. à s. de sucre en poudre

1 c. à c. d'épices moulues en mélange (cannelle, gingembre, noix muscade, girofle)

1 gousse de vanille

Versez le riz dans une passoire et rincez-le abondamment.

Portez le lait et le lait de coco à ébullition dans une casserole, avec la gousse de vanille fendue en deux dans la longueur, le sucre et les épices. Ajoutez le riz égoutté et, dès reprise de l'ébullition, ôtez du feu. Retirez la gousse de vanille et grattez les graines avec la pointe d'un couteau.

Préchauffez le four à 160 °C (th. 5-6). Beurrez 4 plats à gratin individuels. Répartissez-y le riz au lait, puis parsemez-les avec le reste de beurre coupé en parcelles.

Enfournez pour 40 min. Couvrez de papier d'aluminium si la surface dore trop rapidement. Servez tiède ou froid.

Conseil

ACCOMPAGNEZ D'UNE SALADE DE FRUITS EXOTIQUES FRAIS OU D'UN COULIS DE MANGUE.

Risotto au citron mentholé

Préparation : 10 min
Cuisson : 35 min

Pour 4 personnes

200 g de riz rond

50 cl de lait

10 cl de crème liquide

Le zeste finement râpé et le jus de 2 citrons non traités

120 g de sucre en poudre

2 c. à s. de menthe fraîche ciselée

Portez une grande casserole d'eau à ébullition, jetez-y le riz et faites-le cuire 3 min. Égouttez le riz et reversez-le dans la casserole avec le lait, le sucre et le zeste de citron. Portez à ébullition en remuant, puis laissez cuire à petits frémissements 30 min environ : les grains de riz doivent être tendres et avoir absorbé la quasi-totalité du lait. Ôtez du feu.

Ajoutez la crème et le jus de citron, en remuant jusqu'à homogénéité. Laissez refroidir.

Incorporez la menthe ciselée au risotto refroidi. Versez dans 4 coupes et placez au réfrigérateur jusqu'au moment de servir.

Conseil

POUR CETTE RECETTE, CHOISISSEZ DU RIZ À RISOTTO : ARBORIO, CARNAROLI OU VIALE NANO.

Risotto au chocolat

Préparation : 15 min
Cuisson : 25-35 min

Pour 6 personnes

200 g de riz rond

100 g de chocolat noir à 70 % de cacao

1 litre de lait

2 c. à s. de cacao en poudre

40 g de sucre en poudre

Râpez finement le chocolat.

Portez une grande casserole d'eau à ébullition, jetez-y le riz et faites-le cuire 3 min. Dans une autre casserole, faites bouillir le lait avec le cacao et le sucre.

Égouttez le riz, rincez-le soigneusement et versez-le dans le lait bouillant. Dès reprise de l'ébullition, baissez le feu et laissez cuire à petits frémissements de 20 à 30 min : les grains doivent être très tendres. Ôtez du feu.

Ajoutez petit à petit le chocolat râpé au riz chaud, en remuant avec une spatule.

Versez dans un saladier. Laissez tiédir en remuant de temps en temps et servez.

Risotto aux fruits confits

Préparation : 10 min
Cuisson : 35 min environ

Pour 4 personnes

200 g de riz rond

50 cl de lait

100 g de sucre en poudre

2 jaunes d'œuf

10 cl de crème liquide très froide

100 g de fruits confits coupés en dés + quelques lanières d'angélique pour le décor

2 c. à s. de rhum brun (facultatif)

Portez une grande casserole d'eau à ébullition, jetez-y le riz et faites-le cuire 3 min. Égouttez le riz et reversez-le dans la casserole avec le lait et le sucre. Portez à ébullition en remuant, puis laissez cuire à petits frémissements 30 min environ : les grains de riz doivent être tendres et avoir absorbé la quasi-totalité du lait.

Ôtez du feu, laissez le risotto tiédir un peu, puis ajoutez les jaunes d'œuf, les fruits confits et, éventuellement, le rhum. Mélangez vivement, puis laissez refroidir.

Pendant ce temps, fouettez la crème liquide en chantilly bien ferme. Incorporez-la délicatement au risotto refroidi, en soulevant la masse de bas en haut.

Répartissez dans 4 coupes et réservez au réfrigérateur jusqu'au moment de servir, joliment décoré des lanières d'angélique.

Riz thaï mangue-coco

Préparation : 15 min
Trempage : 1 h
Cuisson : 10-12 min

Pour 4 personnes

200 g de riz thaïlandais parfumé

50 cl d'eau

30 cl de lait de coco

2 petites mangues bien mûres

2 c. à s. de sucre en poudre

1 pincée de sel fin

Faites tremper le riz pendant au moins 1 h dans un grand saladier d'eau froide. Égouttez-le.

Mettez le riz, l'eau et le sel dans une casserole. Portez à ébullition en remuant de temps en temps, puis baissez le feu et laissez cuire 10 à 12 min à feu très doux.

Pendant ce temps, pelez les mangues. Coupez-les en lamelles dans le sens de la longueur, jusqu'à ce que la lame du couteau rencontre le noyau.

Ôtez la casserole du feu, couvrez et laissez reposer 5 min. Ajoutez le sucre, remuez jusqu'à complète dissolution, puis versez le lait de coco et mélangez bien. Laissez tiédir.

Versez dans des coupelles, disposez les lamelles de mangue sur le riz. Servez tiède ou froid.

Gâteau de riz aux pêches

Préparation : 20 min
Cuisson : 35-45 min
Réfrigération : 4 h

Pour 4 personnes

150 g de riz rond

6 demi-pêches au sirop

1 litre de lait

Le jus de 1 orange

1 sachet de sucre vanillé

150 g de sucre en poudre

2 œufs

10 cl de crème liquide très froide

6 feuilles de gélatine

1 pincée de sel fin

Versez le riz dans une passoire et rincez-le abondamment à l'eau froide. Égouttez les demi-pêches, coupez-en quatre en dés et les deux autres en lamelles. Faites ramollir les feuilles de gélatine dans un bol d'eau froide.

Portez une grande casserole d'eau à ébullition, jetez-y le riz égoutté et faites-le cuire 3 min. Faites bouillir le lait dans une autre casserole.

Égouttez le riz et versez-le dans le lait bouillant. Dès reprise de l'ébullition, baissez le feu et laissez cuire à petits frémissements, en remuant de temps en temps, pendant 30 à 40 min : les grains doivent être très tendres.

Cassez les œufs dans deux jattes en séparant les blancs des jaunes.

Ôtez le riz du feu. Ajoutez la gélatine égouttée, en remuant jusqu'à complète dissolution. Puis incorporez les sucres et les jaunes d'œuf. Laissez refroidir.

Fouettez la crème liquide en chantilly ferme, puis incorporez-la au riz refroidi, en soulevant la masse de bas en haut. Ajoutez les dés de pêche, en mélangeant délicatement.

Battez les blancs d'œuf en neige ferme avec le sel, puis incorporez-les délicatement à la préparation précédente. Versez dans un moule et réservez 4 h au réfrigérateur.

Au moment de servir, retournez le moule sur un plat après l'avoir rapidement trempé dans l'eau chaude. Disposez des lamelles de pêche en rosace sur le gâteau de riz.

Variante

VOUS POUVEZ AUSSI VERSER LA PRÉPARATION DANS 4 PETITS MOULES ET SERVIR DES GÂTEAUX DE RIZ INDIVIDUELS.

Perles de coco à la banane

Préparation : 5 min
Cuisson : 25-30 min

Pour 6 personnes

50 cl d'eau

2 c. à s. bombées de billes de tapioca au pandanus (dans les épiceries asiatiques)

25 cl de lait de coco

2 bananes moyennes, très mûres

Le jus de ½ citron vert

3 c. à s. de sucre en poudre

Épluchez les bananes et éliminez les filaments. Coupez-les en fines rondelles et arrosez-les aussitôt du jus de citron vert pour éviter que la chair ne noircisse.

Portez l'eau à ébullition dans une casserole. Versez les billes de tapioca, puis baissez le feu et faites cuire 15 à 20 min, sans cesser de remuer, jusqu'à ce que les petites billes soient transparentes.

Ajoutez le lait de coco et poursuivez la cuisson 5 min environ, toujours en remuant.

Incorporez le sucre et les rondelles de banane. Faites encore cuire 4 à 5 min, sans cesser de remuer. Ôtez du feu.

Versez la préparation dans 6 coupes. Servez tiède ou froid.

Astuce

À DÉFAUT DE BILLES DE TAPIOCA, UTILISEZ DES PERLES DU JAPON DU COMMERCE (CHEZ LES TRAITEURS CHINOIS).

Pavés de polenta aux raisins secs

Préparation : 15 min
Trempage : 30 min
Repos : 1 h environ
Cuisson : 5 min

Pour 6 à 8 personnes

150 g de polenta précuite

70 g de raisins secs

60 g de sucre en poudre

75 cl de lait

60 g de beurre

Huile pour la plaque

Sucre glace et cannelle en poudre pour servir

Faites tremper les raisins secs pendant 30 min dans un bol d'eau bouillante, puis égouttez-les et épongez-les sur du papier absorbant.

Faites bouillir le lait dans une casserole avec la moitié du beurre. Versez la polenta petit à petit en remuant. Portez de nouveau à ébullition, puis baissez le feu et laissez cuire 5 min, toujours en remuant, jusqu'à ce que la polenta se détache des parois de la casserole. Incorporez le sucre en poudre et les raisins secs.

Étalez la polenta sur une plaque légèrement huilée, sur 1 cm d'épaisseur environ, en la lissant avec une spatule. Laissez-la reposer 1 h environ, jusqu'à complet refroidissement, puis découpez-la en petits carrés ou en rectangles.

Faites fondre le reste du beurre à feu doux dans une grande poêle. Quand il commence à mousser, faites-y dorer les pavés de polenta, toujours à feu doux, des deux côtés. Épongez-les aussitôt sur du papier absorbant, puis disposez-les sur le plat de service.

Saupoudrez les pavés de sucre glace et de cannelle juste avant de servir.

Gâteau de polenta au citron

Préparation : 15 min
Cuisson : 25-30 min

Pour 8 personnes

100 g de polenta précuite

100 g de farine

150 g de sucre en poudre

2 œufs entiers + 3 blancs

Le jus et le zeste finement râpé de 2 citrons non traités

10 cl d'huile

15 cl de crème liquide

½ c. à c. d'extrait de vanille

1 c. à c. de levure chimique

Pour le sirop :

Le jus et le zeste finement râpé de 2 citrons non traités

50 g de sucre en poudre

2 c. à s. d'eau

Préchauffez le four à 180 °C (th. 6). Beurrez un moule à manqué de 20 à 22 cm de diamètre. Tapissez le fond d'un disque de papier sulfurisé.

Mélangez la polenta, la farine et la levure dans un saladier.

Dans un autre saladier, fouettez les œufs entiers et les blancs avec le sucre jusqu'à obtention d'une crème blanche très mousseuse.

Sans cesser de fouetter, ajoutez progressivement le mélange à base de polenta, le zeste et le jus de citron, l'extrait de vanille, l'huile et la crème.

Versez la préparation dans le moule et enfournez pour 25 à 30 min : une pointe de couteau piquée au centre du gâteau doit ressortir sèche.

Pendant ce temps, préparez le sirop. Mélangez tous les ingrédients dans une petite casserole et portez à ébullition.

À la sortie du four, versez le sirop sur le gâteau et laissez reposer un peu pour bien l'en imprégner. Servez chaud ou froid.

Variante

Ce gâteau peut être parfumé à l'orange. Suivez la même recette en ajoutant à la préparation quelques écorces d'orange confites finement émincées.

Gâteau de semoule

Préparation : 10 min
Cuisson : 45 min environ

Pour 6 personnes

200 g de semoule fine

1 litre de lait

1 gousse de vanille

120 g de sucre en poudre

100 g de beurre

4 œufs

Pour le caramel :

200 g de sucre en poudre

3 c. à s. d'eau

Le jus de ½ citron

Cassez les œufs dans deux saladiers en séparant les blancs des jaunes.

Mettez le lait, le sucre et la gousse de vanille fendue en deux dans la longueur dans une casserole. Portez à ébullition, puis versez la semoule en pluie et mélangez. Baissez le feu, couvrez et laissez cuire 15 min à feu doux en remuant fréquemment.

Ôtez du feu. Retirez la gousse de vanille et grattez les graines avec la pointe d'un couteau. Ajoutez le beurre coupé en morceaux et les jaunes d'œuf.

Préchauffez le four à 180 °C (th. 6).

Préparez le caramel (voir page 26) et versez-le dans un moule à manqué de 20 cm de diamètre. Inclinez ce dernier en tous sens pour bien en recouvrir le fond.

Battez les blancs d'œuf en neige très ferme. Incorporez-les délicatement à la semoule, en soulevant la masse de bas en haut, puis versez la préparation dans le moule caramélisé. Lissez la surface avec une spatule humide et enfournez pour 30 min environ.

Laissez refroidir, puis trempez le moule dans de l'eau bouillante et retournez-le sur le plat de service.

Variante

INCORPOREZ DES RAISINS SECS, DES FRUITS CONFITS OU DES DÉS DE FRUITS AU SIROP BIEN ÉGOUTTÉS.

Verrines de nectarine à la semoule

Préparation : 25 min
Cuisson : 15 min
Réfrigération : 1 h

Pour 4 personnes

4 nectarines

200 g de sucre en poudre

50 cl d'eau

Pour la semoule :

25 cl de lait

1 jaune d'œuf

30 g de semoule de blé fine

1 c. à s. de sucre en poudre

1 gousse de vanille

Le zeste de 1 orange
non traitée finement râpé

Pour le caramel à l'orange :

100 g de sucre en poudre

10 cl de jus d'orange frais

Plongez les nectarines 30 secondes dans l'eau bouillante, puis mettez-les aussitôt dans un récipient d'eau glacée. Pelez-les, coupez-les en deux et dénoyautez-les.

Dans une casserole, mélangez l'eau et le sucre jusqu'à complète dissolution de ce dernier. Portez à ébullition jusqu'à obtention d'un sirop, puis plongez-y les oreillons de nectarine. Laissez-les cuire 10 min environ : la chair doit être juste tendre. Égouttez-les à l'aide d'une écumoire et épongez-les sur du papier absorbant.

Préparez la semoule. Dans une casserole, faites bouillir le lait avec la gousse de vanille fendue en deux dans la longueur. Versez-y la semoule en pluie et faites cuire 1 min en remuant doucement avec un fouet. Ajoutez le sucre et le zeste d'orange, puis ôtez du feu. Retirez la gousse de vanille, grattez les graines avec la pointe d'un couteau et incorporez-les, ainsi que le jaune d'œuf. Laissez refroidir.

Préparez le caramel à l'orange. Dans une casserole, mélangez le jus d'orange et le sucre, puis portez à ébullition et laissez cuire 2 à 3 min à petits frémissements, jusqu'à obtention d'un caramel léger. Laissez refroidir.

Coupez les oreillons de nectarine en dés ou en fins quartiers. Répartissez-les dans 4 verres, puis recouvrez-les de semoule et réservez 1 h au réfrigérateur.

Au moment de servir, nappez du caramel à l'orange.

Glaces, sorbets & desserts glacés

Les meilleures glaces sont celles turbinées à l'instant : leur moelleux est incomparable. Mais elles peuvent également être confectionnées à l'avance, vous permettant d'improviser d'irrésistibles coupes glacées. Le plus souvent à base de fruits, les sorbets, glaces à l'eau de texture très fine, sont à la fois savoureux et rafraîchissants. Les granités, quant à eux, se distinguent par leurs cristaux craquants.

Sorbet coco-mangue

Préparation : 15 min
Congélation : 2 h environ

Pour 6 personnes

40 cl de lait de coco

Le jus de 1 citron vert

25 cl de sirop de sucre de canne

250 g de chair de mangue

Dans une jatte, mélangez le lait de coco avec le jus de citron vert et 15 cl de sirop de sucre de canne. Versez la préparation dans une sorbetière, puis mettez à prendre au congélateur.

Coupez la chair de mangue en cubes et mixez-les en purée fine avec le reste de sirop de sucre de canne.

Quand le sorbet coco commence à épaissir et atteindre une consistance très pâteuse, mettez-le dans une jatte et ajoutez-y rapidement la purée de mangue. Remuez sans insister pour donner un aspect strié au sorbet.

Versez de nouveau le mélange dans la sorbetière et remettez au congélateur jusqu'à ce qu'il soit bien pris.

Sorbet à la fraise

Préparation : 20 min
Congélation : 1 h

Pour 4 personnes

500 g de fraises

100 g de sucre en poudre

Le jus de ½ citron

10 cl d'eau

Dans une casserole, mélangez l'eau et le sucre jusqu'à complète dissolution de ce dernier. Portez à ébullition jusqu'à obtention d'un sirop, puis ôtez du feu et laissez refroidir.

Rincez les fraises, séchez-les soigneusement et équeutez-les. Mixez-les en purée. Passez cette dernière à travers une passoire fine pour éliminer les pépins et ajoutez-y le jus de citron.

Incorporez le sirop refroidi.

Versez la préparation dans une sorbetière et faites prendre 1 h au congélateur.

Variantes

DÉCLINEZ CETTE RECETTE AU GRÉ DE VOS ENVIES ET DES SAISONS, POURVU QUE VOUS RESPECTIEZ LES PROPORTIONS.

Sorbet exotique aux agrumes

Préparation : 20 min
Congélation : 2 h

Pour 4 personnes

1 banane moyenne

2 fruits de la Passion

150 g de chair de mangue

150 g de chair d'ananas frais

Le jus de 1 citron

100 g de sucre glace

10 cl de jus d'orange frais

Dans une petite casserole, mélangez le jus d'orange et le sucre glace jusqu'à complète dissolution de ce dernier. Portez à ébullition jusqu'à obtention d'un sirop léger, puis ôtez du feu et laissez refroidir.

Coupez les fruits de la Passion en deux et prélevez leur pulpe à l'aide d'une petite cuillère. Mettez-la dans une passoire fine posée au-dessus d'un bol et pressez fortement avec le dos d'une cuillère pour recueillir leur jus.

Pelez la banane et coupez-la en morceaux, ainsi que la chair de mangue et d'ananas. Mixez les fruits avec le jus de citron.

Incorporez le sirop refroidi à la purée de fruits, puis le jus des fruits de la Passion. Versez la préparation dans une sorbetière et faites prendre 2 h au congélateur.

Sorbet au citron vert

Préparation : 15 min
Congélation : 2 h

Pour 6 personnes

25 cl de jus de citron vert

Le zeste de 1 citron vert non traité

150 g de sucre en poudre

40 cl d'eau

1 blanc d'œuf

40 g de sucre glace

Dans une casserole, mélangez le zeste de citron vert, l'eau et le sucre en poudre. Chauffez le tout à feu doux, en remuant, jusqu'à complète dissolution de ce dernier. Puis portez à ébullition et laissez frémir 3 à 4 min. Ôtez du feu, retirez le zeste et laissez refroidir complètement le sirop obtenu.

Ajoutez le jus de citron vert au sirop froid, mélangez bien et versez dans une sorbetière. Mettez au congélateur.

Après 30 à 40 min de congélation, la préparation doit avoir pris une consistance pâteuse. Battez le blanc d'œuf en neige très ferme, en ajoutant le sucre glace quand il commence à être bien pris. Puis incorporez-le délicatement au sorbet et remettez à prendre au congélateur.

Oranges givrées

Préparation : 45 min
Congélation : 2 h

Pour 4 personnes

4 oranges douces (navel) non traitées

Le zeste de 1 orange non traitée finement râpé

Jus d'orange frais (facultatif)

60 g de sucre en poudre

3 c. à s. d'eau

Lavez et brossez les oranges douces sous un filet d'eau froide. Essuyez-les soigneusement. Tranchez légèrement leur base pour qu'elles tiennent debout et découpez un couvercle dans la partie supérieure. Évidez-les avec une cuillère à bord tranchant et recueillez leur pulpe. Placez les écorces au congélateur.

Préparez un sirop en faisant bouillir l'eau avec le sucre et le zeste d'orange. Ôtez du feu et laissez refroidir.

Passez la pulpe des oranges à la centrifugeuse et recueillez le jus (ou mixez-la et filtrez la purée obtenue). Mesurez-en 50 cl : si les oranges ne sont pas très juteuses, pressez-en une supplémentaire ou complétez avec du jus d'orange frais.

Ajoutez le jus obtenu au sirop froid et mélangez. Versez le tout dans une sorbetière et mettez à prendre au congélateur.

Quand la préparation commence à épaissir, remplissez-en largement les coques d'orange de manière à former un petit dôme. Replacez les couvercles et remettez au congélateur pour que le sorbet finisse de prendre.

Variantes

Pour terminer un repas méditerranéen, parfumez le sorbet avec un peu de cannelle en poudre et quelques gouttes d'eau de fleur d'oranger. Citrons, clémentines et pamplemousses peuvent être préparés de la même manière. S'il s'agit de petits fruits, prévoyez-en deux par personne.

Sorbet au yaourt

Préparation : 10 min
Congélation : 2 h

Pour 6 personnes

500 g de yaourt au lait entier

15 cl d'eau

100 g de sucre en poudre

Dans une casserole, mélangez l'eau et le sucre jusqu'à complète dissolution de ce dernier. Portez à ébullition jusqu'à obtention d'un sirop léger, puis ôtez du feu et laissez refroidir.

Dans une jatte, fouettez légèrement le yaourt. Ajoutez le sirop refroidi, en remuant jusqu'à homogénéité.

Versez la préparation dans une sorbetière et faites prendre 2 h au congélateur.

Sorbet poivré à la mangue

Préparation : 15 min
Infusion : 30 min
Congélation : 2 h

Pour 4 personnes

500 g de chair de mangue

17,5 cl d'eau

180 g de sucre en poudre

5 grains de baies roses
+ quelques-uns pour le décor

5 grains de poivre du Sichuan

Concassez grossièrement les grains des deux poivres au moulin à épices ou au mixeur.

Dans une casserole, mélangez l'eau et le sucre jusqu'à complète dissolution de ce dernier. Portez à ébullition jusqu'à obtention d'un sirop léger, puis ôtez du feu. Ajoutez les grains de poivre concassés, couvrez et laissez infuser jusqu'à complet refroidissement, soit 30 min.

Découpez la chair de mangue en cubes et mixez-les en purée fine.

Filtrez le sirop poivré à travers une passoire fine. Puis mélangez-le avec la purée de mangue, en fouettant vivement jusqu'à homogénéité. Versez la préparation dans une sorbetière et faites prendre 2 h au congélateur.

Répartissez le sorbet dans 4 jolis verres et surmontez de quelques baies roses concassées.

Astuce

NE BROYEZ PAS LES GRAINS DE POIVRE TROP FINEMENT : ILS DOIVENT AVOIR L'ASPECT DU POIVRE MIGNONNETTE.

Sorbet au broccio et au citron

Préparation : 20 min
Cuisson : 5 min
Congélation : 2 h

Pour 4 personnes

500 g de broccio

220 g de sucre en poudre

30 cl d'eau

Le zeste de 1 citron non traité finement émincé

Faites blanchir le zeste de citron 1 min dans une petite casserole d'eau bouillante, puis égouttez-le. Renouvelez l'opération et réservez-le.

Dans une casserole, mélangez l'eau et le sucre jusqu'à complète dissolution de ce dernier. Portez à ébullition, puis ajoutez le zeste blanchi et laissez cuire 2 à 3 min à petits frémissements. Ôtez du feu et laissez refroidir le sirop obtenu.

Fouettez légèrement le broccio dans une jatte, puis incorporez-y le sirop au citron.

Versez la préparation dans une sorbetière et faites prendre 2 h au congélateur.

Variante

VOUS POUVEZ REMPLACER LE CITRON PAR DE L'ORANGE ET AJOUTER 1 OU 2 CUILLERÉES À SOUPE DE GRAND MARNIER.

Sorbet au cacao amer

Préparation : 20 min
Cuisson : 5 min
Congélation : 2 h

Pour 6 personnes

140 g de chocolat noir à 70 % de cacao

50 cl d'eau

120 g de sucre en poudre

60 g de cacao en poudre

Râpez le chocolat ou concassez-le en tout petits morceaux.

Faites chauffer l'eau à feu doux dans une casserole avec le sucre et le cacao, en remuant jusqu'à complète dissolution. Portez à ébullition et laissez frémir 4 à 5 min.

Mettez le chocolat à fondre dans le liquide chaud, à feu très doux, sans cesser de remuer. Veillez à ne pas atteindre l'ébullition et ôtez du feu dès que le mélange est lisse et onctueux.

Placez la casserole dans un saladier d'eau glacée pour que la préparation refroidisse rapidement. Versez-la dans une sorbetière et faites prendre 2 h au congélateur.

Sortez le sorbet du congélateur 5 à 10 min avant de le servir et moulez-le en quenelles avec une cuillère à soupe.

Sorbet à la verveine

Préparation : 10 min
Infusion : 10 min environ
Congélation : 2 h

Pour 4 personnes

3 c. à s. de feuilles de verveine

40 cl d'eau

50 g de sucre en poudre

10 cl de vin blanc doux

Le jus de ½ citron

½ blanc d'œuf

Dans une casserole, mélangez l'eau et le sucre jusqu'à complète dissolution de ce dernier. Portez à ébullition jusqu'à obtention d'un sirop léger, puis ôtez du feu. Ajoutez la verveine, couvrez et laissez infuser une dizaine de minutes. Filtrez à travers une passoire fine et laissez refroidir.

Ajoutez le vin, le jus de citron et le demi-blanc d'œuf légèrement battu. Mélangez bien et versez la préparation dans une sorbetière. Faites prendre 2 h au congélateur.

Variantes

DÉCLINEZ CE SORBET AVEC DU THYM, DE LA LAVANDE OU DU ROMARIN.

Sorbet figue-cannelle

Préparation : 20 min
Congélation : 2 h

Pour 4 personnes

750 g de figues violettes

40 g de sucre en poudre

3 c. à s. d'eau

¼ de c. à c. de cannelle en poudre

Rincez les figues, puis épluchez-les et coupez-les en quatre.

Faites bouillir l'eau et le sucre dans une casserole jusqu'à obtention d'un sirop léger. Ajoutez les quartiers de figue, portez de nouveau à ébullition et ôtez du feu.

Mixez les figues pochées en purée fine, puis tamisez cette dernière pour éliminer les graines. Incorporez la cannelle et laissez refroidir.

Versez la préparation dans une sorbetière et faites prendre 2 h au congélateur.

Astuce

SI VOUS VOULEZ CONSERVER LA TEXTURE CARACTÉRISTIQUE DE LA FIGUE, NE TAMISEZ PAS LA PURÉE : AJOUTEZ-Y LA CANNELLE ET VERSEZ DIRECTEMENT LA PRÉPARATION DANS LA SORBETIÈRE.

Granité à la menthe

Préparation : 10 min
Infusion : 1 h
Congélation : 2 h

Pour 4 personnes

50 cl d'eau

1 bouquet de menthe fraîche

1 ou 2 c. à s. de liqueur de menthe (facultatif)

120 g de sucre en poudre

Dans une casserole, mélangez l'eau et le sucre jusqu'à complète dissolution de ce dernier. Portez à ébullition jusqu'à obtention d'un sirop, puis ôtez du feu et ajoutez le bouquet de menthe lavé et égoutté. Couvrez et laissez infuser jusqu'à complet refroidissement, soit 1 h environ.

Filtrez la préparation à travers une passoire fine et jetez la menthe. Ajoutez éventuellement la liqueur. Versez le tout dans un grand plat à bord assez haut, sur 3 à 4 cm de hauteur, puis mettez à prendre au congélateur.

Lorsque la préparation a épaissi, sortez le plat du congélateur, grattez la surface avec une fourchette pour former des petits cristaux, puis remettez au congélateur. Renouvelez l'opération tous les quarts d'heure.

Au moment de servir, grattez une dernière fois la surface à la fourchette pour bien détacher les paillettes du granité et répartissez-le dans 4 jolis verres.

Astuce

Pour une saveur mentholée encore plus affirmée, ajoutez à la préparation 2 cuillerées à soupe de feuilles de menthe fraîche très finement ciselées.

Granité de pêche au champagne

Préparation : 10 min
Congélation : 2 h

Pour 4 personnes

50 cl de champagne

40 g de sucre en poudre

2 c. à s. d'eau

10 cl de jus de pêche blanche frais

Dans une casserole, mélangez l'eau et le sucre jusqu'à complète dissolution de ce dernier. Ajoutez le jus de pêche. Portez à ébullition jusqu'à obtention d'un sirop, puis ôtez du feu et laissez refroidir.

Incorporez le champagne au sirop refroidi, puis versez la préparation dans un plat creux, assez profond, sur 3 à 4 cm de hauteur. Mettez à prendre au congélateur.

Lorsque la préparation a épaissi, sortez le plat du congélateur, grattez la surface à la fourchette pour former des petits cristaux, puis remettez au congélateur. Renouvelez l'opération tous les quarts d'heure.

Au moment de servir, grattez une dernière fois la surface à la fourchette pour bien détacher les paillettes du granité.

Granité moka

Préparation : 10 min
Congélation : 2 h

Pour 4 personnes

50 cl de café très fort chaud

70 g de sucre en poudre

1 à 2 c. à s. de liqueur de whisky (facultatif)

Ajoutez le sucre au café et remuez jusqu'à sa complète dissolution, puis laissez refroidir complètement.

Incorporez éventuellement la liqueur de whisky au café sucré froid. Versez la préparation dans un plat creux, assez profond, sur 3 à 4 cm de hauteur. Mettez à prendre au congélateur.

Lorsque la préparation a épaissi, sortez le plat du congélateur, grattez la surface à la fourchette pour former des petits cristaux, puis remettez au congélateur. Renouvelez l'opération tous les quarts d'heure.

Au moment de servir, grattez une dernière fois la surface à la fourchette pour bien détacher les paillettes du granité.

Granité cubain

Préparation : 15 min
Congélation : 2 h

Pour 6 personnes

50 cl d'eau

100 g de sucre en poudre

Le jus et le zeste de 1 citron vert non traité

12,5 cl de rhum blanc

Dans une casserole, chauffez l'eau et le sucre à feu doux en remuant jusqu'à complète dissolution de ce dernier, puis portez à ébullition. Aux premiers bouillons, ajoutez le jus et le zeste de citron vert, et laissez frémir 3 min. Ôtez du feu, retirez le zeste et laissez refroidir.

Incorporez le rhum au sirop froid. Versez la préparation dans un plat creux, assez profond, sur 3 à 4 cm de hauteur. Mettez à prendre au congélateur.

Lorsque la préparation a épaissi, sortez le plat du congélateur, grattez la surface à la fourchette pour former des petits cristaux, puis remettez au congélateur. Renouvelez l'opération tous les quarts d'heure.

Au moment de servir, grattez une dernière fois la surface à la fourchette pour bien détacher les paillettes du granité.

Granité à la pomme verte

Préparation : 10 min (la veille) + 10 min
Congélation : 2 h

Pour 4 personnes

500 g de pommes granny-smith

Le jus de 1 citron

300 g de sucre en poudre

30 cl d'eau

La veille, lavez et essuyez les pommes. Coupez-les en quatre, retirez-en le cœur et les pépins, puis recoupez-les en fines lamelles. Étalez-les sur un grand plat, arrosez-les du jus de citron pour éviter qu'elles ne noircissent et mettez-les au congélateur jusqu'au lendemain.

Le jour même, préparez un sirop en faisant bouillir l'eau et le sucre dans une casserole, 3 à 4 min, en remuant.

Mixez les lamelles de pomme encore gelées avec le sirop bouillant, jusqu'à obtention d'une purée fine.

Versez la préparation dans un plat creux, assez profond, sur 3 à 4 cm de hauteur. Mettez à prendre au congélateur.

Lorsque la préparation a épaissi, sortez le plat du congélateur, grattez la surface à la fourchette pour former des petits cristaux, puis remettez au congélateur. Renouvelez l'opération tous les quarts d'heure.

Au moment de servir, grattez une dernière fois la surface à la fourchette pour bien détacher les paillettes du granité.

Granité pomelos-grenade

Préparation : 15 min
Congélation : 2 h

Pour 4 personnes

3 pomelos

5 c. à s. de miel liquide

1 belle grenade bien mûre

Pressez les pamplemousses de façon à obtenir 50 cl de jus. Filtrez-le à travers une passoire fine.

Chauffez légèrement le miel dans une petite casserole avec 2 cuillerées à soupe de jus de pamplemousse, pour bien le liquéfier, puis mélangez-le avec le reste de jus.

Coupez la grenade en deux. Prélevez les graines à l'aide d'une petite cuillère et séparez-les en retirant toutes les petites membranes.

Versez le jus de pamplemousse miellé dans un plat creux, assez haut, sur 3 à 4 cm de hauteur, et mettez à prendre au congélateur.

Lorsque la préparation commence à épaissir, sortez le plat du congélateur, parsemez la surface des graines de grenade et mélangez. Remettez au congélateur.

Laissez prendre de nouveau 15 min, puis grattez la surface avec une fourchette pour former des petits cristaux et remettez au congélateur. Renouvelez l'opération tous les quarts d'heure.

Au moment de servir, grattez une dernière fois la surface à la fourchette pour bien détacher les paillettes du granité et répartissez-le dans 4 jolis verres.

Astuce

SERVEZ DANS DES VERRES BIEN GLACÉS POUR QUE LE GRANITÉ NE FONDE PAS TROP VITE : PLACEZ-LES UNE QUINZAINE DE MINUTES AU CONGÉLATEUR.

Glace à la vanille

Préparation : 20 min
Infusion : 1 h
Cuisson : 10-15 min
Congélation : 2 h

Pour 4 personnes

40 cl de lait

10 cl de crème liquide

6 jaunes d'œuf

1 gousse de vanille

60 g de sucre en poudre

Dans une casserole à fond épais, portez le lait et la crème à ébullition avec la gousse de vanille fendue en deux dans la longueur. Ôtez du feu, couvrez et laissez infuser 1 h.

Retirez la gousse de vanille du lait et grattez les graines avec la pointe d'un couteau. Portez de nouveau le lait à ébullition.

Dans un saladier, fouettez les jaunes d'œuf avec le sucre jusqu'à ce que le mélange blanchisse. Délayez avec le lait vanillé bouillant, en remuant avec une cuillère en bois, puis reversez le mélange dans la casserole. Faites épaissir à feu doux, sans cesser de remuer, 10 à 15 min : vous devez obtenir une crème onctueuse, qui nappe la cuillère. Laissez refroidir complètement, en mélangeant de temps en temps pour éviter la formation d'une pellicule en surface.

Versez la crème dans une sorbetière et faites prendre 2 h au congélateur.

Variantes

Glace au chocolat

Préparez la crème sans la gousse de vanille. Cassez 120 g de chocolat noir en morceaux dans un saladier. Quand la crème a épaissi, versez-la sur le chocolat en fouettant. Laissez refroidir et versez dans la sorbetière.

Glace au café

Faites infuser 50 g de café en grains grossièrement moulu dans le lait, puis filtrez-le. Préparez ensuite la crème de la même façon. Vous pouvez aussi ajouter à la crème 5 cl d'expresso très fort ou 1 cuillerée à soupe d'extrait de café liquide.

Glace au caramel

Préparation : 20 min
Cuisson : 10 min
Congélation : 2 h

Pour 4 personnes

40 cl de lait

10 cl de crème liquide

6 jaunes d'œuf

200 g de sucre en poudre

Dans une casserole à fond épais, portez le lait et la crème à ébullition. Ôtez du feu aux premiers bouillons.

Dans une autre casserole, chauffez 150 g de sucre à feu doux en remuant de temps en temps. Dès qu'il commence à brunir, versez la moitié du mélange lait-crème en filet, en remuant vivement avec une spatule en bois. Réservez ce caramel.

Dans un saladier, fouettez les jaunes d'œuf avec le reste de sucre jusqu'à ce que le mélange blanchisse. Délayez avec le reste du mélange lait-crème, puis reversez le tout dans la casserole et faites épaissir 10 min à feu très doux, sans cesser de remuer.

Laissez tiédir la préparation, puis incorporez-la au caramel.

Laissez refroidir complètement, puis versez dans une sorbetière et faites prendre 2 h au congélateur.

Glace aux noix

Préparation : 25 min
Cuisson : 10-15 min
Congélation : 2 h

Pour 4 personnes

50 cl de lait

6 jaunes d'œuf

60 g de sucre en poudre

100 g de cerneaux de noix

Dans une casserole à fond épais, portez le lait à ébullition avec 80 g de cerneaux de noix. Ôtez du feu aux premiers bouillons, puis mixez la préparation jusqu'à obtention d'un liquide épais et lisse.

Concassez grossièrement le reste des cerneaux de noix. Portez de nouveau le lait aux noix à ébullition.

Dans un saladier, fouettez les jaunes d'œuf avec le sucre jusqu'à ce que le mélange blanchisse. Délayez avec le lait aux noix chaud, en remuant avec une cuillère en bois, puis reversez le tout dans la casserole. Faites épaissir à feu doux, sans cesser de remuer, 10 à 15 min : vous devez obtenir une crème onctueuse, qui nappe la cuillère. Ôtez du feu et laissez refroidir.

Incorporez les noix concassées et versez la préparation dans une sorbetière. Faites prendre 2 h au congélateur.

Glace aux marrons

Préparation : 20 min
Congélation : 2 h

Pour 6 à 8 personnes

250 g de purée de marrons (non sucrée)

Pour la crème anglaise :

50 cl de lait

5 jaunes d'œuf

75 g de sucre en poudre

Préparez la crème anglaise (voir page 23) et incorporez-la, encore chaude, à la purée de marrons, en fouettant vivement au fouet à main : la préparation obtenue doit être parfaitement lisse.

Laissez refroidir la préparation, puis versez-la dans une sorbetière et faites prendre 2 h au congélateur.

Glace à la pistache

Préparation : 25 min
Infusion : 30 min
Cuisson : 10-15 min
Congélation : 2 h

Pour 4 personnes

40 cl de lait

10 cl de crème liquide

5 jaunes d'œuf

50 g de pistaches fraîches non salées, décortiquées et mondées

60 g de sucre en poudre

Dans une casserole à fond épais, portez le lait et la crème à ébullition avec les pistaches. Ôtez du feu, couvrez et laissez infuser 30 min. Puis mixez le tout jusqu'à obtention d'un mélange épais et fluide. Reversez-le dans la casserole et portez-le de nouveau à ébullition.

Dans un saladier, fouettez les jaunes d'œuf avec le sucre jusqu'à ce que le mélange blanchisse. Délayez avec le lait aux pistaches bouillant, en remuant avec une cuillère en bois, puis reversez la préparation dans la casserole. Faites épaissir à feu doux, sans cesser de remuer, 10 à 15 min : vous devez obtenir une crème onctueuse, qui nappe la cuillère. Laissez refroidir complètement, en mélangeant de temps en temps pour éviter la formation d'une pellicule en surface.

Versez dans une sorbetière et faites prendre 2 h au congélateur.

Conseil

SERVEZ CETTE GLACE DANS DE JOLIES COUPES EN VERRE, PARSEMÉE DE PISTACHES GROSSIÈREMENT CONCASSÉES.

Glace au miel

Préparation : 20 min
Cuisson : 10-15 min
Congélation : 2 h

Pour 4 personnes

40 cl de lait

60 g de miel liquide

4 jaunes d'œuf

50 g de sucre en poudre

12,5 cl de crème liquide très froide

Dans une casserole, chauffez le lait et le miel à feu doux, en remuant jusqu'à obtention d'un mélange homogène. Portez à ébullition, puis ôtez du feu.

Dans un saladier, fouettez les jaunes d'œuf avec le sucre jusqu'à ce que le mélange blanchisse. Délayez avec le lait miellé chaud, en remuant avec une cuillère en bois, puis reversez le tout dans la casserole. Faites épaissir à feu doux, sans cesser de remuer, 10 à 15 min : vous devez obtenir une crème onctueuse, qui nappe la cuillère. Ôtez du feu et laissez refroidir, en mélangeant de temps en temps pour éviter la formation d'une pellicule en surface.

Fouettez la crème liquide en chantilly, puis incorporez-la délicatement à la préparation refroidie, en soulevant la masse de bas en haut. Versez le tout dans une sorbetière et faites prendre 2 h au congélateur.

Conseil

La glace aura le parfum du miel utilisé, plus ou moins fort selon votre choix. Si elle accompagne un autre dessert, veillez à l'accord des saveurs.

Glace à l'avocat

Préparation : 20 min
Congélation : 2 h

Pour 4 personnes

3 gros avocats

5 cl de jus de citron vert

10 cl de crème liquide

80 g de sucre glace

Coupez les avocats en deux dans la longueur et dénoyautez-les. Prélevez la chair à l'aide d'une petite cuillère, mettez-la dans le bol d'un robot et arrosez-la aussitôt du jus de citron vert.

Ajoutez le sucre glace et mixez 2 à 3 min, jusqu'à obtention d'une purée fine et fluide. Ajoutez la crème et mélangez bien.

Versez la préparation dans une sorbetière et faites prendre 2 h au congélateur.

Conseils

Présentez cette glace à la manière d'une île flottante. Déposez-en une boule ou une quenelle par personne, dans une coupelle, sur un lit de crème anglaise à la noix de coco (remplacez tout ou partie du lait par du lait de coco). Décorez de noix de coco râpée. Pour plus d'originalité encore, entourez-les ou nappez-les avec 1 filet de coulis de poivron rouge, préparé avec 1 poivron rouge (de préférence grillé et pelé) finement mixé avec un peu de sucre.

Glace au pain d'épice

Préparation : 20 min
Cuisson : 10-15 min
Congélation : 2 h

Pour 4 personnes

50 cl de lait

3 tranches de pain d'épice

6 jaunes d'œuf

50 g de sucre en poudre

1 c. à s. de miel liquide

Émiettez grossièrement le pain d'épice dans une casserole. Ajoutez le lait et le miel, puis portez à ébullition. Ôtez du feu et mixez jusqu'à obtention d'un mélange parfaitement fluide et épais. Reversez dans la casserole et portez de nouveau à ébullition.

Dans un saladier, fouettez les jaunes d'œuf avec le sucre et le miel jusqu'à ce que le mélange blanchisse. Délayez avec le lait au pain d'épice bouillant, en remuant avec une cuillère en bois, puis reversez le tout dans la casserole. Faites épaissir à feu doux, sans cesser de remuer, 10 à 15 min : vous devez obtenir une crème onctueuse, qui nappe la cuillère. Ôtez du feu et laissez refroidir, en mélangeant de temps en temps pour éviter la formation d'une pellicule en surface.

Versez la préparation dans une sorbetière et faites prendre 2 h au congélateur.

Glace au lait d'amandes

Préparation : 20 min
Infusion : 15 min
Cuisson : 10-15 min
Congélation : 2 h

Pour 4 personnes

40 cl de lait entier

10 cl de crème liquide

6 jaunes d'œuf

60 g d'amandes en poudre

3 ou 4 gouttes d'extrait d'amande amère

60 g de sucre en poudre

Amandes concassées légèrement caramélisées pour servir

Dans une casserole, chauffez le lait et la crème jusqu'à ce que la température soit juste supportable au doigt. Ajoutez la poudre d'amandes et l'extrait d'amande. Couvrez et laissez infuser 15 min. Puis portez à ébullition.

Dans un saladier, fouettez les jaunes d'œuf avec le sucre jusqu'à ce que le mélange blanchisse. Délayez avec le lait d'amandes bouillant, en remuant avec une cuillère en bois, puis reversez le tout dans la casserole. Faites épaissir à feu doux, sans cesser de remuer, 10 à 15 min : vous devez obtenir une crème onctueuse, qui nappe la cuillère. Ôtez-la du feu et versez-la dans un saladier en la filtrant à travers une passoire fine.

Laissez refroidir, en mélangeant de temps en temps pour éviter la formation d'une pellicule en surface. Puis versez la crème dans une sorbetière et faites prendre 2 h au congélateur.

Servez la glace parsemée des amandes caramélisées.

Soufflés glacés au chocolat et au gingembre

Préparation : 30 min
Congélation : 2 h

Pour 4 personnes

60 g de chocolat noir
à 70 % de cacao

30 g de cacao en poudre

25 cl de crème liquide très froide

3 blancs d'œuf

100 g de sucre en poudre

10 cl d'eau

2 c. à s. de gingembre confit

Pour le décor :

Copeaux en chocolat
(voir page 13)

Hachez le gingembre confit aussi finement que possible.

Entourez le bord extérieur de 4 moules à soufflé individuels d'une bande de papier sulfurisé, en la faisant dépasser de 3 à 4 cm, et fixez-la avec un élastique ou du ruban adhésif.

Cassez le chocolat en morceaux dans une petite casserole et faites-le fondre à feu doux avec 2 cuillerées à soupe de l'eau et le cacao. Remuez jusqu'à obtention d'une crème lisse.

Dans une autre casserole, mélangez le reste d'eau et le sucre jusqu'à complète dissolution de ce dernier. Portez à ébullition jusqu'à obtention d'un sirop.

Pendant ce temps, battez les blancs en neige ferme, puis ajoutez petit à petit le sirop bouillant, sans cesser de fouetter. Battez-les jusqu'à complet refroidissement.

Fouettez la crème liquide en chantilly ferme.

Incorporez délicatement aux blancs en neige le chocolat fondu et la chantilly, en soulevant la masse de bas en haut. Ajoutez le gingembre confit haché et mélangez de nouveau. Remplissez les moules jusqu'au bord des bandes de papier et lissez la surface avec une spatule humide. Faites prendre 2 h au congélateur.

Au moment de servir, retirez les bandes de papier et décorez les soufflés glacés des copeaux en chocolat.

Soufflés glacés à la poire

Préparation : 25 min
Congélation : 2 h

Pour 6 personnes

500 g de poires (williams)

Le jus de ½ citron

25 cl de crème liquide très froide

5 cl d'eau-de-vie de poire (facultatif)

4 blancs d'œuf

150 g de sucre en poudre

3 c. à s. d'eau

Sucre glace ou cacao en poudre pour servir

Entourez le bord extérieur de 4 moules à soufflé individuels d'une bande de papier sulfurisé, en la faisant dépasser de 3 à 4 cm, et fixez-la avec un élastique ou du ruban adhésif.

Lavez et pelez les poires. Coupez-les en quatre, ôtez-en le cœur et les pépins, puis recoupez-les en cubes. Mettez-les dans le bol d'un robot, arrosez-les aussitôt du jus de citron (réservez-en 2 à 3 gouttes) et mixez-les en purée fine avec 2 cuillerées à soupe de sucre en poudre. Incorporez-y éventuellement l'eau-de-vie de poire.

Dans une casserole, chauffez l'eau et le reste du sucre en poudre jusqu'à ce que la surface se couvre de petites bulles.

Pendant ce temps, fouettez les blancs d'œuf en neige avec le jus de citron réservé.

Quand ils commencent à être bien fermes, incorporez-y le sirop bouillant en filet, sans cesser de fouetter. Continuez de les battre jusqu'à complet refroidissement.

Fouettez la crème liquide en chantilly ferme. Incorporez-la délicatement à la préparation précédente, en alternance avec la purée de poires, en soulevant la masse de bas en haut.

Remplissez les moules jusqu'au bord des bandes de papier et lissez la surface avec une spatule humide. Faites prendre 2 h au congélateur.

Au moment de servir, retirez les bandes de papier et saupoudrez les soufflés de sucre glace ou de cacao.

Conseil

Vous pouvez utiliser des poires au sirop. Dans ce cas, diminuez d'un tiers la quantité de sucre en poudre.

Soufflés glacés au kiwi et à la fraise

Préparation : 25 min
Congélation : 2 h

Pour 4 personnes

8 gros kiwis bien mûrs

150 g de fraises

15 cl de crème liquide très froide

3 blancs d'œuf

6 c. à s. de sucre glace

Quelques gouttes de jus de citron

Pelez les kiwis et coupez-les en rondelles. Réservez-en quatre pour le décor et mixez le reste en purée fine avec la moitié du sucre glace.

Fouettez la crème liquide en chantilly ferme, en y ajoutant le reste de sucre glace qaund elle commence à être bien prise. Incorporez-la délicatement à la purée de kiwis, en soulevant la masse de bas en haut.

Battez les blancs d'œuf en neige ferme avec le jus de citron, puis incorporez-les délicatement à la préparation précédente. Mettez à prendre au congélateur.

Pendant ce temps, rincez les fraises, séchez-les soigneusement et équeutez-les. Coupez-les en dés.

Entourez le bord extérieur de 4 moules à soufflé individuels d'une bande de papier sulfurisé, en la faisant dépasser de 3 à 4 cm, et fixez-la avec un élastique ou du ruban adhésif.

Quand la préparation commence à prendre, sortez-la du congélateur et ajoutez-y les dés de fraise, en mélangeant délicatement. Répartissez-la dans les moules jusqu'au bord des bandes de papier et lissez la surface avec une spatule humide. Remettez au congélateur pour que la préparation finisse de prendre.

Au moment de servir, retirez les bandes de papier et décorez les soufflés glacés des rondelles de kiwi réservées.

Crème glacée à la rose

Préparation : 15 min
Infusion : 30 min environ
Congélation : 2 h 15

Pour 4 personnes

25 cl de crème liquide

3 blancs d'œuf

70 g de sucre glace
+ un peu pour le décor

1 verre (20 cl) de pétales de rose

5 cl d'eau de rose

Quelques gouttes de jus de citron

Ciselez les pétales de rose (réservez-en quelques-uns pour le décor) aussi finement que possible.

Dans une casserole, mélangez la crème et les pétales de rose ciselés. Portez à frémissements, puis ôtez du feu et laissez infuser jusqu'à complet refroidissement, soit 30 min environ.

Filtrez la crème refroidie à travers une passoire fine. Versez-la dans un saladier et placez-la 15 min environ au congélateur. Quand elle est bien froide, fouettez-la en chantilly ferme, en incorporant le sucre glace quand elle commence à être bien prise. Ajoutez l'eau de rose, en mélangeant délicatement.

Battez les blancs d'œuf en neige ferme avec le jus de citron, puis incorporez-les délicatement à la chantilly, en soulevant la masse de bas en haut.

À l'aide d'une poche à douille, versez la préparation dans une coupe ou répartissez-la dans 4 coupes individuelles, en terminant par une spirale. Faites prendre 2 h au congélateur.

Au moment de servir, décorez des pétales de rose réservés et saupoudrez d'un peu de sucre glace.

Astuce

Pour colorer légèrement cette crème glacée, ajoutez 1 goutte de colorant alimentaire rouge en même temps que l'eau de rose (troisième étape).

Nougat glacé

Préparation : 30 min
Congélation : 4 h minimum

Pour 10 personnes

4 blancs d'œuf

40 cl de crème liquide très froide

120 g de miel toutes fleurs

50 g de pistaches fraîches non salées, décortiquées et mondées

50 g d'amandes décortiquées et mondées

50 g de noisettes décortiquées et mondées

75 g de fruits confits coupés en dés

20 g de sucre en poudre

Quelques gouttes de jus de citron

Faites dorer les amandes, les noisettes et les pistaches à sec dans une poêle antiadhésive. Saupoudrez-les du sucre et laissez-les caraméliser en remuant souvent. Ôtez du feu et laissez refroidir.

Portez le miel à ébullition dans une petite casserole et laissez-le bouillir 2 min.

Pendant ce temps, fouettez les blancs d'œuf en neige. Quand ils sont bien fermes, incorporez-y le miel bouillant en filet, sans cesser de fouetter. Continuez à fouetter jusqu'à complet refroidissement : vous devez obtenir une masse très épaisse.

Fouettez la crème liquide en chantilly ferme. Incorporez-la délicatement à la préparation précédente, en soulevant la masse de bas en haut. Ajoutez les fruits confits et les fruits secs caramélisés. Mélangez délicatement pour bien les répartir.

Versez la préparation dans un moule à cake tapissé de film alimentaire ou dans des moules individuels à bords hauts. Faites prendre au moins 4 h au congélateur.

Astuce

Accompagnez ce nougat glacé d'un coulis de fruits rouges pas trop sucré.

Kulfi

Préparation : 15 min
Cuisson : 10 min
Congélation : 3 h

Pour 4 à 6 personnes

1,5 litre de lait

3 c. à s. de sucre en poudre

8 gousses de cardamome verte

20 g de pistaches fraîches non salées, décortiquées et mondées

20 g d'amandes effilées

2 c. à s. de crème fraîche

Dans une casserole à fond épais, portez doucement le lait à ébullition avec la cardamome et laissez frémir 10 min environ, jusqu'à ce que le lait ait réduit d'au moins un tiers. Remuez souvent avec une spatule en bois pour éviter que le lait n'attache.

Ôtez du feu et retirez les gousses de cardamome. Ajoutez le sucre, remuez jusqu'à dissolution et laissez refroidir.

Broyez les pistaches et les amandes pour leur donner l'aspect du poivre mignonnette. Incorporez-en la moitié au mélange précédent, ainsi que la crème. Versez dans une sorbetière et mettez à prendre au congélateur.

Tapissez des moules coniques de papier sulfurisé.

Quand la préparation a suffisamment épaissi, sans être trop dure, remplissez-en les moules et remettez au congélateur pour qu'elle finisse de prendre.

Au moment de servir, démoulez les cônes et parsemez-les avec le reste des fruits secs.

Coupes ardéchoises

Préparation : 20 min

Pour 4 personnes

20 cl de crème liquide très froide

100 g de crème de marrons

8 boules de glace aux marrons

Quelques brisures de marrons glacés

Pour la sauce au chocolat :

150 g de chocolat noir à 70 % de cacao

20 cl de lait

Préparez la sauce au chocolat (voir page 25).

Fouettez la crème liquide en chantilly très ferme, puis incorporez-en délicatement la moitié à la crème de marrons, en soulevant la masse de bas en haut.

Répartissez la préparation précédente dans 4 verres hauts ou 4 coupes à glace. Ajoutez 2 boules de glace aux marrons et nappez de sauce au chocolat. Surmontez du reste de chantilly et parsemez de brisures de marrons glacés. Servez aussitôt.

Astuce

Pour cette recette, évitez d'utiliser de la chantilly en bombe du commerce car elle est toujours sucrée. La crème de marrons l'est déjà suffisamment !

Café liégeois

Préparation : 10 min

Pour 4 personnes

8 boules de glace au café

4 tasses d'expresso très fort froid

15 cl de crème liquide très froide ou 1 petite bombe de chantilly

2 c. à s. de sucre glace

Pour le décor :

Grains de café en chocolat ou à la liqueur

Une dizaine de minutes avant de servir, placez 4 jolis verres à pied au congélateur de façon à les glacer.

Si vous préparez vous-même la chantilly, fouettez la crème liquide jusqu'à ce qu'elle forme des pics bien fermes, puis incorporez-y délicatement le sucre glace.

Sortez les verres à pied du congélateur, versez 1 tasse de café dans chacun d'eux, puis déposez 2 boules de glace. Terminez en recouvrant de chantilly et décorez de quelques grains de café. Servez aussitôt.

Variante

Pour un chocolat liégeois, utilisez de la glace au chocolat et remplacez l'expresso par de la sauce au chocolat (voir page 25). Décorez de copeaux en chocolat (voir page 13).

Pêche Melba

Préparation : 10 min

Pour 4 personnes

8 oreillons de pêche au sirop

8 boules de glace à la vanille

10 cl de crème liquide très froide ou 1 petite bombe de chantilly

2 c. à s. de sucre glace

4 c. à s. de gelée de framboise

150 g de framboises fraîches

Pour le décor :

Amandes effilées

Une dizaine de minutes avant de servir, placez 4 jolis verres à pied au congélateur de façon à les glacer.

Si vous préparez vous-même la chantilly, fouettez la crème liquide jusqu'à ce qu'elle forme des pics bien fermes, puis incorporez-y délicatement le sucre glace.

Égouttez soigneusement les pêches. Faites très légèrement dorer les amandes effilées à sec dans une poêle antiadhésive.

Déposez 1 cuillerée à soupe de gelée de framboise dans le fond des verres, puis surmontez de 2 oreillons de pêche et de 2 boules de glace. Répartissez ensuite les framboises et terminez en recouvrant de chantilly. Décorez des amandes effilées et servez.

Banana split

Préparation : 10 min
+ 10 min pour la chantilly

Pour 4 personnes

4 bananes

4 boules de glace à la vanille

4 boules de glace à la fraise

4 boules de glace à la pistache

2 c. à s. d'amandes effilées

Pour la sauce au chocolat :

150 g de chocolat noir
à 70 % de cacao

4 c. à s. de crème liquide

Pour la chantilly :

15 cl de crème liquide très froide

2 c. à s. de sucre glace

Ou 1 petite bombe de chantilly

Faites légèrement griller les amandes effilées à sec dans une poêle antiadhésive.

Si vous préparez vous-même la chantilly, fouettez la crème liquide jusqu'à ce qu'elle forme des pics bien fermes, puis incorporez-y délicatement le sucre glace. Réservez au réfrigérateur le temps de poursuivre la recette.

Préparez la sauce au chocolat (voir page 25).

Pelez les bananes et éliminez tous les filaments. Coupez-les en deux dans la longueur. Mettez les demi-bananes deux par deux dans de longues coupelles, en les écartant un peu l'une de l'autre. Placez une boule de glace de chaque parfum entre. Nappez de sauce au chocolat, puis décorez de chantilly, éventuellement à l'aide d'une poche à douille, et parsemez des amandes grillées. Servez aussitôt.

Sundae fraise

Préparation : 20 min

Pour 4 personnes

600 g de fraises

10 cl de crème liquide très froide ou 1 petite bombe de chantilly

2 c. à s. de sucre en poudre

8 boules de sorbet à la fraise

Rincez les fraises, séchez-les et équeutez-les. Mixez-en la moitié avec la moitié du sucre jusqu'à obtention d'un coulis. Coupez le reste des fraises en dés (réservez-en quelques-unes pour le décor).

Si vous préparez vous-même la chantilly, fouettez la crème liquide jusqu'à ce qu'elle forme des pics bien fermes, puis incorporez-y délicatement le reste de sucre.

Répartissez la moitié du coulis puis la moitié des dés de fraise dans 4 jolis verres hauts. Ajoutez 1 boule de sorbet et recouvrez de chantilly. Renouvelez l'opération.

Décorez des fraises réservées et servez aussitôt.

Profiteroles au chocolat

Préparation : 10 min (la veille) + 20 min
Cuisson : 15-20 min

Pour 4 personnes

75 cl de glace à la vanille

Pour la pâte à choux :

25 cl d'eau

120 g de beurre

140 g de farine

½ c. à c. de sel fin

4 œufs

Pour la sauce au chocolat :

200 g de chocolat noir à 70 % de cacao

20 cl de lait

10 cl de crème liquide

Préparez la pâte à choux la veille ou au moins quelques heures avant (voir page 19).

Le jour même, préchauffez le four à 180 °C (th. 6) et tapissez une plaque de papier sulfurisé.

Mettez la pâte à choux dans une poche à douille munie d'un embout lisse de 1 cm de diamètre et déposez sur la plaque 18 à 24 boules de pâte de la taille d'une grosse noix, en les espaçant bien les unes des autres. Enfournez pour 15 à 20 min : les choux doivent être gonflés et bien dorés. Sortez-les du four et mettez-les à refroidir sur une grille.

Une dizaine de minutes avant de servir, préparez la sauce au chocolat (voir page 25).

Fendez les choux en deux, horizontalement, et remplissez-les de glace à la vanille à l'aide d'une petite cuillère. Disposez-les sur les assiettes et nappez-les de sauce au chocolat chaude. Servez aussitôt.

Sundae vanille-caramel aux noix de pécan

Préparation : 15 min (à l'avance) + 5 min (pour la mise en place)

Pour 4 personnes

4 boules de glace à la vanille

4 boules de glace au caramel

4 c. à s. de noix de pécan

2 c. à s. de sucre en poudre

10 cl de crème liquide très froide ou 1 petite bombe de chantilly

1 c. à s. de sucre glace

Pour le caramel :

150 g de sucre en poudre

4 c. à s. d'eau

1 c. à c. de jus de citron

Pour la sauce au caramel :

Les ⅔ du caramel préparé

20 cl de crème liquide

Faites dorer les noix de pécan à feu doux dans une poêle antiadhésive, puis saupoudrez-les du sucre en poudre et laissez-les caraméliser quelques minutes en remuant souvent. Ôtez du feu et laissez refroidir.

Préparez le caramel (voir page 26) et réservez-en le tiers dans un verre.

Préparez la sauce. Versez la crème dans la casserole contenant le reste de caramel et remuez jusqu'à dissolution complète de ce dernier.

Si vous préparez vous-même la chantilly, fouettez la crème liquide jusqu'à ce qu'elle forme des pics bien fermes, puis incorporez-y délicatement le sucre glace.

Au dernier moment, répartissez la sauce au caramel dans 4 jolis verres, puis déposez 1 boule de glace à la vanille et 1 boule de glace au caramel dans chacun. Répartissez ensuite les noix de pécan caramélisées et recouvrez de chantilly, éventuellement à l'aide d'une poche à douille. Terminez par 1 filet du caramel réservé.

Chaud-froid de cerises au kirsch

Préparation : 15 min
Cuisson : 2-3 min

Pour 4 personnes

600 g de cerises noires dénoyautées (fraîches, surgelées ou au sirop)

4 boules de glace à la vanille

4 boules de sorbet à la cerise

50 g de beurre

2 c. à s. de sucre en poudre

5 cl de kirsch

Si vous utilisez des cerises surgelées, laissez-les décongeler à température ambiante. Si elles sont au sirop, égouttez-les bien.

Une dizaine de minutes avant de servir, placez 4 coupelles évasées au congélateur de façon à les glacer.

Mixez 200 g de cerises avec le sucre (supprimez ce dernier s'il s'agit de cerises au sirop) jusqu'à obtention d'un coulis bien lisse. Répartissez-le dans le fond des coupelles, puis déposez 1 boule de glace à la vanille et 1 boule de sorbet à la cerise dans chacune.

Faites fondre le beurre dans une poêle. Quand il commence à mousser, faites-y revenir le reste des cerises 2 à 3 min, en remuant souvent. Versez le kirsch, laissez-le chauffer et flambez le tout, sans cesser de remuer.

Répartissez les cerises et leur jus de cuisson dans les coupelles et servez sans attendre.

Astuce

Quantité de fruits peuvent ainsi être poêlés au dernier moment et servis avec une boule de glace en harmonie : ananas-rhum, pêches ou abricots-lait d'amandes, etc.

Semifreddo aux framboises

Préparation : 20 min
Congélation : 3 h minimum

Pour 4 personnes

250 g de framboises
+ quelques-unes pour le décor

30 cl de crème liquide
très froide

30 g de sucre glace

120 g de meringue

Triez avec soin les framboises. Coupez la meringue en petits morceaux. Tapissez un moule à charlotte de 1,2 litre de contenance de film alimentaire en le laissant largement dépasser.

Mixez les framboises avec 10 cl de crème liquide et la moitié du sucre glace, jusqu'à obtention d'une purée lisse.

Fouettez le reste de crème liquide en chantilly ferme, en ajoutant le reste de sucre glace quand elle commence à être bien prise. Incorporez-y délicatement la purée de framboises, en soulevant la masse de bas en haut. Ajoutez les morceaux de meringue, toujours en mélangeant délicatement.

Versez la préparation dans le moule et rabattez hermétiquement le film alimentaire. Faites prendre au moins 3 h au congélateur.

Au moment de servir, retournez le moule sur un plat, ôtez le film alimentaire et coupez en parts. Décorez de quelques framboises.

Astuce

Si vous ne tapissez pas votre moule de film alimentaire, trempez-le rapidement dans l'eau chaude, puis retournez-le sur le plat de service. Ainsi, votre semifreddo se démoulera sans difficulté.

Vacherin

Préparation : 40 min
Cuisson : 40-50 min
Congélation : 3 h

Pour 8 personnes

1 litre de glace du parfum de votre choix, pas trop dure

Pour la meringue :

3 blancs d'œuf

60 g de sucre en poudre

60 g de sucre glace

Quelques gouttes de jus de citron

Pour la chantilly :

40 cl de crème liquide très froide

4 c. à s. de sucre glace

Pour le décor :

Quelques fruits frais assortis au parfum de la glace

Préparez la meringue la veille (voir page 21). Préchauffez le four à 120 °C (th. 4). Tapissez une plaque de papier sulfurisé et dessinez dessus un cercle du même diamètre que celui du moule choisi pour confectionner le vacherin.

Mettez les blancs meringués dans une poche à douille munie d'un embout lisse de 2 cm de diamètre et remplissez le cercle dessiné sur le papier sulfurisé en formant une spirale. Avec le reste des blancs, faites des petites meringues, de même diamètre que la hauteur du moule : elles vous serviront à faire le tour du vacherin. Enfournez en veillant à ne pas laisser dorer les meringues et le fond : au bout de 40 min, retirez les premières et, 10 min plus tard, sortez le second. Laissez refroidir.

Tapissez le fond du moule de papier sulfurisé et déposez-y le disque de meringue. Versez la glace de votre choix et lissez la surface à la spatule. Réservez 2 h au congélateur.

Fouettez la crème liquide en chantilly ferme, en ajoutant le sucre glace quand elle commence à être bien prise.

Démoulez le vacherin sur un plat glacé, fond de meringue en dessous. Ôtez le papier sulfurisé. Mettez un peu de chantilly au dos de chaque petite meringue et collez-les côte à côte sur le pourtour. Recouvrez tout le dessus du vacherin d'une couche de chantilly de 1 cm d'épaisseur environ et lissez-la à la spatule. Mettez le reste dans une poche à douille, déposez un cordon de chantilly entre les petites meringues et faites un décor sur le dessus du vacherin. Replacez 1 h au congélateur.

Au moment de servir, décorez avec les fruits frais choisis.

Omelette norvégienne

Préparation : 20 min
Cuisson : 5 min environ
Congélation : 4 h minimum

Pour 8 personnes

1 litre de glace du parfum de votre choix

3 blancs d'œuf

3 gouttes de jus de citron

60 g de sucre en poudre

60 g de sucre glace

Pour la génoise :

4 œufs

120 g de sucre en poudre

120 g de farine
+ un peu pour le moule

60 g de beurre
+ un peu pour le moule

Préparez la génoise la veille (voir page 20). Faites-la cuire sur une plaque de 25 × 35 cm, tapissée de papier sulfurisé.

Tapissez les parois d'un moule à cake de 24 cm de long de film alimentaire en le laissant largement dépasser. Découpez deux rectangles de génoise aux dimensions du fond du moule et deux autres aux dimensions de ses côtés. Garnissez le fond et les côtés du moule de génoise, puis ajoutez la glace, en la tassant bien. Couvrez avec le dernier rectangle de génoise. Rabattez hermétiquement le film alimentaire et réservez au moins 4 h au congélateur.

Allumez le gril du four 15 min environ avant de servir.

Battez les blancs d'œuf en neige ferme avec le jus de citron. Quand ils commencent à être bien pris, incorporez le sucre en poudre et le sucre glace.

Démoulez la glace sur un plat allant au four et retirez le film alimentaire . Recouvrez-la des blancs en neige à la spatule, en formant des pics (vous pouvez également utiliser une poche à douille munie d'un embout cannelé).

Passez l'omelette sous le gril chaud 5 min environ, le temps de dorer la meringue.

Conseil

LA GLACE DOIT IMPÉRATIVEMENT ÊTRE TRÈS FROIDE POUR NE PAS FONDRE DANS LE FOUR : SORTEZ-LA AU DERNIER MOMENT DU CONGÉLATEUR.

Bombe glacée au chocolat

Préparation : 20 min
Congélation : 3 h

Pour 6 à 8 personnes

240 g de chocolat noir
à 70 % de cacao

40 g de sucre en poudre

2 œufs

25 cl de crème liquide
très froide

1 pincée de sel fin

Cacao en poudre pour servir

Tapissez un moule rond ou un saladier de film alimentaire en le laissant largement dépasser.

Cassez les œufs dans deux saladiers en séparant les blancs des jaunes. Battez les blancs en neige ferme avec le sel.

Cassez le chocolat en petits morceaux dans une casserole et faites-le fondre à feu doux avec 2 cuillerées à soupe de la crème. Ôtez du feu et remuez jusqu'à obtention d'une crème lisse.

Fouettez le reste de crème en chantilly bien ferme.

Fouettez les jaunes d'œuf avec le sucre jusqu'à ce que le mélange blanchisse. Ajoutez-y le chocolat fondu, puis successivement la chantilly et les blancs en neige, en soulevant délicatement la masse de bas en haut.

Versez la préparation dans le moule, rabattez hermétiquement le film alimentaire et réservez 3 h au congélateur.

Au moment de servir, retournez la bombe glacée sur un plat et retirez le film alimentaire. Saupoudrez-la de cacao.

Astuce

POUR OBTENIR UNE COUCHE LÉGÈRE ET UNIFORME DE CACAO, TAMISEZ-LE AU TRAVERS D'UNE PASSOIRE FINE TOUT EN SAUPOUDRANT LA BOMBE GLACÉE.

Cassate glacée

Préparation : 15 min
Congélation : 2 h

Pour 6 à 8 personnes

200 g de génoise

100 g de chocolat noir
à 70 % de cacao

500 g de ricotta

150 g de fruits confits
coupés en dés

2 jaunes d'œuf

250 g de sucre en poudre

5 cl de marasquin
ou de rhum brun

Sucre glace pour servir

Avec un couteau économe, coupez le chocolat en gros copeaux.

Tapissez un moule à cake de 22 cm de long de film alimentaire. Coupez la génoise en tranches fines. Recouvrez les parois et le fond du moule avec une partie des tranches de génoise et réservez le reste.

Dans un saladier, fouettez vivement la ricotta avec le sucre en poudre et les jaunes d'œuf, jusqu'à obtention d'une consistance crémeuse et onctueuse. Ajoutez les copeaux en chocolat, les fruits confits et l'alcool de votre choix. Mélangez bien.

Versez la préparation dans le moule, lissez la surface à la spatule et recouvrez du reste de tranches de génoise. Mettez à prendre 2 h au congélateur.

Une dizaine de minutes avant de servir, placez un plat de service au congélateur de façon à le glacer.

Démoulez la cassate en la retournant sur le plat glacé et ôtez le film alimentaire.

Saupoudrez entièrement et largement la cassate de sucre glace. Servez aussitôt.

Bûche glacée

Préparation : 30 min
Congélation : 2 h minimum

Pour 8 personnes

75 cl de glace au chocolat

50 cl de glace aux marrons

Pour le glaçage :

400 g de chocolat noir
à 70 % de cacao

30 cl de lait

30 g de sirop de glucose

Tapissez de film alimentaire un moule à bûche semi-cylindrique (gouttière à bûche) ou, à défaut, un moule à cake de 22 cm de long.

Si les glaces sont stockées au congélateur depuis longtemps, sortez-les un quart d'heure avant, pour qu'elles soient plus faciles à travailler.

Remplissez le fond du moule de glace au chocolat. Tassez-la avec le dos de la cuillère pour qu'elle épouse parfaitement la forme du moule, en creusant légèrement le centre, puis remplissez le creux ménagé de glace aux marrons. Recouvrez le tout du reste de glace au chocolat et lissez la surface à la spatule. Réservez au moins 2 h au congélateur.

Préparez le glaçage. Portez le lait à ébullition dans une casserole. Cassez le chocolat en tout petits morceaux et mettez-les dans une jatte. Versez le lait bouillant sur le chocolat, laissez-le fondre quelques instants, puis remuez délicatement jusqu'à obtention d'une crème lisse. Incorporez le sirop de glucose, puis laissez tiédir.

Démoulez la bûche glacée sur une grille posée au-dessus d'un plat creux et retirez le film alimentaire. Versez le glaçage tiédi dessus, puis étalez-le rapidement à la spatule métallique. Striez-le à la fourchette et remettez au congélateur jusqu'au moment de servir.

Astuce

SI VOUS UTILISEZ UN MOULE À CAKE, AVANT DE GLACER LA BÛCHE, DONNEZ-LUI UNE FORME CYLINDRIQUE EN COUPANT LES ANGLES ET EN LES ARRONDISSANT AU COUTEAU.

Index

Les folios en rose renvoient aux Astuces, Conseils, Variantes.

I, K

L

M

N

R

Crédits photographiques :
Photographe : Nicolas Leser
Styliste : Ulrike Skadow

Remerciements :
Ulrike Skadow remercie les magasins suivants pour leur aimable prêt de vaisselle et accessoires :
Création 13 – 46, rue des Moines, 75017 Paris.
De l'Office à la Table – 26, rue des Batignolles, 75017 Paris.
Isabelle Delin pour la galerie **Antigravité** – 80, rue Legendre, 75017 Paris.
Terrenga – 31, rue La Condamine, 75017 Paris.

Dans la même collection :
Bien cuisiner
Bien cuisiner léger

ISBN : 978-2-263-04184-6
Code éditeur : S04184
Dépôt légal : octobre 2008

Direction littéraire : Corinne Cesano
Secrétariat d'édition : Delphine Depras, Benoît Bontout
Collaboration éditoriale : Juliette Lamarre
Responsable artistique : Vu Thi
Réalisation : Agence Media (Julie Orillon, Élisabeth Le Saux, Laurence Canaveira)
Photogravure : Nord Compo, Villeneuve d'Ascq
Fabrication : Laurence Ledru

Imprimé en Chine